权威·前沿·原创

皮书系列为
"十二五""十三五"国家重点图书出版规划项目

北京市哲学社会科学研究基地智库报告系列丛书

北京人口蓝皮书
BLUE BOOK OF POPULATION IN BEIJING

北京人口发展研究报告（2019）

RESEARCH REPORT ON POPULATION DEVELOPMENT IN BEIJING (2019)

主　编／马小红　尹德挺　洪小良

社会科学文献出版社
SOCIAL SCIENCES ACADEMIC PRESS (CHINA)

图书在版编目(CIP)数据

北京人口发展研究报告.2019/马小红,尹德挺,洪小良主编.--北京:社会科学文献出版社,2019.12
（北京人口蓝皮书）
ISBN 978-7-5201-5810-7

Ⅰ.①北… Ⅱ.①马…②尹…③洪… Ⅲ.①人口-研究报告-北京-2019 Ⅳ.①C924.24

中国版本图书馆 CIP 数据核字（2019）第 256793 号

北京人口蓝皮书
北京人口发展研究报告（2019）

主　　编 / 马小红　尹德挺　洪小良

出 版 人 / 谢寿光
组稿编辑 / 恽　薇　王楠楠
责任编辑 / 王楠楠　孔庆梅

出　　版 / 社会科学文献出版社·经济与管理分社（010）59367226
地址：北京市北三环中路甲29号院华龙大厦　邮编：100029
网址：www.ssap.com.cn
发　　行 / 市场营销中心（010）59367081　59367083
印　　装 / 天津千鹤文化传播有限公司

规　　格 / 开本：787mm × 1092mm　1/16
印张：20.75　字数：311千字
版　　次 / 2019年12月第1版　2019年12月第1次印刷

书　　号 / ISBN 978-7-5201-5810-7
定　　价 / 128.00元

本书如有印装质量问题，请与读者服务中心（010-59367028）联系

▲ 版权所有 翻印必究

为贯彻落实中共中央和北京市委关于繁荣发展哲学社会科学的指示精神，北京市社科规划办和北京市教委自2004年以来，依托首都高校、科研机构的优势学科和研究特色，建设了一批北京市哲学社会科学研究基地。研究基地在优化整合社科资源、资政育人、体制创新、服务首都改革发展等方面发挥了重要作用，为首都新型智库建设进行了积极探索，做出了突出贡献。

围绕新时期首都改革发展的重点热点难点问题，北京市社科联、北京市社科规划办、北京市教委与社会科学文献出版社联合推出"北京市哲学社会科学研究基地智库报告系列丛书"，旨在推动研究基地成果深度转化，打造首都新型智库拳头产品。

本书为北京市社会科学基金研究基地项目"北京人口发展研究报告（2019）"（编号：18JDSRA010）的研究成果。

"北京人口蓝皮书"编委会

主　　编　马小红　尹德挺　洪小良

副 主 编　闫　萍

核心组成员　马小红　尹德挺　洪小良　李　兵　黄江松
　　　　　　　闫　萍　张航空　陈志光　王雪梅　薛伟玲
　　　　　　　菅立成　谈小燕　杨嘉莹　宋忠惠　郑　澜

本 书 作 者（按文序排列）
　　　　　　　马小红　闫　萍　石万里　张精桥　王雪梅
　　　　　　　王凤祥　陈志光　王智勇　张　燕　黄江松
　　　　　　　菅立成　李诗洋　张航空　宋忠惠　郑　澜
　　　　　　　薛伟玲　曹浩文　杨嘉莹　谈小燕

主要编撰者简介

马小红（主编）

现任中共北京市委党校（北京行政学院）北京市市情研究中心主任，图书馆馆长，北京人口与社会发展研究中心研究人员，硕士生导师。获得中国人民大学人口学博士学位，美国马里兰大学访问学者，为北京人口学会和中国社会科学情报学会常务理事。主要研究方向：人口社会学、人口与社会发展、北京人口问题。出版《当代北京人口》《北京市养老社会组织和企业状况分析》等著作3部，主编《二孩，你会生吗?》等论文集和教材5部，在《中国人口科学》《人口研究》《亚洲人口研究》等报刊公开发表中英文论文50余篇。主持国家社科基金项目1项，北京市社科基金重点项目3项；决策咨询和政府委托项目30余项。荣获北京市哲学社会科学优秀科研成果二等奖2项，决策咨询报告获中央及省部级领导肯定性批示。

尹德挺（主编）

教授，享受国务院政府特殊津贴专家，博士毕业于北京大学人口研究所，现任中共北京市委党校（北京行政学院）社会学教研部主任、北京市人口研究所常务副所长，同时受聘为北京市人口学会副会长。主要研究方向：京津冀协同发展、人口有序管理等。发表论文100余篇。荣获省部级科研奖励10余项，8篇咨询报告获中央及省部级领导的肯定性批示。

洪小良（主编）

教授、硕士生导师。现任中共北京市委党校（北京行政学院）研究生部主任，北京社会建设研究会秘书长，中国社会学会理事。曾任北京市委党校社会学教研部主任、北京人口与社会发展研究中心首席专家。主要研究方向：社会治理、城市贫困与社会政策、流动人口及农民工问题。独立出版专著1部，合著多部，并在《中国人口科学》《中共中央党校学报》《北京社会科学》《北京行政学院学报》等报刊上发表论文30余篇。荣获4项省部级以上科研奖励：北京市哲学社会科学优秀成果二等奖2项、中国人口科学优秀成果二等奖2项。

闫 萍（副主编）

法学博士，中共北京市委党校（北京行政学院）社会学教研部副教授，同时受聘为中国人口学会理事、中国人口学会青年专家委员会委员、北京市人口学会理事、北京市卫健委第三届政策专家咨询委员会成员。2009年毕业于中国人民大学。主要研究方向：社会老年学。出版学术专著1部、参编参译著作6部、发表中英文学术论文30余篇；独立主持国家级课题1项，省部级课题4项；曾在全国哲社办《成果要报》、北京哲社办《成果要报》、《人民日报内参》、《昨日市情》发表决策咨询成果。

摘　要

本报告是北京市人口研究所、北京人口与社会发展研究中心和中共北京市委党校（北京行政学院）社会学教研部2018~2019年的研究成果，全书分三个部分：总报告、分报告和专题报告。本报告利用北京市政府、统计局、民政局等相关部门发布的数据和资料，结合报告作者们的深入调查和研究，立足北京市人口发展的现状和趋势，对城市社会治理、老龄化挑战下的积极应对、京津冀协同与副中心建设下的城市空间新格局等问题进行了深入研究，并给出了对策建议。

总报告针对北京市2018年人口变化，总结出北京市人口发展的四大特征、人口优化出现的四大新局面，并针对北京市人口发展的五大挑战提出以首善标准做好新时代人口工作的六方面对策建议。

分报告共有四篇，使用相关数据，研究了北京市流动人口、老年人口和区域人口变动的新形势，总结出人口变动的特征和规律，为进一步的深入研究奠定了基石。

专题报告共十篇，围绕"三个主题"，对北京人口发展的热点与重点问题进行了研究。一是围绕"人口变动与城市社会治理"主题，描述了北京市人口变动及政策性迁居人口的状况及与之相关的城市发展与治理问题；二是围绕"人口老龄化与应对"主题，探讨了北京市养老服务的供给，分析了社会资本参与养老服务的回报机制和支持政策，借鉴了国内外养老服务模式；三是围绕"北京经验与实践"主题，立足北京人口发展的相关政策，介绍了西城区街区更新的政策与实践，总结了基层治理创新经验，梳理了北京人口发展的相关实践。

过去一年，北京市深入思考"建设一个什么样的首都，怎样建设首都"

这个问题,以人口发展为基石,不断落实新发展理念,推动高质量发展,促进北京国际一流和谐宜居之都建设。

关键词: 人口发展　养老服务　京津冀协同　社会治理

Abstract

This report is the research results from 2018 to 2019 of the Beijing Population Research Institute, the Beijing Population and Social Development Research Center and the Sociology Department of Party School of Beijing Municipal Committee of C. P. C. (Beijing Administrative Institute). The book is divided into three parts: the general report, the sub report and the special report. This report, based on the data and information released by relevant departments of Beijing municipal government, Statistics Bureau and Civil Affairs Bureau, combined with the in-depth investigation and research conducted by the authors of this book, based on the current situation and trend of population development in Beijing, has carried out in-depth research on the problems of urban social governance, the positive response to population aging, the coordination of Beijing - Tianjin - Hebei and the new pattern of urban space under the construction of sub-centers. Finally, the countermeasures and suggestions are given.

According to the population change of Beijing in 2018, the general report summarizes the four major characteristics of population development in Beijing, four new situations of population optimization in Beijing, and puts forward countermeasures and suggestions for improving population in the new era according to the five challenges of population development in Beijing.

There are four sub reports in total, which use relevant data to study the new situation of floating population, elderly population and regional population change in Beijing, summarize the characteristics and laws of population change, and lay the foundation for further in-depth study.

There are ten special reports, focusing on the "three themes" to study the hot spots and key issues of Beijing's population development. Firstly, around the topic of "population change and urban social governance", papers describe the status of population change and policy migration in Beijing, and the related urban development and governance issues. Secondly, around the topic of "population aging and response", papers discuss the supply of elder care services in Beijing, analyze the return mechanism and support policies of social capital's participation in elder care services, and draw lessons from domestic and foreign elder care service models. Thirdly, around the topic of "Beijing experience and practice", based on the relevant policies of Beijing's population development, papers introduce the policies and practices of Xicheng District's block renewal, summarize the experience of grass-roots governance innovation, and comb the related practice of Beijing's population development.

Over the past year, Beijing has deeply pondered the question of "what kind of capital to build and how to build the capital". Taking the development of the population as the cornerstone, we will continue to implement new development concepts and promote high-quality development, so that Beijing will move toward a world-class harmonious and livable capital.

Keywords: Population development; elderly services; Beijing – Tianjin – Hebei cooperation; social governance

目 录

Ⅰ 总报告

B.1 北京市人口形势分析报告（2019）
………………………… 马小红 闫 萍 石万里 张精桥 / 001

Ⅱ 分报告

B.2 北京市流动人口发展报告……………… 王雪梅 王凤祥 / 017
B.3 北京市老年人口现状与养老需求报告………… 闫 萍 石万里 / 036
B.4 京津冀人口流动报告……………………………… 陈志光 / 059
B.5 京津冀协同发展战略与北京核心区人口演变…………… 王智勇 / 078

Ⅲ 专题报告

B.6 北京人口变化与城市发展活力…………… 张 燕 黄江松 / 104
B.7 北京迁居人口社会再适应及其促进机制
——基于两个社区的案例研究……………………… 营立成 / 117
B.8 北京市养老服务供给现状分析
——兼论三类养老服务组织的比较………… 张精桥 马小红 / 140

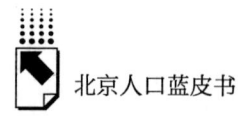

B.9　北京市社会资本参与养老服务的回报机制分析…………李诗洋 / 159

B.10　社会资本参与养老服务的支持政策研究……………张航空 / 177

B.11　国内外社会化养老服务模式研究……………宋忠惠　郑　澜 / 205

B.12　北京市老年人认知功能社区干预研究……………薛伟玲 / 231

B.13　北京城市副中心建设背景下通州区教育资源监测研究

　　　……………………………………………………曹浩文 / 262

B.14　北京市西城区街区更新的政策与实践………王雪梅　杨嘉莹 / 277

B.15　党建引领"街乡吹哨、部门报到"

　　　——超大城市基层治理创新的北京经验

　　　………………………………………………谈小燕　杨嘉莹 / 294

CONTENTS

I General Report

B.1 Analysis Report on Population Situation of Beijing (2019)
Ma Xiaohong, Yan Ping, Shi Wanli and Zhang Jingqiao / 001

II Sub-reports

B.2 Development Report on Floating Population in Beijing
Wang Xuemei, Wang Fengxiang / 017
B.3 Report on the Current Situation of the Elderly Population and
Needs for the Aged in Beijing *Yan Ping, Shi Wanli* / 036
B.4 Development Report on Population Flow in Beijing, Tianjin
and Hebei *Chen Zhiguang* / 059
B.5 Beijing-Tianjin-Hebei Coordinated Development Strategy and
Population Evolution of Beijing Core Area *Wang Zhiyong* / 078

III Special Reports

B.6 Population Change and Vitality of Urban Development in
Beijing *Zhang Yan, Huang Jiangsong* / 104
B.7 Social Readjustment and the Promotion Mechanism of Migrated
Population: A Case Study of Two Communities *Ying Licheng* / 117

B.8　Analysis of the Current Situation of the Supply of Elderly
　　　Services in the City and the Comparison of the Three Types
　　　of Elderly Service Organizations　　*Zhang Jingqiao, Ma Xiaohong* / 140
B.9　Analysis of the Return Mechanism of Social Capital Participation in
　　　Elderly Services in Beijing　　　　　　　　　　　*Li Shiyang* / 159
B.10　Research on Support Policy of Social Capital Participating in
　　　Elderly Service　　　　　　　　　　　　　　*Zhang Hangkong* / 177
B.11　Research on the Socialized Elderly Service Model at
　　　Home and Abroad　　　　　　　　　*Song Zhonghui, Zhenglan* / 205
B.12　Study on Community Intervention of Cognitive Function in
　　　Elderly People in Beijing　　　　　　　　　　　*Xue Weiling* / 231
B.13　Research on Education Resources Monitoring in Tongzhou District
　　　under the Background of Beijing Vice-Center Construction
　　　　　　　　　　　　　　　　　　　　　　　　Cao Haowen / 262
B.14　The Policy and Practice of Renewal in Xicheng District, Beijing
　　　　　　　　　　　　　　　　　　　Wang Xuemei, Yang Jiaying / 277
B.15　Party Construction Leads "Whistling in Streets and Towns, Reporting
　　　in Departments": Beijing experience of the innovation of grassroots
　　　governance in mega cities　　　　　*Tan Xiaoyan, Yang Jiaying* / 294

总 报 告

General Report

B.1
北京市人口形势分析报告（2019）

马小红 闫萍 石万里 张精桥*

摘　要： 本研究报告通过对北京市人口规模、结构、素质、分布现状的描述，总结出北京市人口发展的四大特征，北京市人口优化出现的四大新局面，并针对北京市人口发展的五大挑战提出以首善标准做好新时代人口工作的对策建议，希望有助于政府和社会全面了解北京市人口发展现状，把握人口发展趋势和挑战，科学防范人口风险，促进人口与资源环境、经济社会相协调，实现人口均衡发展。

---

* 马小红，博士，中共北京市委党校（北京行政学院）北京市市情研究中心主任，北京人口与社会发展研究中心研究人员，硕士生导师，主要研究方向：人口与社会发展、北京人口问题；闫萍，博士，中共北京市委党校（北京行政学院）社会学教研部副教授，硕士生导师，主要研究方向：人口老龄化、家庭发展；石万里、张精桥，中共北京市委党校（北京行政学院）人口学专业硕士研究生。

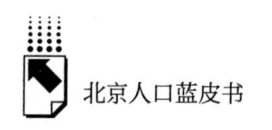

关键词： 北京市 人口形势 人口特征 人口挑战

人口是经济社会发展的基础，人口发展与经济社会发展密切相关。2018年，在习近平新时代中国特色社会主义思想引领下，北京市深入贯彻落实习近平总书记视察北京重要讲话精神，紧紧扣住迈向"两个一百年"奋斗目标和中华民族伟大复兴的时代使命，围绕"建设一个什么样的首都，怎样建设首都"这一重要问题，抓住疏解非首都功能这个"牛鼻子"，紧密对接京津冀协同发展战略，从实际出发，统筹人口资源环境，优化空间结构，朝着建设国际一流和谐宜居之都迈出了重要一步。2019年，是我国全面建成小康社会的关键之年，"十三五"即将收官，在未来一段时期内，北京人口发展将面临人口老龄化和生育水平下降带来的双重压力，同时也将面临人口与服务、人口与资源环境等之间的诸多矛盾。化解这些矛盾，落实首都"四个中心"的城市战略定位，优化提升首都功能，科学配置资源要素，实现城市可持续发展是未来北京市发展的重要任务。本研究报告通过对北京市人口规模、结构、素质、分布现状的描述，总结出北京市人口发展的四大特征，北京市人口优化出现的四大新局面，并针对北京市人口发展的五大挑战提出以首善标准做好新时代人口工作的对策建议，希望有助于政府和社会全面了解北京市人口发展现状，把握人口发展趋势和挑战，科学防范人口风险，促进人口与资源环境、经济社会相协调，实现人口均衡发展。

一 人口变化呈现新特征

2019年是北京市级行政中心正式迁入北京城市副中心的首要之年，也是北京市落实"四个中心"战略定位、履行"四个服务"基本职责的重要一年。在刚刚过去的一年里，随着非首都功能疏解和国际一流和谐宜居之都的建设，北京市人口变化呈现四大新特征，了解北京市人口发展新特征将有助于有的放矢、精准谋划，促进人口与经济社会和谐发展。

（一）外来人口连续三年负增长，常住人口呈现"两连降"

2015年以来，随着北京市坚持"创新、协调、绿色、开放、共享"的理念，把握首都城市战略定位，大力推进以有序疏解北京非首都功能为核心的京津冀协同发展战略，北京市常住外来人口规模不断下降，已由2015年的822.6万人不断下降至2016年的807.5万人、2017年的794.3万人和2018年的764.6万人，2016年、2017年和2018年较上一年分别下降1.84%、1.63%和3.74%，连续三年呈现负增长。伴随着常住外来人口规模的缩减，北京市常住人口呈现"两连降"，2017年、2018年北京市常住人口总量分别为2170.7万人、2154.2万人，相比上一年分别下降0.10%和0.76%（见图1）。总的来说，北京市在控制人口规模，促进人口与资源、环境相协调方面取得了较好的效果，基本能够完成《北京城市总体规划（2016年—2035年）》中"北京市常住人口规模2020年控制在2300万人以内"的目标。

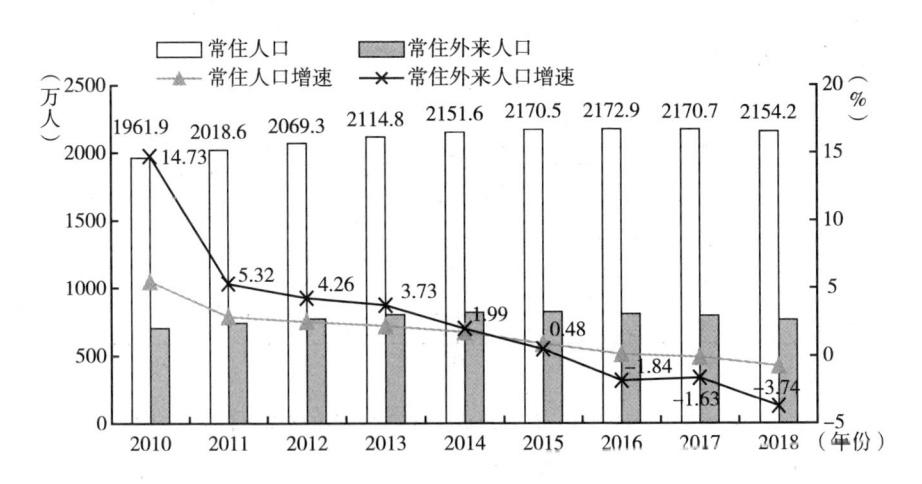

图1 2010~2018年北京市常住人口和常住外来人口总量及增速变化情况

数据来源：2010~2017年数据来自《北京统计年鉴（2018）》，2018年数据来自北京市统计局《人口与就业年度统计资料发布计划》（http://tjj.beijing.gov.cn/tjsj/ndtjzl/2018ndtjzl_6949/rkyjy_6680/201902/t20190220_417100.html）。

（二）少儿人口和老年人口比重"双升"，总人口抚养比持续走高

分析人口结构对于制定科学合理的公共服务政策、落实首都城市战略定位、促进非首都功能疏解具有十分重要的作用。2010年以来，北京市常住人口中0~14岁少儿人口和65岁及以上老年人口比重不断上升。2018年北京市0~14岁常住少儿人口比重达10.52%，相比2010年提高1.92个百分点，平均每年提高0.24个百分点；65岁及以上常住老年人口比重达11.21%，相比2010年提高2.50个百分点，平均每年提高0.31个百分点（见图2）。随着少儿人口与老年人口比重的不断升高，2018年北京市总人口抚养比①达到27.75%，相比2010年提高6.81个百分点。如何积极应对人口老龄化问题，通过制定科学的公共服务政策对人口结构进行调节，将是北京市现在和未来一段时间内亟待解决的问题。

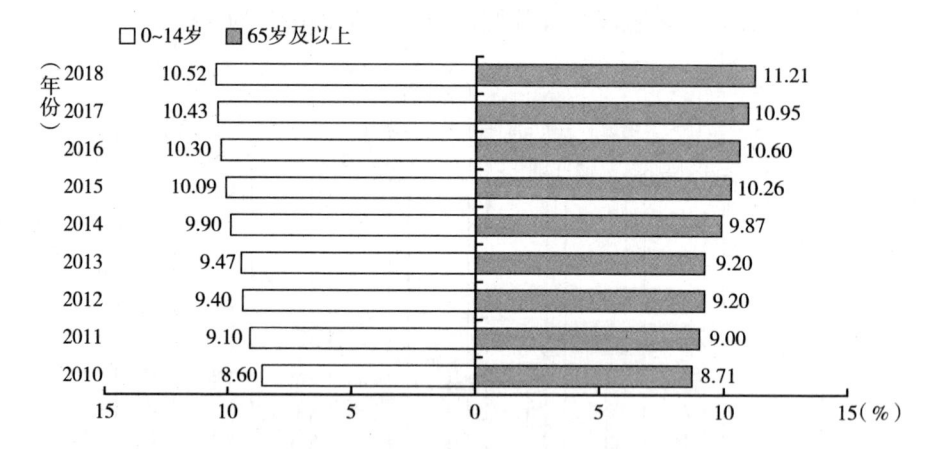

年份	0~14岁	65岁及以上
2018	10.52	11.21
2017	10.43	10.95
2016	10.30	10.60
2015	10.09	10.26
2014	9.90	9.87
2013	9.47	9.20
2012	9.40	9.20
2011	9.10	9.00
2010	8.60	8.71

图2 北京市0~14岁和65岁及以上人口分别占当年常住人口比重

数据来源：2010~2017年数据根据《北京统计年鉴》（2011~2018）相关数据计算得出。2018年数据来自北京市统计局《人口与就业年度统计资料发布计划》（http://tjj.beijing.gov.cn/tjsj/ndtjzl/2018ndtjzl_6949/rkyjy_6680/201902/t20190220_417100.html）。

---

① 总人口抚养比指总体人口中非劳动年龄人口数与劳动年龄人口数之比，说明每百名劳动年龄人口负担多少非劳动年龄人口。这里指0~14岁少儿人口和65岁及以上老年人口之和与15~64岁劳动年龄人口的比值。

（三）平均预期寿命和受教育程度显著提升，人口质量红利积聚

人口素质是转变城市发展方式、提升城市发展质量和竞争力、实现城市可持续发展的重要人力资本基石。北京市统计局数据显示，2018年北京市人口平均预期寿命达到82.2岁，相比2010年增长2.0岁，达到高收入国家水平[①]；2018年北京市六岁及以上常住人口中大专及以上受教育程度人口占比达38.88%，相比2010年提高6.04个百分点（见图3）。随着高中教育的普及和高等教育的大众化，凭借自身优质的健康资源和教育资源优势，北京市"人口健康红利"和"人力资本红利"进一步提高，这也成为北京市高质量发展的重要支撑。

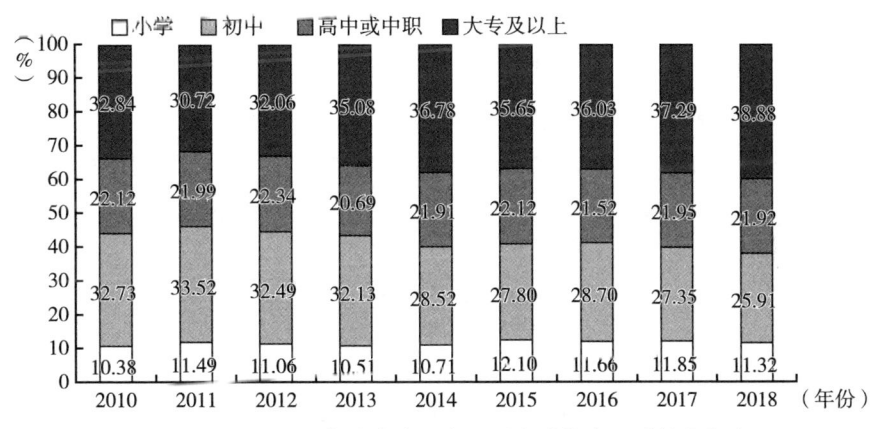

图3 2010~2018年北京市六岁及以上常住人口受教育程度

数据来源：2010~2017年数据根据《北京统计年鉴》（2011~2018）相关数据计算得出；2018年数据根据北京市统计局《2018年人口与就业年度统计资料发布计划》（网址：http://tjj.beijing.gov.cn/tjsj/ndtjzl/2018ndtjzl_6949/rkyjy_6680/201902/t20190220_417100.html）计算得出。

（四）人口分布格局由"中心集聚"逐步向"一副多点"转变

优化人口空间布局是实现非首都功能疏解、促进京津冀协同发展的重要

---

① 北京市统计局：《新中国成立70周年北京经济社会发展成就系列报告之二》，http://tjj.beijing.gov.cn/zxfb/201908/t20190828_426819.html。

一环。2015年以来，北京市通过"人随功能走、人随产业走"的举措，调整人口空间布局，促进城市功能优化，取得了显著成效。北京市统计局数据显示，2018年北京市中心城区①人口密度仍居全市区县前六位，但"一副多点"②的人口密度近几年不断上升，人口布局优化效应初显③。与2010年相比，2018年北京市中心城区人口密度平均下降0.49%，其中东城区下降幅度最大，达到10.58%；其次是西城区，下降5.17%；石景山区和丰台区分别下降4.23%和0.33%；朝阳区和海淀区人口密度虽与2010年相比略有上升，但统计资料显示，2015年以来朝阳区和海淀区人口密度也是连续下降。2018年朝阳区和海淀区人口密度分别为7922人/平方公里、7796人/平方公里，相比2015年分别下降8.85%和9.10%。与之相反的是，"一副多点"的人口密度大幅增长。据计算，与2010年相比，2018年"一副多点"的人口密度平均增长29.96%，其中顺义区和通州区增长幅度最大，分别达33.26%和33.21%；大兴区、昌平区和房山区分别增长31.59%、26.94%和25.68%④。北京市借助产业结构优化和非首都功能疏解，改变人口的单中心集聚发展模式，打造"一核一主一副，两轴多点一区"⑤的城市空间布局已见成效。⑥

二 人口优化出现新局面

作为一个拥有2000多万人口的大都市，进入新时代，北京市紧紧抓住

---

① 中心城区即城六区，包括东城区、西城区、朝阳区、海淀区、丰台区、石景山区。
② "一副多点"中"一副"指北京城市副中心，即原通州新城规划建设区；"多点"指5个位于平原地区的新城，包括顺义、大兴、亦庄、昌平、房山新城，是承接中心城区适宜功能和人口疏解的重点地区，是推进京津冀协同发展的重要区域。但在数据计算中由于数据限制，"一副多点"按照现行行政区划进行计算，即通州、顺义、大兴、昌平、房山。
③ 数据来源：北京市统计局，《人口与就业年度统计资料发布计划》，http://tjj.beijing.gov.cn/tjsj/ndtjzl/2018ndtjzl_6949/rkyjy_6680/201902/t20190220_417100.html。
④ 数据来源：由北京市统计局《北京市统计年鉴（2011）》和《2018年人口与就业年度统计资料发布计划》数据计算得出。
⑤ 一核：首都功能核心区；一主：中心城区；一副：北京城市副中心；两轴：中轴线及其延长线、长安街及其延长线；多点：5个位于平原地区的新城；一区：生态涵养区。
⑥ 由于缺乏城市副中心层面的统计数据，本报告以通州区的相关数据替代。

"疏整促"和人口均衡发展两条主线，不断推动首都功能优化，推进京津冀人口协同发展，人口优化出现一系列新局面。

（一）人口优化推动首都功能转变，激发城市发展新活力

为了进一步提升人们的获得感、幸福感和安全感，北京市把疏解非首都功能、城市综合治理与人口均衡发展紧密结合，持续开展疏解整治促提升的专项行动。据统计，从2015年到2018年，北京棚户区改造动迁户数达到15.19万户，其中涉及中心城区12.5万户，占总户数的82.4%[1]。中心城区的老旧小区综合整治和重点区域整治提升为推动首都功能优化配置、激发城市发展新活力发挥了重要作用。比如，2017年西城区率先出台《西城区街区整理实施方案》，坚持问题导向、规划引导、科学实施、试点先行、全员参与的原则，围绕区域可持续发展进行了精细化的布置和探索，通过以街区为单位进行"问题会诊"、"靶向治疗"和"功能修补"，把以人民为中心的发展思想落实落细，由街区更新提升到中心城区整体更新，不仅实现了首都功能优化配置，而且依托街区搭建了协作平台，补齐短板，提升公共服务保障水平，进一步激发了城市发展新活力。

（二）城市副中心人口集聚效应显现，助力首都高质量建设

北京城市副中心作为北京新两翼中的一翼，在对接中心城区功能和人口疏解、发挥疏解非首都功能的示范作用中具有举足轻重的地位。从人口规模上看，2018年通州区常住人口157.8万人，比上年增长7.0万人；其中常住外来人口65.7万人，比上年增长5.4万人；从人口密度上来看，2018年通州区常住人口密度达到1741人/平方公里，相比2015年增长14.46%，相比2010年增长33.21%[2]。此外，2017年通州区用电量达到60.6亿千瓦时，

---

[1] 参见历年北京市棚户区改造和环境整治任务数据。
[2] 北京市统计局：《北京统计年鉴（2016）》、《人口与就业年度统计资料发布计划》，http：//tjj.beijing.gov.cn/tjsj/ndtjzl/2018ndtjzl_6949/rkyjy_6680/201902/t2019 0220_417100.html。

相比2015年增长16.68%；从业人员为22.8万人，相比2015年增长0.50%[①]，通州区城市副中心的人口集聚效应正在显现。随着城市副中心建设的不断推进，公共服务水平和综合吸引力的不断提高，以行政办公、商务服务、文化旅游为主导的通州区将会吸引更多人口的集聚，这将助力国际一流和谐宜居之都示范区高质量建设。

（三）京津冀人口协同发展不断推进，区域一体化发展取得成效

京津冀人口协同发展势头良好，区域一体化初步形成。从人口规模上看，2018年数据显示京津冀地区常住人口达11270.1万人，占全国总人口的8.08%，相比2015年增长127.7万人，增长1.15%；其中河北、天津分别增长131.4万人、12.6万人，增长幅度分别为1.78%和0.81%，北京减少16.3万人，下降0.75%。从人口密度上看，2018年京津冀地区人口密度达523.0人/平方公里，相比2015年增长1.39%；其中河北增幅最大，达到2.03%。从地区生产总值上来看，2018年京津冀地区生产总值达85139.94亿元，相比2015年增长15262.3亿元，增幅达21.84%；其中北京增长7305.4亿元，增幅达31.74%；河北增长5985.2亿元，增幅达19.93%；天津增长1971.7亿元，增幅为11.71%[②]。京津冀人口协同发展的不断推进，正积极地促进京津冀三地经济协同健康发展，区域经济一体化正在有序推进，京津冀世界级城市群构架初步形成。

（四）在京外籍人口不断增多，国际交往中心建设深入推进

在京外籍人口规模和占比位居全国前列，国际化服务能力和水平不断提高。2010年第六次人口普查数据显示，居住在北京的外籍人员数量为91102

[①] 北京市统计局：《北京区域统计年鉴（2018）》和《北京区域统计年鉴（2016）》。
[②] 2018年数据来自《北京市2018年国民经济和社会发展统计公报》、《河北省2018年国民经济和社会发展统计公报》、《天津市2018年国民经济和社会发展统计公报》；2015年数据来自《北京区域统计年鉴（2016）》。2018年京津冀地区人口密度根据常住人口总量和行政区划面积计算得出。

人，约占北京市常住人口的0.46%，占我国境内外籍人员总量的15.34%。北京市国际化公共服务水平不断提高，国际化配套设施不断完善，国际化人文环境不断形成。北京市商务局发布的《北京市外商投资发展报告（2019）》显示，81%的受访者对北京科技创新程度满意，83%的受访者对北京文化体验满意，94%的受访者对社会治安表达出很高的认可度[①]。同时，北京市对外交往不断扩大，开放型经济水平不断提高，推进国际交往中心建设向纵深发展。截至2018年末，北京与231个国家和地区有贸易往来，与56个国际城市建立了市级友好城市，在京设立总部的政府间国际组织有8个，来京投资的国家和地区超过165个，累计超过4.3万家外商投资企业在北京设立，在京跨国公司总部达到179家，四成以上来自境外世界500强企业。此外，北京聚集了3.5万家外国常驻机构、4000多家地区总部和研发中心。2010～2018年，北京共举办ICCA国际会议909个、累计接待国际展览面积3395.4万平方米，城市的国际影响力逐步提高。作为国际性综合交通枢纽，2018年首都国际机场进出境人员2685万人次，是2008年的2倍，进出境飞机起降15.1万架次，是2008年的1.6倍[②]。

三 人口发展面临新挑战

北京市作为全国的政治中心、文化中心、国际交往中心和科技创新中心，其独特的资源和机遇优势，吸引着大批人口聚集，在经济社会高速发展的同时，也面临着一些问题与挑战。

（一）人口生育水平持续低迷

虽然0～14岁人口占常住人口比重不断上升，但自2016年以来，北京

---

① 《北京是中国吸引外资"强磁场"累计设立超4.3万家外企》，中国新闻网，http://www.bj.chinanews.com/news/2019/0602/71442.html。
② 《新中国成立70周年北京经济社会发展成就综述》，北京市统计局官网，http://tjj.beijing.gov.cn/bwtt/201908/t20190826_426785.html。

市常住人口出生数量和出生率呈现两连降。2018年北京市出生人口17.82万人,相比2017年(19.68万人)减少1.86万人,相比2016年(20.23万人)减少2.41万人;常住人口出生率由2016年的9.32‰,连续下降至2017年的9.06‰、2018年的8.24‰。随着人口生育水平持续低迷,人口增长势能进一步减弱。比如,2018年密云区人口自然增长率已跌至-0.41‰,东城区和石景山区也不足0.1‰,西城区、丰台区、门头沟区也均低于1‰。出生人口数量的低增长最终将会带来劳动年龄人口数量的低增长[①]。随着经济的快速发展,市场不断创造出新的劳动力需求,人口生育水平的持续低迷势必会对经济社会的可持续发展产生影响。一端是经济社会发展的劳动力缺口,另一端是人口生育水平的持续低迷,如何做好顶层设计,引导人口良性再生产,是亟待解决的一大挑战。

(二)老年人口养老服务供需结构待完善

老年人口规模不断扩大,高龄老年人口比例持续上升。根据北京市统计局资料计算,2013~2018年这五年间,北京市60岁及以上老年人口增加71.9万人,年均增长14.4万人;65岁及以上老年人口增长46.9万人,年均增长9.4万人;85岁及以上老年人口增长13.3万人,年均增长2.7万人。截至2018年,北京市常住人口中,60岁及以上老年人口达364.8万人,占常住总人口的16.9%;其中,65岁及以上老年人口达241.4万人,85岁及以上老年人口达24.3万人。而根据2015年北京市1%人口抽样调查数据,60岁及以上老年人口中身体健康或基本健康的仅占88.98%,不健康但生活能自理的占7.88%,生活不能自理的占3.13%。如果按照2015年生活不能自理老年人的比例推算的话,那么2018年全市生活不能自理的失能老年人口约为11.42万人。而且随着年龄的增长,老年人身体状况变差,生活自理能力下降,养老服务需求增加。截至2018

---

① 王德文:《人口低生育率阶段的劳动力供求变化与中国经济增长》,《中国人口科学》2007年第1期。

年12月底,北京市为老年人和残疾人提供集中入住服务的机构为672家,虽比2017年有所增加,但北京市70%的老年人集中在城六区,而养老机构的床位70%分布在五环之外[①],呈现出"中心城区一床难求,周边地区难求一人"的情况。面对日益严峻的人口老龄化形势,如何满足不同状况老年人多层次、多样化、个性化的养老服务需求,填补养老服务供给缺口,将是政府和社会面临的一大考验。

(三)外来人口服务管理水平有待提高

虽然从趋势来看,2015年以来北京市常住外来人口规模连续三年下降,但是北京市常住外来人口规模仍然很大,2018年北京市常住外来人口为764.60万人,占常住总人口的35.49%。在享受巨大的外来人口红利的同时,做好外来人口的服务工作将是北京市维护经济社会良性运行和协调发展的重要部分。但是目前管理主体呈现政府单一化的特征,社会与市场力量的作用发挥有限;部门职能条块化,缺乏有效协作配合;面向家庭的外来人口公共服务体系尚未建立健全;有关外来人口的教育、住房、医疗等社会保障服务仍有待加强。

(四)人口服务管理体制机制与城市发展活力高要求存在差距

北京市正处于人口无序涌入向人口有序流动的转变过程中,人口服务管理水平与城市发展活力的互动将直接影响北京市国际一流和谐宜居之都的建设。一方面,人口服务管理水平的提升有助于保护古都风貌、改善政务环境、推动产业转型升级、改善人居环境和优化人口空间布局,进而激发城市发展活力;另一方面,城市发展活力的提高有助于促进人口服务管理水平的提升,营造和谐优美的城市环境。目前,背街小巷等公共空间面貌改善和核心区网格化服务管理水平仍有待提升,老旧小区综合治理、适老化改造困难

---

① 数据来源:蒋梦惟《社区居家养老亟破市场单打独斗》,《北京商报》2019年9月4日,第16版。

重重，生活垃圾源头分类与再生资源回收仍存在衔接问题，这些都削弱了北京市的城市发展活力，不利于国际一流和谐宜居之都的首善之区建设。未来如何构建人口服务管理与城市发展活力之间的互动桥梁将是加快建立健全以人为本、高效全面的人口服务管理机制的一大难题。

（五）人口与资源环境仍处于紧平衡状态

以疏解非首都功能、治理"大城市病"为切入点，完善配套设施，提升首都功能的保障和服务水平是当前北京市的重要任务之一，是落实民生"五性"[①]的重要抓手。虽然近几年北京市电、热、气、水供应保障能力不断增强，环境优良天数大幅增加，基础服务设施明显改善，但是人口集聚引发的交通拥堵、水电土地短缺等"城市病"依然存在。例如，2017年北京市全年水资源总量29.8亿立方米，相比2016年下降5.29亿立方米；全年供水总量达39.5亿立方米，相比2016年增加0.7亿立方米，而人均水资源仅137.1立方米/人[②]。此外，《北京统计年鉴》数据显示，2016年北京市耕地、园地、林地和草地面积相比2010年分别下降3.32%、4.20%、0.31%和1.29%，而交通运输用地面积上升4.73%，城镇村用地面积上升5.45%[③]。人口与资源环境的紧平衡状态还表现在生活垃圾清理上，北京市城市管理委员会数据显示，2018年全市生活垃圾清运量达到929.42万吨，平均每天清运2.55万吨。未来如何更好地促进人口与资源环境的协调发展，将是建设国际一流和谐宜居之都的一大挑战。

四 以首善标准做好新时代人口工作

人口与经济社会相互依存、相互制约、相互渗透、相互作用。站在新的历史起点上，只有把握人口发展规律，科学布局，积极以首善标准做好新时

---

① 五性：便利性、宜居性、多样性、公正性、安全性。
② 北京市统计局：《北京统计年鉴（2018）》。
③ 北京市统计局：《北京统计年鉴（2018）》。

代人口工作，才能促进人口与经济、资源、环境协调可持续发展，才能建设好伟大的社会主义祖国的首都、迈向中华民族伟大复兴的大国首都、国际一流和谐宜居之都。

（一）加强人口动态监测，科学应对"十四五"时期人口新形势

人口问题是社会发展的基础性、全局性和战略性问题，及时准确地把握人口变化趋势性特征及其给人口安全和经济社会发展带来的挑战，对于谋划好人口长期发展具有重大意义。"十三五"期间，北京市人口发展的内在动力和外部条件都发生了深刻变化，人口对经济社会发展的压力，人口与资源环境之间的紧张关系仍然存在。加强人口动态监测，一方面可以及时调整公共服务配置，提升服务质量；另一方面有助于预测短期人口发展趋势，及时科学预防人口风险。2020年将是全面建成小康社会之年，也是承上启下之年，"十四五"时期，北京市人口发展将进入关键转折期，加强人口动态监测，对于完善城市治理体系，有效治理"大城市病"，提升城市发展质量、人居环境质量、人民生活品质，建设国际一流和谐宜居之都，具有重要意义。北京市应积极树立全国大城市人口动态监测的标杆，为全面建成小康社会贡献北京力量。

（二）深化京津冀人口协同发展，建设国际一流和谐宜居之都

推动京津冀人口协同发展是实现首都可持续发展的必由之路，是建设国际一流和谐宜居之都的基石。继续深入发挥北京"一核"的辐射带动作用，携手津冀两地做好非首都功能疏解和承接工作，构建协同创新共同体，推动京津冀中部核心功能区联动一体化发展。一方面，建立健全动态信息系统，形成人口服务管理区域"一盘棋"；另一方面，积极推进农业转移人口的"大众创业、万众创新"，做好政府服务管理工作，推动区域人口的自由流动与优化配置。要始终以建设生态环境良好、经济文化发达、社会和谐稳定的世界级城市群为目标，协同构筑品质优良的生态体系，建立产城融合的产业空间体系，形成共建共享的基础设施体系，建设

趋于均衡的公共服务体系，最终建立一个以北京"一核"为引领、京津双城为引擎、北京城市副中心与河北雄安新区为新两翼的世界级和谐宜居城市群。

（三）坚持集约高效人口精细化管理，"多点支撑"提升城市发展活力

集约高效的精细化管理是促进城市高效有序运行、形成与国际一流和谐宜居之都战略定位相匹配的城市治理能力的重要途径。坚持党建引领"街乡吹哨、部门报道"及"接诉即办"改革试验，推动城市精细化治理，既要管好主干道，又要治理好每个社区。推进老旧小区综合治理和有机更新，积极开展老旧小区养老设施改造，无障碍设施补建，增加停车位等工作，提升环境品质和公共服务能力；同时，通过补短板、提品质创造优良的人居环境还有助于提升现代服务业，推动传统产业升级，增强文化软实力，激发"产业+文化+生态+科技"多点支撑的城市发展活力。

（四）打造基于人口的互联互通"大数据+"平台，推动北京智慧城市建设

人口决策需要人口数据的支撑。随着交通通达性提高和社会经济发展，未来北京市人口流动将日益频繁，构建互联互通的人口"大数据+"平台，精准掌握人口数据，将有助于北京智慧城市建设。第一，互联互通的"大数据+人口"的信息化平台能够打破部门间信息闭塞、缺乏互通共享的弊端，提升服务效率，节约服务资源；第二，将人口信息纳入"大数据+"平台，可以实现对人口、资源与服务的实时调节，及时有效地引导人口疏解；第三，整合多部门数据建立的人口基础信息平台可实现学生就学、户籍管理、婚姻家庭、生育健康、就业创业、人口普查等信息的动态更新和综合集成，切实将人口融入经济社会政策，有助于健全人口与发展综合决策机制。基于人口的"大数据+"平台的建立将切实推动城市人口精准管理、交通智能管理服务、资源与生态环境智能监控、城市安全智能保障的城市智

能管理体系建设,有助于北京市打造智慧、和谐、宜居的世界级大都市,成为城市发展新标杆。

(五)鼓励社会资本参与养老服务,满足老年人多元化服务需求

当前,北京市老龄人口规模日益增长,养老服务的需求量与供给量之间缺口越来越大,政府提供的公共养老服务体系已经远远不能满足庞大的老龄化群体的多元化服务需求,亟待继续引入社会资本参与,扩大养老服务产品的有序供给,进而保障"三边四级"① 养老服务体系持续有序发展。第一,加大对养老服务产业的资本化支撑,推进商业模式多元化,如加大信贷支持力度、政府设立养老产业引导基金等;第二,加大养老金融产品开发,增加老年人口收益,提高其支付能力,激发老年人消费能力,解决养老服务的成本—收益不对称问题;第三,加大对养老服务企业的政策支持,营造公平公正的政策环境,为养老服务运营企业提供税收优惠,支持养老服务企业做强做大,同时引入 PPP 综合责任险,提高政府与社会资本合作的运营效率。只有通过构建政府主导、社会资本广泛参与的养老服务体系,才能满足老年人的多元化服务需求,更好地解决养老服务的"最后一公里"等问题。

(六)加快婴幼儿照护服务体系建设,关注育龄女性身心发展

适度生育水平是维持人口良性再生产的重要前提,引导适度生育水平的关键在于解决好育龄人群的后顾之忧。第一,以需求为导向,健全妇幼健康计划生育服务体系,提升妇幼健康和计划生育服务能力,分年龄分阶段做好优生优育全程服务,为妇女提供优质的孕前健康检查、母婴保健、心理疏导等服务。第二,完善家庭发展支持体系,包括生育支持、幼儿养育、产后服务等在内的家庭发展政策;完善税收、抚育、教育、社会保障、住房等政策,减轻生养子女的家庭负担。第三,完善计划生育奖励假制度和配偶陪产

---

① 三边四级:指在政府指导下,通过构建市级指导、区级统筹、街乡落实、社区参与的四级居家养老服务网络,实现老年人在其周边、身边和床边就近享受居家养老服务。

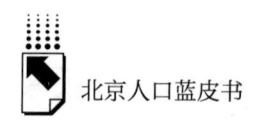

假制度，通过立法鼓励雇主为孕期和哺乳期妇女提供灵活的工作时间安排及必要的便利条件，同时支持妇女生育后重返工作岗位。通过合理配置公共服务资源，多管齐下加快婴幼儿和孕产妇照护服务体系，进而促进人口均衡可持续发展。

回顾过去，首都人口发展取得了重要成就，为贯彻新发展理念，推动首都高质量发展，迈向国际一流和谐宜居之都建设，服务国家发展大局奉献了力量；展望未来，首都人口发展也面临重要挑战，准确分析和把握首都人口发展变化的趋势与特点，将为"十四五"时期完善和探索中国特色首都人口发展道路提供目标和指引，为全面建成小康社会和现代化建设创造良好的人口环境。

分 报 告

Sub-reports

B.2 北京市流动人口发展报告[*]

王雪梅 王凤祥[**]

摘 要： 基于2017年全国流动人口卫生计生动态监测调查，流动人口问卷（A）中北京市的调查数据，对北京市流动人口总量变动、结构变化的新特点，以及城市生活与服务保障的新状况进行了描述性分析，并与往年的数据进行比较。研究发现，从全市范围来看，近年来流动人口规模、比重连续下降，但区域变动有差异。流动人口结构出现一系列新的变化，如适婚人口已婚率、初婚率"双高"；就业人口中的专业技术人员大幅增加，从事餐饮业人员有所减少等。调查分析表明，

---

[*] 本报告为北京市社会科学基金研究基地项目"疏解非首都功能背景下城乡结合部流动人口聚居区治理研究"阶段性成果（项目编号：17JDSHB002）。
[**] 王雪梅，中共北京市委党校社会学教研部副教授，研究方向：社区治理、流动人口研究；王凤祥，中共北京市委党校社会学教研部硕士研究生，研究方向：城乡社会学。

>流动人口在京生活喜忧参半。多数人租房居住，近半数参加了本地医疗保险，近半数参与了社会公益活动，多数人喜欢在京生活，留京意愿增强，对融入城市生活持积极、乐观态度。但是，由于收入水平低，且收入增长幅度远落后于社会平均工资，加之人际交往程度偏低，享受国家基本公共卫生服务水平有待提高等，流动人口市民化和城市融入发展问题任重道远。

关键词： 流动人口　总量变动　结构变化　城市融入发展

2017年10月18日，习近平总书记在党的十九大报告中指出，要破除妨碍劳动力、人才社会性流动的体制机制弊端，使人人都有通过辛勤劳动实现自身发展的机会；要履行好政府再分配调节职能，加快推进基本公共服务均等化，加快农业转移人口市民化。这是在新的历史条件下，党中央对流动人口相关工作提出的新任务和新要求。北京市是一个拥有2000多万人口的超大城市，流动人口已经成为常住人口的重要组成部分，必将对北京市经济社会发展产生持久和深远的影响。近年来，北京市深入贯彻党中央精神，编制修订《北京城市总体规划（2016年—2035年）》（以下简称《规划》），《规划》设想，通过疏解非首都功能，在严格控制人口规模的同时，调整人口空间布局、优化人口结构，如制定科学合理的公共服务政策，发挥公共服务导向对人口结构的调节作用，采取综合措施，保持人口合理有序流动。《规划》还特别指出要改善人口服务管理，构建面向城市实际服务人口的服务管理全覆盖体系，在常住人口2300万人控制规模的基础上，考虑城市实际服务人口的合理需求和安全保障。在此背景下，本报告以相关调查数据为基础，一方面，追踪分析北京市流动人口总体变化的最新特点和趋势；另一方面，较为系统、全面地反映在京常住流动人口经济、社会、生活、交往等发展现状和问题，以期推动基本公共服务均等化，促进流动人口融入城市。

本报告数据来源为国家卫生计生委2017年全国流动人口卫生计生动态监测调查。调查方式为：按随机原则在全国31个省（自治区、直辖市）和新疆生产建设兵团流动人口较为集中的流入地抽取样本点，开展抽样调查；调查对象选择在本地居住一个月及以上，非本区（县、市）户口的15周岁及以上流入人口；调查内容包含个人的家庭、经济及就业、公共卫生及计划生育情况等；调查采用分层、多阶段、与规模成比例的PPS方法进行抽样，调查结果具有代表性。北京市共回收了6999份有效问卷。

一 流动人口变动新特点

（一）全市流动人口规模连续三年下降，但区域变动有差异

从2006年到2015年，北京市流动人口规模始终呈现增长趋势，达到822.6万人；2016年为807.5万人，比2015年减少15.1万人，在总量上首次出现下降[1]；2017年为794.3万人，比2016年再减少13.2万人；2018年末为764.6万人，比2017年减少29.7万人。北京市流动人口规模连续三年下降，这一变化趋势与全国一致[2]。

从区域来看，2018年中心城区各区的流动人口规模均呈下降态势，其中以西城区和石景山区的下降速度最快，对比上一年分别下降了20.7%与14.61%。其次分别是丰台区、东城区、朝阳区和海淀区。西城区和石景山区的流动人口规模在2013年达到峰值后逐年下降，东城区、丰台区和海淀区的流动人口则在2015年开始下降，朝阳区流动人口首次出现下降是在2016年。与此同时，大兴区和平谷区的流动人口规模2018年首次出现下降，怀柔区的流动人口也在2015年后再次下降，但其他区流动人口规模仍继续增加（见表1）。

---

[1] 数据来源：《北京统计年鉴》（2007~2018），中国统计出版社。
[2] 2015年国家统计局公布全国流动人口总量为2.47亿人，比2014年下降了约600万人；2016年比2015年减少了171万人；2017年为2.44亿人，继续减少了82万人。

表1 2011~2018年北京分区域流动人口变化

单位：%

区域	2018年	2017年	2016年	2015年	2014年	2013年	2012年	2011年
东城区	-7.30	-7.29	-7.25	-2.36	0.95	-0.94	-0.93	-2.73
西城区	-20.70	-4.45	-5.81	-5.49	-4.65	3.30	4.06	-2.14
朝阳区	-6.46	-3.43	-5.00	2.34	2.10	3.89	5.34	6.20
丰台区	-7.43	-5.63	-4.65	-1.53	0.12	1.55	-0.71	3.69
石景山区	-14.61	-6.32	-9.52	-0.94	-0.93	0.00	0.47	2.90
海淀区	-3.29	-8.40	-6.26	-1.13	4.74	3.68	3.67	6.29
房山区	0.99	8.21	2.19	2.62	8.54	7.89	6.54	9.74
通州区	8.96	5.79	1.97	0.72	3.54	5.72	6.29	9.66
顺义区	0.65	7.91	6.97	3.34	4.29	8.12	10.22	12.19
昌平区	1.14	1.64	1.17	2.40	-0.40	5.12	6.81	5.79
大兴区	-8.05	1.34	7.88	0.66	2.86	2.94	5.47	5.12
门头沟区	4.00	0.00	4.17	-2.04	-2.00	2.04	2.08	2.13
怀柔区	-3.74	0.94	0.95	0.96	-1.89	2.91	0.98	-0.97
平谷区	-10.53	3.64	3.77	0.00	0.00	1.92	1.96	4.08
密云区	3.95	5.56	1.41	-1.39	0.00	1.41	1.43	1.45
延庆区	11.63	10.26	8.33	0.00	0.00	-2.70	-7.50	2.56

数据来源：2011~2017年数据来源于《北京统计年鉴》（2010~2018），中国统计出版社；2018年数据来源于北京市统计局《人口与就业年度统计资料发布计划》。

（二）全市流动人口占常住人口比重连续四年下降

全市流动人口占常住人口的比重也呈现下降趋势。不同的是，流动人口比重增长趋势持续到2014年（38.05%）[1]，2015年首次出现下降（37.90%），2016年、2017年、2018年持续下降，分别占常住人口的37.16%、36.59%、35.49%（见图1）。

---

[1] 2014年数据来源为《北京统计年鉴（2018）》，中国统计出版社。

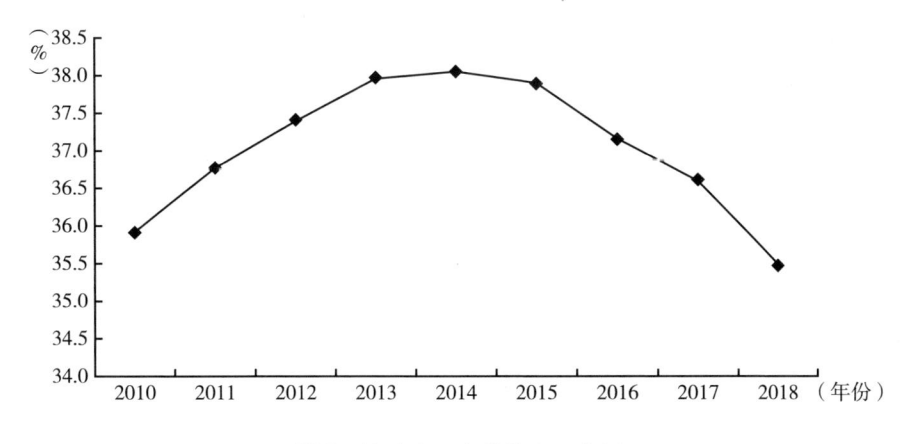

图 1　流动人口占常住人口比例

数据来源：2011~2017年数据来源于《北京统计年鉴》（2010~2018），中国统计出版社；2018年数据来源于北京市统计局《人口与就业年度统计资料发布计划》。

（三）通州副中心流动人口总量持续增长，增速呈先下降后上升趋势

2018年通州副中心常住人口为157.8万人，其中流动人口规模为65.7万人。2012年到2018年通州区流动人口总量持续增长，但增速出现波动：2012~2015年，流动人口增速放缓，但2015年后转变为快速上升（见表2）。

表 2　通州区流动人口现状

年份	常住人口（万人）	流动人口（万人）	常住人口密度（人/平方公里）	流动人口密度（人/平方公里）	流动人口增长率（%）
2018	157.8	65.7	1741	725	8.96
2017	150.8	60.3	1664	665	5.79
2016	142.8	57.0	1576	629	1.97
2015	137.8	55.9	1521	617	0.72
2014	135.6	55.5	1496	612	3.54
2013	132.6	53.6	1463	591	5.72
2012	129.1	50.7	1425	559	6.29

数据来源：2011~2017年数据来源于《北京统计年鉴》（2010~2018），中国统计出版社；2018年数据来源于北京市统计局《人口与就业年度统计资料发布计划》。

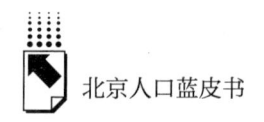

2015年以来，通州区流动人口就业行业规模发生明显变化。对比2016年，通州区流动人口从事的行业发生了变化，其中，变化较大的为制造业，近一年时间行业内人员增加了近17.3%，其次为信息传输、软件和信息技术业，2017年行业内人员减少了近13.1%。从全市来看，通州区的流动人口在制造业中的比例远高于北京市整体水平。2017年通州区的流动人口在所从事的行业中占比超过10%的有批发和零售业（13.6%）、其他制造业（12.7%）、建筑业（12.4%）；超过5%的有居民服务、修理和其他服务业（8.8%），交通运输、仓储和邮政业（5.4%）。

从职业来看，2017年通州区流动人口主要从事的职业前五位为经商（16.3%）、专业技术人员（15.4%）、其他商业服务业（11.5%）、生产（9.7%）、建筑（8.2%）。对比2016年，生产类职业的从业人员增加了7.1%，建筑职业增加了5.3%，而专业技术人员、餐饮人员和其他商业服务业人员均减少了5%左右。

从全市来看，通州区流动人口从事生产和建筑两个职业的比例高于北京市整体水平。这也从侧面说明城市副中心的建设吸引了大量的制造业工人和建筑业工人。2012年，北京市第十一次党代会上首次提出将通州打造为城市副中心，2015年，习近平总书记主持中央政治局会议，审议通过《京津冀协同发展规划纲要》，提出要疏解北京部分行政性、事业性服务机构；同年，中共北京市委十一届七次全会中指出要聚焦通州，深化方案论证，加快行政副中心的规划建设。随着城市副中心的发展，在建设生产浪潮过去之后，通州区流动人口的职业或将发生新的变化；而伴随着北京市城市副中心的规划建设，未来一段时间内通州区的流动人口规模或将持续增长。

二 流动人口结构新变化

（一）流动人口平均年龄和受教育程度均高于全国水平

2017年北京市流动人口平均年龄37岁，高于全国流动人口平均年龄1

岁，高于上海0.8岁，显著高于深圳市和广州市（分别高3.7岁和4.5岁）。从2012年起，全国的流动人口平均年龄已经开始上升，北京市的流动人口表现突出——与2012年比较，2017年劳动年龄人口平均年龄上升了2.67岁。显然，人口红利对大城市的老龄化所带来的缓冲正在减弱。从城市层面来看，位于珠江三角洲的深圳和广州两市流动人口年龄结构趋于年轻，而北京市流动人口老化速度较快，年龄结构趋于老化（见表3）。

表3 2017年北京市流动人口平均年龄与受教育程度

区域	平均年龄（岁）	平均受教育年限（年）	大专及以上文化程度（%）
全国	36.1	10.1	17.4
北京	37.0	11.8	36.6
上海	36.2	11.4	31.7
深圳	33.3	11.4	26.3
广州	32.5	11.0	22.7

数据来源：根据2017年全国流动人口卫生计生动态监测调查，流动人口问卷（A）数据统计得出，若无特别说明，以下各图表同此。

2017年北京市的流动人口平均受教育年限为11.80年，高于全国平均水平1.7年。在北京市流动人口中受教育程度在大专及以上的占比为36.6%，而上海市为31.7%、深圳市为26.3%，广州市最低，为22.7%。北京市流动人口中接受过大专及以上高等教育的比例远高于其他特大城市。这也说明北京市对于高素质人才的吸引力强于其他城市。

（二）适婚人口已婚率、初婚率"双高"，流动人口普遍与家庭成员共同居住

流动人口中适婚人口已婚率高，占82.9%，其中初婚率为80.9%，相对较高的初婚率有利于家庭关系的稳定。未婚人口占比为14.3%，离婚及丧偶占比为2.7%。在京流动人口普遍与家庭成员共同居住，2人同住占23.1%，3人同住占35.9%，4人及以上同住占29.4%，单身居住的流动人口仅占11.6%（见图2）。

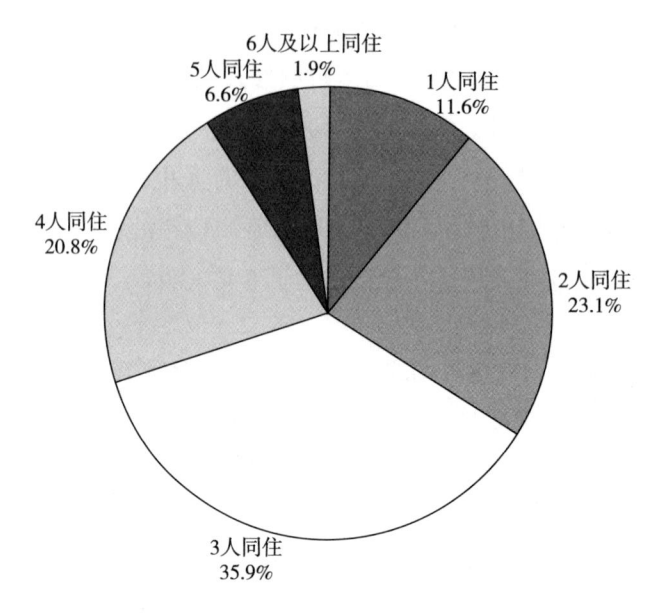

图2　2017年北京流动人口同住家庭成员人数及其占比

家庭成员中6岁及以下的幼儿占15.8%，6岁以上不满14岁的儿童占10.5%，18岁及以下共占比29.1%（见表4）。调查显示，10.4%的未成年人口在北京出生，17.5%的流动人口认为自己的子女在京上学面临困难。60岁及以上的老年人口占7.6%，其中绝大多数是低龄老人（年龄在70岁以下，占老年人口的80%），中龄（70~79岁，占17.6%）和高龄（80岁及以上，占0.15%）老人占比很低。随着流动人口家庭化进程的加快，流动人口对流入地子女教育、随迁老人异地就医和养老方面的需求更为急迫。

表4　2017年北京随迁未成年人与老人占比

单位：岁，人，%

年龄（岁）	频次（人）	占比（%）
0~6	1410	15.8
7~13	941	10.5
14~18	253	2.8
合计	2604	29.1

续表

年龄(岁)	频次(人)	占比(%)
60~69	543	6.1
70~79	119	1.3
80及以上	13	0.2
合计	675	7.6
随迁总人口	8948	—

（三）农业户籍流动人口占多数，在京谋生是其主要经济来源

流动人口中农业户籍人口占64.3%，非农户籍人口占35.7%。在京流动人口中老家居住地在农村的有61.3%，在乡镇的有9.5%、在县城的有11.2%，在市内的有18.0%。也就是说，有近一半的农业户籍流动人口已经完全脱离农业生产活动，逐渐习惯于城市的就业和生活方式，这部分流动人口的市民化值得关注。在农业户籍与农转居人口中，户籍地老家拥有承包地的占51.8%，平均每人拥有1.86亩承包地，且近八成的承包地由自己、家人或亲朋耕种，转租承包地的仅占12.3%。通过土地转租与自己耕种获得的收入，平均每亩地仅为848.72元，这说明农业户籍人口在老家依靠土地获取的收入是极低的，他们主要依靠在京谋生。

（四）流动人口绝大多数是劳动适龄人口，就业比重高、就业稳定、工作年限较长

2017年，北京市流动人口中15~59岁的劳动年龄人口占流动人口总量的93.2%，其中就业人口比重为87.9%。就业稳定性方面，63.9%的就业流动人口没有更换过工作，平均工作年限为5年，工作延续性较高。从行业来看，在采矿业与电煤水热生产供应行业就业的流动人口工作年限最长，分别为13.6年和10.9年。这些行业的流动人口在长时间从事同一个工作后，已经成为该行业的熟练从业人员（见图3）。

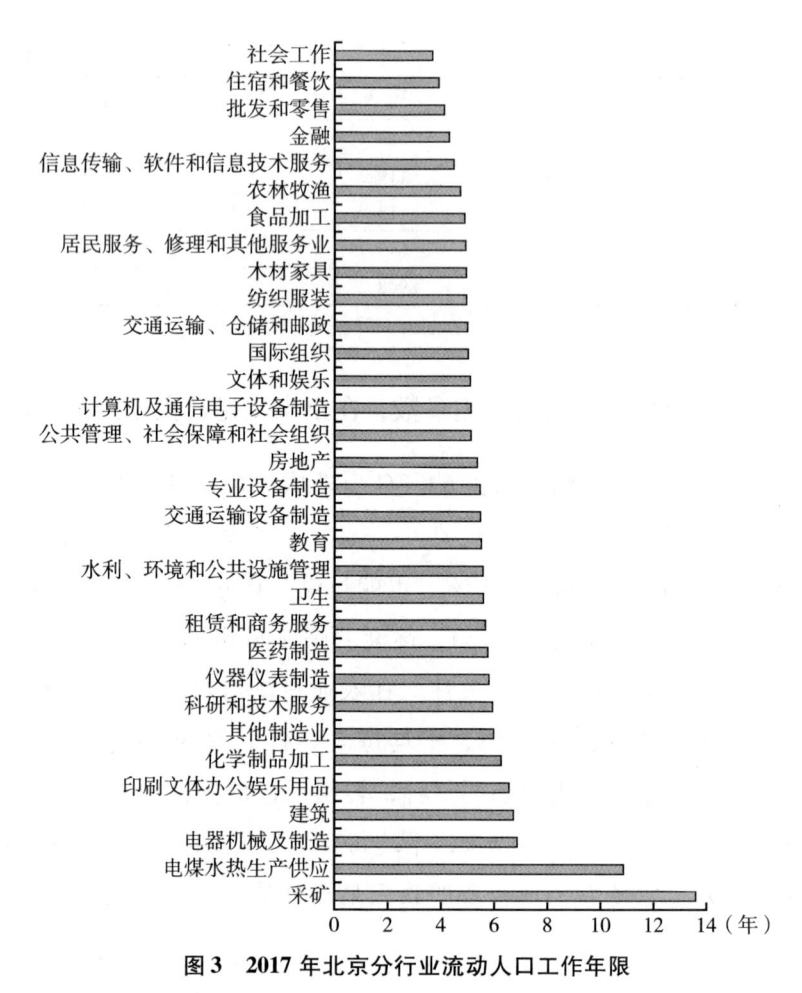

图3 2017年北京分行业流动人口工作年限

(五)就业人口中的专业技术人员大幅增加,从事餐饮业人员有所减少

从职业角度看,2017年北京市流动人口从事的主要职业依次为:其他商业、服务业人员(21.8%),专业技术人员(21.1%),经商(16.5%),餐饮(8.1%),这四类职业占比共计67.5%。与2012年比较,增长最多的是专业技术人员,五年间占比上升了8.8个百分点;降低较多的为餐饮职业,五年间占比下降了5.3个百分点,其次是其他商业、服务业人员,下降了3.5个百分点。这与

北京市产业结构调整密切相关，北京市的流动人口不仅是其所在工作领域的熟练从业人员，而且他们的就业越来越趋向于更为专业的工种，整体就业结构向更加符合北京市产业结构的方向转变（见图4）。

图4 与2012年相比2017年北京流动人口职业变化

数据来源：2012年、2017年全国流动人口卫生计生动态监测调查，流动人口问卷（A）。

从流动人口的就业身份来看，与2012年比较，自营劳动者占比下降了6.1个百分点，被雇佣的劳动者占比上升了3.9个百分点。从受教育程度来看，大学本科毕业的劳动者主要在信息传输、软件和信息技术服务，计算机及通信电子设备制造，金融，教育，批发和零售等行业就业；大专毕业的流动人口主要在批发和零售，信息传输、软件和信息技术服务，居民服务、修理和其他服务业，教育等行业就业；而受教育程度在高中及以下的劳动者主要集中于批发和零售，居民服务、修理和其他服务业，住宿和餐饮，建筑，交通运输、仓储和邮政，食品加工等行业。

三 流动人口城市生活与服务保障新状况

2014年3月，中共中央、国务院印发《国家新型城镇化规划（2014—2020

年)》,将"有序推进农业转移人口市民化"放在第一重要的位置。习近平总书记曾强调:"要加快推进户籍制度改革,完善城乡劳动者平等就业制度,逐步让农业转移人口在城镇进得来、住得下、融得进、能就业、可创业,维护好农民工合法权益,保障城乡劳动者平等就业权利。"调查分析揭示了北京市流动人口在城市生活和享受服务保障方面的最新状况。

(一)收入水平低,增长幅度远落后于社会平均工资

2017年流动人口个人月平均收入为5778元,仅相当于北京市职工月平均工资的68%(2017年北京市职工月平均工资为8467元)。与2016年相比,流动人口收入增幅为5.3%,同期北京市职工月平均工资增幅为9.88%[1],前者增长幅度远落后于后者。

收入水平低、收入增长速度慢在一定程度上给流动人口的城市生活设置了障碍。调查表明,48.7%的流动人口认为目前在京生活面临困难,排在困难第一、第二位的分别是买不起房子(35%的人选择)、收入太低(29%的人选择);此外,17.4%的人抱怨生意不好做,13.3%的人面临的主要困难是难以找到稳定的工作(见表5)。

表5 流动人口在京面临的困难

单位:人,%

目前在本地有没有困难	样本量	占比
没有	3593	51.3
有	3406	48.7
合计	6999	100
在京主要困难排序	样本量	占比
1. 买不起房子	2449	35.0
2. 收入太低	2029	29.0
3. 子女上学问题	1223	17.5
4. 生意不好做	1220	17.4
5. 难以找到稳定的工作	932	13.3

---

[1] 数据来源:北京市人力资源和社会保障局、北京市统计局公布数据。

续表

在京主要困难排序	样本量	百分比
6. 本地人看不起	466	6.7
7. 生活不习惯	321	4.6
8. 其他	321	4.6

数据来源：2017年全国流动人口卫生计生动态监测调查，流动人口问卷（A）。

（二）多数流动人口租房居住，自购保障房、居住政府公租房比例低

北京市流动人口绝大多数居住在正规居所中（居住非正规居所比例为0.5%），分为租房居住和购房（建房）居住两类，分别占61.8%和21.8%。多数流动人口租房居住，住房主要来源为租住私房（整租）、自购商品房、租住私房（合租）、单位/雇主房（不含就业场所）。北京市流动人口自购保障性住房和居住在政府提供的公租房内的比例都很低（分别为1.2%和0.8%），但从流动人口聚集的四个超大城市之间的对比来看，北京市这两项明显地高于其他城市，表明北京市在流动人口的住房保障政策实施中相对取得了较大的成果（见表6）。

表6 流动人口住房来源

单位：人，%

住房来源	北京	上海	深圳	广州
租住私房（整租）	46.8	41.5	70.5	63.1
租住私房（合租）	14.2	16.4	11.6	7.6
单位/雇主房	11.8	6.8	4	11.1
借住房	2.5	1.3	1.2	0.9
就业场所	1.6	1.1	0.1	2.9
政府提供公租房	0.8	0.2	0	0
小计	77.7	67.3	87.4	85.6
自购商品房	18.6	28.9	8	10.3
自购保障性住房	1.2	0.4	0	0.1
自购小产权住房	0.3	1.3	4.1	1.3
自建房	1.7	1.6	0.4	2.7
小计	21.8	32.2	12.5	14.4
其他非正规居所	0.5	0.5	0.1	0
合计	100	100	100	100
样本数	6999	7000	1999	1999

数据来源：2017年全国流动人口卫生计生动态监测调查，流动人口问卷（A）。

（三）绝大多数流动人口身体健康，近半数参加本地医保

在京流动人口绝大部分身体健康，仅有1.6%的流动人口患病。当感到身体不适或患病时，75.3%的流动人口会选择治疗，并在本地就近选择医务场所，且98.1%的人可以在30分钟以内到达距离最近的医疗服务机构（包括社区卫生服务中心、村居医务室、医院等）。其中，选择最多的是居住地附近的药店（29.7%），其次是本地综合医院或专科医院（24.4%），还有17.2%的人会选择本地的社区卫生站。总体来看，北京的流动人口身体素质较好，但是仍有23.9%的流动人口在生病时未接受治疗，拖延病情。

43.4%的流动人口在北京市本地办理了城镇职工医疗保险，办理城镇居民医疗保险的比例为3.9%（见图5）。多数流动人口在京的社会保险状况较差，当发生意外或患病需要治疗时仍需回到家乡。

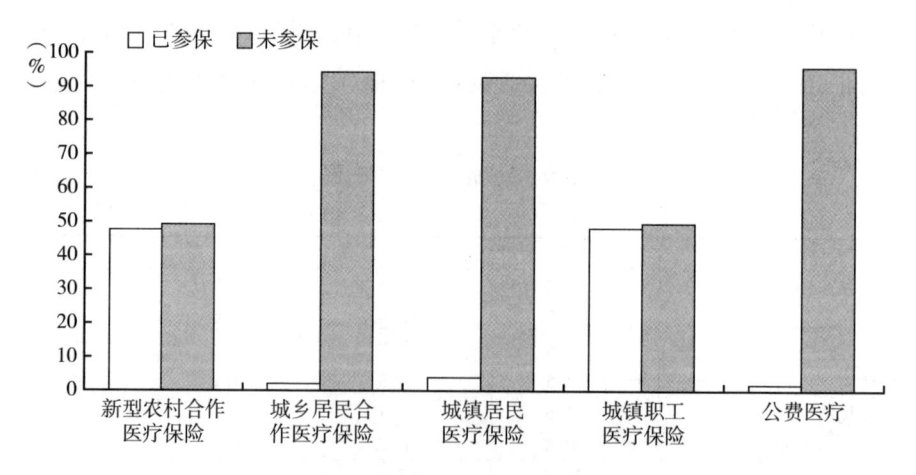

图5 社会医疗保险参保情况

数据来源：2017年全国流动人口卫生计生动态监测调查，流动人口问卷（A）。

社会保障卡是劳动者在劳动保障领域办事的电子凭证，流动人口不仅可以凭卡就医进行医疗保险个人账户实时结算，还可以办理养老保险事务、办理求职登记和失业登记手续、申领失业保险金、申请参加就业培训、申请劳动能力鉴定和申领享受工伤保险待遇、在网上办理有关劳动和社会保障事务等,是社会保障的重要部分。在京的流动人口中,59%的流动人口已经办理了社会保障卡,但是仍有37.7%的流动人口没有个人社会保障卡,甚至有9.9%的流动人口未听说过社会保障卡。

(四)人际交往程度偏低,且局限于熟人网络

调查数据显示,在京的流动人口闲暇时间最经常与同乡交往,有26%的人常与本地人交往。其中,与同乡交往最频繁的是小学、初中、高中三个受教育程度的流动人口。其中,以高中学历为界,文化程度较低的流动人口闲暇时间更多与自己熟识的同乡交往;而随着文化程度提高,流动人口的交际范围也在扩展,更多的交往对象为其他本地人与其他外地人(见表7)。但是,不容忽视的是,虽然流动人口与本地人的交往程度有提升,仍有近四分之一的流动人口在京很少与人来往。

表7 不同受教育程度流动人口的交往状况

单位:%

受教育程度	同乡(户口迁至本地)	同乡(户口仍在老家)	同乡(户口迁至其他地区)	其他本地人	其他外地人	很少与人来往
未上过小学	3.00	16.80	0	13.90	5.90	60.40
小学	1.40	32.20	2.50	14.60	9.60	39.80
初中	1.70	40.20	1.50	16.30	13.90	26.30
高中/中专	2.70	31.80	1.70	23.10	18.90	21.80
大学专科	3.20	20.00	1.70	36.90	23.10	15.20
大学本科	4.30	12.80	2.10	40.60	25.80	14.40
研究生	5.40	6.90	2.90	41.70	30.40	12.70

(五)近半数人参加过公益活动,但政治性参与率很低,流动党员参与率不高

接受调查的流动人口,近四分之一表示很少参与组织活动,有五成的流动人口曾经主动参与捐款、献血和其他公益志愿活动。流动人口政治参与率

很低，九成以上的流动人口表示从未给所在单位/社区/村提过建议或监督，从未通过各种方式来反映自身的情况、向管理部门提出政策建议，从未在网上就国家事务、社会实践参与讨论。在流动人口中，中共党员及共青团员共占15.1%，但仅有6.9%的人参与过党/团组织的活动，或参加过党支部会议（见表8）。

表8 流动人口的社会参与

单位：人，%

社会参与类型	没有	占比	偶尔	占比	有时	占比	经常	占比	合计	样本量
给所在单位/社区/村提建议或监督	6385	91.2	425	6.1	148	2.1	41	0.6	100	6999
通过各种方式反映自身的情况、向管理部门提出政策建议	6677	95.4	237	3.4	70	1.0	15	0.2	100	6999
在网上就国家事务、社会实践参与讨论	6523	93.2	383	5.5	76	1.1	17	0.2	100	6999
主动参与捐款、献血和其他公益志愿活动	3897	55.7	1923	27.5	888	12.7	291	4.2	100	6999
主动参加党/团组织的活动	6514	93.1	193	2.8	140	2.0	152	2.1	100	6999

在京流动人口参与社会活动的渠道主要有同学会、老乡会，占20%左右；其次是工会和志愿者协会，分别占13%和10.9%。可以看出，流动人口在京的交往偏向于原有的社会网络。

（六）多数人喜欢在京生活，融入城市的主观态度积极、乐观

在主观方面，在京流动人口表现出积极的态度，近半数流动人口表示自己喜欢在北京居住生活，并且大多数流动人口较为关注北京城市变化；95.9%的流动人口愿意融入北京；92.7%的流动人口认为本地人愿意接纳他们；80.9%的人认为外地人并没有受到北京本地人的歧视，这些方面体现了流动人口对城市社会包容度的主观评价。至于流动人口是否真正地融入城市生活，还需从更多方面来考察。

（七）留京意愿增强，个人发展、增加收入、子女教育是主要动因

2017年北京市流动人口中，有近35.6%的流动人口愿意在北京长期定居。稳定居留流动人口年龄偏大，实际居留时间更长（见表9）。

表9 流动人口的留京意愿

单位：人，%

预计留京时间	人数	占比
1~2年	375	5.4
3~5年	979	14.0
6~10年	418	6.0
10年以上	854	12.2
定居	2489	35.6
没想好	1206	17.2
合计	6321	90.4
样本总量	6999	100

数据来源：2017年全国流动人口卫生计生动态监测调查，流动人口问卷（A）。

78.2%的人在符合本地的落户条件时，愿意把户口迁入北京。留京三大原因：个人发展、增加收入、子女教育。28.1%的人觉得在北京可以更好地提升自我，个人发展空间大；22.5%的人觉得在京收入水平高；16.1%的人认为在北京子女有更好的教育机会（见表10）。

表10 流动人口留京原因

单位：人，%

留京原因	样本量	占比
个人发展空间大	1778	28.1
收入水平高	1420	22.5
子女有更好的教育机会	1017	16.1
与本地人结婚	482	7.6
家人习惯本地生活	375	5.9
城市交通发达、生活方便	322	5.1

续表

留京原因	样本量	占比
积累工作经验	290	4.6
社会关系网都在本地	239	3.8
其他	224	3.5
医疗技术好	123	1.9
政府管理规范	51	0.8
合计	6321	100
总样本数	6999	—

数据来源：2017年全国流动人口卫生计生动态监测调查，流动人口问卷（A）。

留京人员大多有着长远的打算和考虑，有着对未来发展的美好愿景。但当下生活仍面临诸多困难，未能完全享受公共服务均等化的政策福利，呈现出一种"半城镇化"状态：就业在城市，户籍在农村；本人在城市，家属在农村；生活在城市，根基在农村；在劳动权益保护、子女教育、医疗卫生、社会保障等方面面临一系列问题。

四 结论

随着《北京城市总体规划（2016年—2035年）》落实推进，人口规模调控效果显现，人口空间布局得以调整，结构逐步优化，同时，流动人口服务管理进一步完善。从全市范围来看，流动人口总量和比重逐年下降，但区域变动有差异，城六区的西城区和石景山区，人口规模下降速度最快，城六区以外的其他城区，流动人口规模小幅增加。通州区由于受到城市副中心规划建设的影响，流动人口总量持续增加，增速先缓后快。流动人口结构出现新的变化，平均年龄和受教育程度均高于全国水平；适婚人口已婚率、初婚率"双高"，普遍与家庭成员共同居住；农业户籍流动人口占六成以上，绝大多数是劳动适龄人口；劳动年龄人口就业比重高、就业稳定、工作年限较长，就业人口中的专业技术人员大幅增加，从事餐饮业人员有所减少。

调查分析显示，在京常住流动人口多数租房居住，近半数参加了本地医疗保险；通过同乡会、同学会参与社会公益活动，多数人喜欢在京生活，留京意愿增强，对融入城市生活持积极、乐观态度。但是，由于收入水平低，且收入增长幅度远落后于社会平均工资，加之人际交往程度偏低，享受国家基本公共卫生服务水平有待提高等，更好地实现流动人口市民化和城市融入发展任重道远。

北京市流动人口发展状况备受社会各界关注，虽然近几年规模持续下降，但各区变化差异较大，对于流动人口的管理与服务呈现多样化的需求，应结合本地实际，有的放矢，制定适宜公共服务政策，充分发挥流动人口的潜力，助力北京高质量发展和国际一流和谐宜居之都建设。

B.3
北京市老年人口现状与养老需求报告[*]

闫萍 石万里[**]

摘　要： 北京市老龄化趋势日益严重，老年服务需求日益增长。本报告通过对北京市老年人口现状及特点的分析，结合中国人民大学中国调查与数据中心的2016年中国老年社会追踪调查（CLASS）数据，对北京市老年人口的生活照料、健康医疗、经济保障、宜居环境、社会参与、精神慰藉、制度支持和信息需求八个方面的养老服务需求及影响因素进行探究，最后提出做好养老服务需求精细化评估，提高养老服务供给有效性；建立多支柱服务供给体系，满足老年人多样化服务需求；创新养老服务供给手段，科学、综合、有效应对老年人养老服务需求变化的建议，期望能对未来北京市养老服务体系的不断完善有所帮助。

关键词： 北京市　老年人口　养老需求　影响因素

一　引言

21世纪是人口老龄化的时代，人口老龄化已成为我国当前和未来必须

---

[*] 基金项目：北京市社会科学基金一般项目（18JDSRB006）；北京行政学院2018年学科建设项目（2018XKJ014）。

[**] 闫萍，博士，中共北京市委党校社会学教研部，副教授，硕士生导师，主要研究方向：人口老龄化、家庭发展；石万里，中共北京市委党校社会学教研部，2018级人口学硕士研究生。

要重视的社会常态。2019年4月16日发布的《国务院办公厅关于推进养老服务发展的意见》（国办发〔2019〕5号）再次提出"持续完善居家为基础、社区为依托、机构为补充、医养相结合的养老服务体系"，"大力推动养老服务供给结构不断优化"，"确保到2022年在保障人人享有基本养老服务的基础上，有效满足老年人多样化、多层次养老服务需求，老年人及其子女获得感、幸福感、安全感显著提高"，进一步明确了要加快构建完善具有中国特色、符合中国国情的养老服务体系。

北京作为较早进入人口老龄化的城市，党的十九大以来，在习近平新时代中国特色社会主义思想统领下，高度重视老龄事业发展，积极采取措施应对人口老龄化。在"9064"① 养老服务模式基础上，不断推进养老服务体系建设，完善养老服务供给机制，加快构建就近区域养老服务联合体②，打造了一套具有北京特色的"三边四级"养老服务体系③。作为一项长期复杂的系统工程，老龄事业发展和养老服务体系建设需要及时跟进了解老年人需求的动态变化，针对不同状况老年人的差异性需求进行有效对接，做到有的放矢、"精准供给"。为了能更好地了解北京市老年人口的服务需求状况，进一步提升北京市养老服务供给能力，满足老年人多层次、多样化、个性化的养老服务需求，本报告通过对当前北京市老年人口现状及特点的分析，结合中国人民大学中国调查与数据中心的2016年中国老年社会追踪调查（CLASS）数据，对北京市老年人口的需求特点及影响因素进行探究，希望有助于北京市在养老服务体系建设中打通"堵点"，消除"痛点"，更好地解决养老服务的"最

---

① "9064"模式指2009年北京市提出的90%的老年人在社会化服务协助下通过家庭照顾养老，6%的老年人通过政府购买社区照顾服务养老，4%的老年人入住养老机构集中养老。
② 北京市老龄工作委员会办公室、北京师范大学中国公益研究院编《北京市老龄事业发展和养老体系建设白皮书（2017）》，社会科学文献出版社。区域养老服务联合体指由区级养老服务指导中心、街乡养老照料中心和社区养老服务驿站组成。其中，街乡养老照料中心和社区养老服务驿站主要由政府提供场所、补贴等支持，专业运营、服务开展等主要交给社会。区级养老服务指导中心作为本区养老服务体系的运行枢纽和指挥平台，负责制定区域养老政策，集成区域专业化资源。
③ "三边四级"养老服务体系是指在政府主导下，通过构建市级指导、区级统筹、街乡落实、社区参与的四级居家养老服务网络，实现老年人在其周边、身边和床边就近享受居家养老服务。

后一公里",从而为京津冀区域养老工作协调发展提供样板。

国内关于养老服务需求及其影响因素的研究很多。在养老服务需求方面,按照养老方式的不同可以分为社区养老服务需求、机构养老服务需求和家庭养老服务需求;由于城乡二元差异,城市地区和农村地区的养老服务需求又有所不同;各地经济发展水平和文化传统存在差异,对养老服务的需求也千差万别[1]。对于城市社区老年人养老服务需求,王武林等[2]根据需求层次的不同将其分为两大类——生存型需求和发展型需求。生存型需求包括经济保障、生活照料、医疗健康和精神慰藉;发展型需求包括社会参与、文化生活和司法维权。周伟文等[3]将养老服务需求划分为经济需求、精神慰藉和亲情需求、健康需求、文化生活需求、组织活动和社会交往需求。其他学者大多也都是围绕这几个方面进行研究,这里就不再过多列举。

关于养老服务需求的影响因素方面,王武林等[4]通过对贵阳市老年人的问卷调查认为政府、社区、老年人的经济状况和健康状况、市场供给对老年人的养老服务需求具有影响;王琼[5]则分别从身体机能、文化因素、经济社会地位和家庭因素四个方面对影响养老服务需求的因素进行了实证分析。

二 北京市老年人口现状及特点

北京市老年人口现状分析能够为老年人养老需求分析提供背景和基础,本部分重点总结了北京市老年人口现状的两大特点。

---

[1] 王琼:《城市社区居家养老服务需求及其影响因素——基于全国性的城市老年人口调查数据》,《人口研究》2016年第1期,第98~112页。
[2] 王武林、陈瑶:《城市社区养老服务需求状况及影响因素》,《中国老年学杂志》2016年第23期,第6004~6007页。
[3] 周伟文、严晓萍、赵巍、齐心:《城市老年群体生活需求和社区满足能力的现状与问题的调查分析》,《中国人口科学》2001年第4期,第55~61页。
[4] 王武林、陈瑶:《城市社区养老服务需求状况及影响因素》,《中国老年学杂志》2016年第23期,第6004~6007页。
[5] 王琼:《城市社区居家养老服务需求及其影响因素——基于全国性的城市老年人口调查数据》,《人口研究》2016年第1期,第98~112页。

（一）老年人口规模不断扩大，高龄老年人口比例持续上升

老年人口规模不断扩大，高龄老年人口比例持续上升。据北京市统计局资料显示，2018年北京市常住人口中，60岁及以上老年人口达364.8万人，占常住总人口的16.9%；其中65岁及以上老年人口达241.4万人，占常住总人口的11.2%，85岁及以上老年人口达24.3万人，占65岁及以上老年人口的10.07%。从趋势上看，2013~2018年五年间，北京市60岁及以上老年人口增加了71.9万人，年均增加14.4万人，年均增长率为4.49%；65岁及以上老年人口增加了46.9万人，年均增加9.4万人，年均增长率为4.42%；85岁及以上老年人口增加了13.3万人，年均增加2.7万人，年均增长率为17.18%；而且，65岁及以上老年人口中85岁及以上老年人口比重提高了4.4个百分点。可以看出，北京市老年人口规模在不断扩大，高龄老年人口增长迅速，未来北京市养老服务需求压力将会越来越大（见图1）。

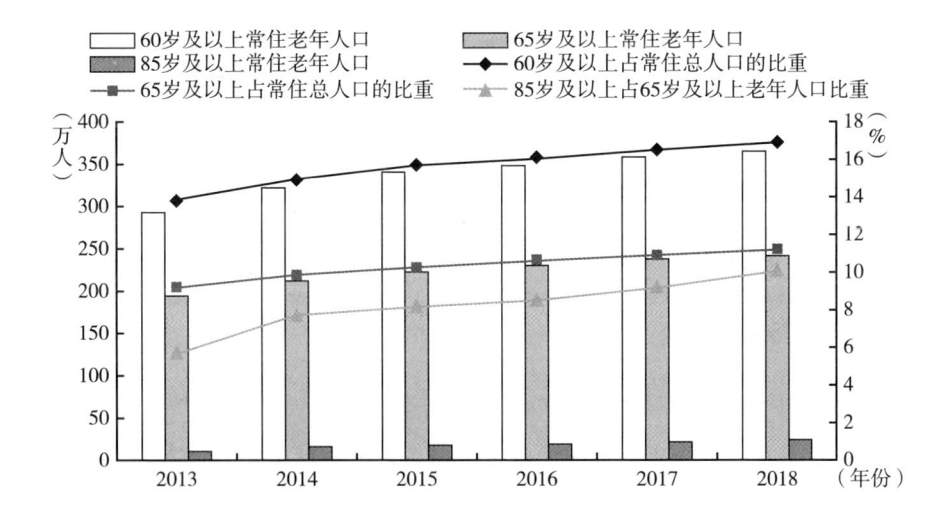

图1　2013~2018年北京市60岁及以上老年人口变化情况

数据来源：2013~2017年数据来自《北京统计年鉴》（2014、2015、2016、2017、2018），http://tjj.beijing.gov.cn/tjsj/。

2018年数据来自北京市统计局《人口与就业年度统计资料发布计划》，http://tjj.beijing.gov.cn/tjsj/ndtjzl/2018ndtjzl_6949/rkyjy_6680/201902/t20190220_417100.html。

（二）人口老龄化程度呈现圈层分布特征

中心城区①和生态涵养区老龄化程度较高，"一副四区"② 老龄化程度相对较低。根据北京市统计局数据计算，截至2017年底，北京市中心城区常住人口中65岁及以上老年人口占比达12.09%，其中东城区和西城区分别达到16.22%、15.82%，位居全市前两位；"一副四区"常住人口中65岁及以上老年人口比重为8.73%，其中除了房山区高于10%以外，其他四区均低于9%，比如大兴区和顺义区只有7.95%和7.98%，位居全市后两位；生态涵养区虽然65岁及以上老年人口规模较小，但是占全市常住人口比重高达12.47%，其中门头沟区、平谷区和密云区分别高达13.66%、13.62%和12.24%，高于中心城区比重。与2016年相比，中心城区65岁及以上老年人口比重增长0.45个百分点，其中海淀区增幅最大，达0.56个百分点；生态涵养区65岁及以上老年人口比重提高0.42个百分点，其中平谷区增幅最大，达0.57个百分点；"一副四区"65岁及以上老年人口比重增幅较小，仅为0.29个百分点，但大兴区增幅达0.51个百分点，增幅最小的通州区只有0.07个百分点。

三 数据说明

（一）数据来源

本报告中的第四部分"北京市老年人养老需求现状特点"及第五部分"北京市老年人养老需求影响因素分析"所依据的数据主要来自中国调查与数据中心的2016年中国老年社会追踪调查数据（CLASS），此数据采用入户面访的方式，对抽取到的家庭户中60岁以上老年人进行访问，问卷主要包括个人

---

① 中心城区指东城区、西城区、朝阳区、海淀区、丰台区、石景山区。
② 按照老龄人口的分布特点，本报告定义的"一副四区"主要指："一副"指通州城市副中心，"四区"指位于平原地区的顺义区、大兴区、昌平区、房山区。

基本信息、健康和相关服务、社会经济状况、养老规划和社会支持、心理感受、家庭与子女以及身体活动状况等七部分。本报告对数据进行筛选，得到北京地区个案556个，其中1个为重复个案，有效个案共计555个。

（二）数据的基本情况

从性别来看，男性个案194个，占比35.0%，女性个案361个，占比65.0%；从年龄来看，60~64岁占比32.8%，65~69岁占比22.3%，70~74岁占比14.1%，75~79岁占比16.2%，80~84岁占比9.0，85岁及以上占比5.6%；从婚姻状况来看，已婚有配偶占74.4%，丧偶占24.3%，离婚占1.3%；从文化程度上看，不识字占5.6%，私塾/扫盲班占1.4%，小学占14.1%，初中占45.0%，高中/中专占23.1%，大专及以上占10.8%；从户口性质来看，农业户口占2.2%，非农业户口占97.7%（见表1）。

表1 数据基本情况

变量	类别	频率(个)	百分比(%)
性别	男	194	35.0
	女	361	65.0
年龄	60~64岁	182	32.8
	65~69岁	124	22.3
	70~74岁	78	14.1
	75~79岁	90	16.2
	80~84岁	50	9.0
	85岁及以上	31	5.6
婚姻状况	已婚有配偶	413	74.4
	丧偶	135	24.3
	离婚	7	1.3
文化程度*	不识字	28	5.6
	私塾/扫盲班	7	1.4
	小学	71	14.1
	初中	226	45.0
	高中/中专	116	23.1
	大专及以上	54	10.8

续表

变量	类别	频率(个)	百分比(%)
户口性质	农业户口	12	2.2
	非农业户口	542	97.7
	统一户口	1	0.2

*：数据有缺失值。

四 北京市老年人养老需求现状及特点

本报告主要将养老服务需求划分为生活照料需求、健康医疗需求、经济需求、宜居环境需求、社会参与需求、精神慰藉需求、信息需求和制度需求八个方面。

（一）生活照料需求

生活照料是老年人最基本的需求。在询问"最希望得到的服务或帮助是什么"时，除了44.3%的老年人选择"都不需要"外，24.9%的老年人选择"老年饭桌或者送饭"，10.1%的老年人选择"上门做家务"，8.5%的老年人选择了"日托或托老所"，分别有3.4%和3.1%的老年人选择了"心理咨询"和"老年服务热线"（见表2）。由此可见，日常生活照料仍是老年人最紧迫的需求。

表2 最希望得到的帮助或服务情况

单位：%

服务类型	频率	比例
都不需要	246	44.3
上门探访	8	1.4
老年服务热线	17	3.1
陪同看病	15	2.7
帮助日常购物	5	0.9
法律援助	4	0.7
上门做家务	56	10.1

续表

服务类型	频率	比例
老年饭桌或送饭	138	24.9
日托或托老所	47	8.5
心理咨询	19	3.4
总计	555	100.0

老年人的身体状况直接影响其生活照料需求的强弱。调查结果显示，在身体状况为"比较不健康"时，在生活起居和做家务方面需要别人帮助的比例分别为22.7%、45.4%；在身体状况为"很不健康"时，在生活起居和做家务方面需要别人帮助的比例都上升至50.0%（见表3）。随着老年人身体健康状况的恶化，其在生活照料方面的需求将会大大提高。

特点1：老年人最紧迫的需求仍然是生活照料需求，随着身体健康状况的减弱，老年人生活照料需求增加。

表3 老年人身体状况与生活照料需求情况分析

单位：%

健康状况	是否需要别人在生活起居（如吃饭、洗澡、穿衣、上厕所）提供帮助		自己是否能做家务		
	需要	不需要	不需要别人帮助	需要一些帮助	完全做不了
很健康	0.0	100.0	100.0	0.0	0.0
比较健康	1.5	98.5	95.6	3.9	0.5
一般	3.7	96.3	85.5	12.6	1.9
比较不健康	22.7	77.3	54.7	34.7	10.7
很不健康	50.0	50.0	50.0	0.0	50.0

（二）健康医疗需求

老年人健康医疗需求高是由其身体机能下降、慢性病高发等生理特点决定的。在受访者中，分别有超过30.0%的人表示自己需要社区医疗机构提供"上门护理"、"上门看病"和"建立健康档案"服务，而"免费体检"诉求最高，超过50.0%；而与之相矛盾的是，使用过这些服务（"免费体

检"除外)的老年人比例均不超过5.0%,诉求最高的"免费体检"使用率也仅为10.5%(见表4)。一方面是巨大的健康医疗需求,另一方面却是极低的服务使用率,需求与服务之间存在巨大差距。

特点2:健康医疗需求方面,老年人各项健康医疗服务需求明显,但服务需求与服务使用失衡。

表4 是否需要健康医疗服务情况

单位:%

服务类别	需要社区医疗机构提供以下服务			使用过这些服务	
	是	否	不知道	是	否
上门护理	30.1	56.6	13.3	3.6	96.4
上门看病	33.2	54.4	12.4	3.6	96.4
康复训练	24.7	58.2	17.1	1.8	98.2
康复辅具租用	27.4	56.9	15.7	1.6	98.4
免费体检	50.3	40.5	9.2	10.5	89.5
建立健康档案	34.2	52.6	13.2	5.0	95.0
健康讲座	25.6	55.7	18.7	2.7	97.3

(三)经济需求

在以按劳分配为基本原则的现代社会中,老年人所面临的经济风险随着其退出劳动力市场而激增,而经济保障又是其他需求得以满足的基础,因此满足老年人的经济保障需求至关重要。通过分析发现,受访老年人中,过去12个月总收入小于13200元[①]的比例为27.9%,30000~50000元的比例最高,为48.3%,50000元及以上的比例为16.4%(见表5)。可见,接近28.0%的老年人年总收入较低,其经济保障需求亟待满足。

从生活来源上看,88.3%的老年人首要生活来源是自己的离退休金/养老金,其次是配偶收入和子女的资助,分别占61.1%和19.8%(见表6)。

---

① 2019年1月起北京市最低生活保障标准提至人均1100元/月,经计算可知最低生活保障标准为人均13200元/年。

可见，在当前家庭养老为主体的养老模式下，老年人的经济保障大多依靠自己和配偶的收入来实现。

特点3：经济需求方面，大多数老年人经济保障依靠自己和配偶的收入自给自足，但仍有部分老年人经济保障需求亟待满足。

表5 老年人过去12个月的总收入情况

单位：%

个人过去12个月的总收入	占比
小于13200元	27.9
13200~30000元	3.1
30000~40000元	21.8
40000~50000元	26.5
50000元及以上	16.4
总计	95.7*

*：4.3%的数据为缺失值。

表6 主要的两项生活来源（按重要程度排序）

单位：%

生活来源	第一位	第二位
自己的离退休金/养老金	88.3	5.2
自己劳动或者工作所得	0.0	0.7
配偶收入	8.5	61.1
子女的资助	2.0	19.8
其他亲属的资助	0.0	0.5
政府/社团的补贴/资助	0.9	2.3
以前的积蓄	0.4	7.2
房屋、土地等租赁收入	0.0	1.3
总计	100.0	98.2*

*：1.8%的数据为缺失值。

（四）宜居环境需求

随着家庭观念的改变，家庭结构趋于简单化，老年人与子女分开独自生活逐渐成为主流。在子女陪护缺位的情况下，老年人宜居环境的打造就显得

尤为重要。

在所有受访者中，高达93.2%的老年人居住在楼房中，但超过80.0%的楼房未安装电梯。在居住房屋生活设施方面，浴室、室内厕所和抽水马桶等基础设施拥有率较高，均超过94.0%；网络信号覆盖较差，仅有73.0%的老年人表示拥有网络。相比房屋生活设施，社区活动设施拥有率整体偏低。数据显示，老年活动室拥有率最高，达65.0%；其次是室外活动场所，拥有率为59.1%；图书馆拥有率仅为33.5%；棋牌室和健身房拥有率更低，分别仅为20.0%和5.0%（见表7）。

特点4：宜居环境需求方面，老年人住房生活设施拥有情况整体偏好，社区层面的适老化设施建设亟待提升。

表7 家庭及社区生活/活动设施拥有情况

单位：%

区域	设施	有	无
居住房屋	电梯（只针对楼房）	19.3	80.7
	浴室	94.6	5.4
	室内厕所	94.2	5.8
	抽水马桶	94.6	5.4
	网络信号	73.0	27.0
社区	老年活动室	65.0	35.0
	健身房	5.0	95.0
	棋牌室	20.0	80.0
	图书馆	33.5	66.5
	室外活动场所	59.1	40.9

（五）社会参与需求

在老年人退出劳动力市场之后，其原有的群体网络和职业认同逐渐消失，老年人参与社会活动成为其获得满足感、归属感和认同感的重要途径。分析结果显示，过去三个月中老年人参与比例最高的社会活动是"社区治安巡逻"，比例为18.2%，而其他社区活动普遍"遇冷"，老年人参与率不足 1.5%;"曾经参加过,近三个月无参加"社会活动的老年人比例为 21.1%,而"从没有参加"的老年人比例接近 60.0%(见表 8)。究其原因,超过一半的人选择了社会参与得不到认可,其次距离太远和对志愿活动不感兴趣也是老年人社会参与率低的主要原因(见表 9)。

特点 5:社会参与需求方面,老年人社会参与整体较差,参与认可度低、空间距离远和活动兴趣小是老年人社会参与的最大障碍。

表 8 过去三个月社会参与情况(是否参与以下活动)

单位:%

活动类别	是	否
社区治安巡逻	18.2	81.8
照料其他老人	1.3	98.7
环境卫生保护	1.1	98.9
调解纠纷	0.2	99.8
陪同聊天	0.9	99.1
专业的志愿服务	0.5	99.5
帮忙照看其他人家小孩	0.5	99.5
曾经参加过,近三个月无参加	21.1	78.9
从没有参加	59.5	40.5

表 9 老年人未参与活动原因情况

单位:%

原因	占比
健康条件不允许	15.1
要工作	31.2
要照料他人	40.2
要参与其他休闲娱乐活动	45.4
距离太远	49.9
觉得自己没有一技之长	44.7
子女不赞成	42.7
不想担责任	44.7
不知道怎么参加	46.5
得不到认可	50.1
对志愿活动不感兴趣	49.4
经济条件不允许	47.4
其他	47.4

（六）精神慰藉需求

在基本物质需求得到满足的情况下，老年人的精神慰藉需求愈来愈被人们所重视。调查发现，在家庭支持方面，接近50.0%的老年人每个月只能与不超过2位的家人亲戚见面或联系；超过60.0%的老年人只能和不超过2位的家人亲戚放心谈私事；而只有44.5%的老年人在需要时有3位及以上的家人亲戚可以提供帮助。在朋辈支持方面，分别有超过10.0%的老年人表示没有朋友可以见面或联系、放心谈私事和在需要时提供帮助；63.2%的老年人一个月只能和不超过2位的朋友见面或联系；有78.0%的老年人只能和不超过2位的朋友放心谈私事；只有28.2%的老年人在需要时有3位及以上朋友提供帮助（见表10）。朋辈支持网络在老年人精神慰藉方面的作用待加强。

特点6：精神慰藉需求方面，家庭支持仍是老年人精神慰藉的主要来源，朋辈支持在老年人精神慰藉上待加强。

表10 老年社会支持情况

单位：%

社会支持	没有	1位	2位	3位及以上
您一个月至少能与几位家人亲戚见面或联系	2.0	5.9	40.2	51.9
您能和几位家人亲戚放心谈私事	5.2	24.0	32.3	38.5
当您需要时，有几位家人亲戚可以提供帮助	4.7	15.1	35.7	44.5
您一个月至少能与几位朋友见面或联系	10.3	14.1	38.9	36.8
您能和几位朋友放心谈私事	10.5	19.6	47.9	22.0
当您需要时，有几位朋友可以提供帮助	10.3	20.2	41.4	28.2

（七）信息需求

在信息化高速发展的时代，每个人都需要获取信息来生存和发展，信息资源的获取对于老年人的生活质量也至关重要。调查显示，报纸、杂志和广播等信息媒介在老年人生活中被边缘化，对于超过80.0%的老年人来说，电视仍是其主要信息来源，其次是互联网（包括手机上网），比例为15.0%，数据分析显示超过55.0%的老年人使用智能手机（见表11）。

特点7：信息需求方面，电视是老年人获取信息的主流媒介，互联网（包括手机上网）位居其次。

表11 媒体使用情况和主要信息来源情况

单位：%

媒体类型	从不	很少	有时	经常	总是	主要信息来源
报纸	35.5	26.7	27.0	8.8	2.0	3.2
杂志	71.2	20.5	6.7	1.4	0.2	—
广播	46.7	23.6	27.2	2.3	0.2	0.4
电视	0.2	0.7	15.0	43.4	40.7	81.1
互联网(包括手机上网)	43.8	13.3	24.5	7.0	11.4	15.0
手机定制消息	65.2	23.1	11.2	0.5	—	0.4

（八）制度需求

制度支持是老年人生活质量的重要保障，是维护老年人体面生活的关键防线。数据显示，近80.0%的老年人享受企业职工基本养老保险金；13.3%的老年人享受机关事业单位养老保险金；享受城乡居民基本养老保险金和居家养老服务补贴的分别仅有3.6%和3.8%；受条件限制，享受最低生活保障金或贫困救助金和高龄津贴的老年人分别仅有1.8%和5.6%。另外，71.5%的老年人表示享受过老年优待（见表12）。

特点8：制度需求方面，企业职工基本养老保险金是老年人社会保障的重要支柱，其他社会保障待遇覆盖面较窄。

表12　老年人享受社会保障待遇的情况

单位：%

社会保障待遇	享受	无
企业职工基本养老保险金	79.6	20.4
机关事业单位养老保险金	13.3	86.7
城乡居民基本养老保险金	3.6	96.4
最低生活保障金或贫困救助金	1.8	98.2
高龄津贴	5.6	94.4
居家养老服务补贴	3.8	96.2
政府其他救助	0.4	99.6
老年优待（例如免费乘公交、游览公园）	71.5	28.5

五　北京市老年人养老需求影响因素分析

本报告将主要从个人特征、家庭状况、经济状况、政策支持、精神慰藉和信息获取六个方面对影响北京市养老服务需求的因素进行分析。本报告的养老需求主要是指针对社区的养老服务需求。

（一）变量的选取

1. 自变量

本报告选取了性别、年龄、文化程度、婚姻状况、户口性质5个人口学特征变量；身体健康状况和是否患有慢性疾病2个健康状况变量；同居人数、健在子女数、房屋类型3个家庭特征变量；年收入1个经济特征变量；是否享受老年优待1个制度支持变量；一个月至少能与几位家人亲戚见面或联系和生活满意度2个精神慰藉变量；是否参加过社会活动1个社会参与变量；是否使用智能手机和是否经常上网2个信息变量。

2. 因变量

对于问卷中"D13. 上述服务中，您目前最希望得到的服务或帮助是什么?"一题,本报告将回答为"0. 都不需要"定义为"不需要",编码为"0";其他定义为"需要",编码为"1";最终合成一个新的变量"是否需要社区为其提供相关服务",本报告将该变量定义为因变量。统计结果显示,44.3%的老年人不需要社区提供相关服务,55.7%的老年人需要社区提供相关服务。

(二)影响因素的单因素分析

通过对上述变量进行卡方检验和单因素分析,可以发现,同居人数、身体健康状况、是否患有慢性病、生活满意度、年收入、是否享受老年优待、一个月至少能与几位家人亲戚见面或联系、是否参加过社会活动、是否使用智能手机和是否经常上网对老年人的养老需求的影响有显著性差异($P<0.05$)(见表13)。

进一步研究发现:

1. 与老年人同居的人数越少,需要提供养老服务的比例越高($P<0.01$);

2. 身体健康状态较差和患有慢性疾病的老年人需要提供养老服务的比例更大($P<0.05$);

3. 生活满意度越高的老年人,需要提供养老服务的比例越低($P<0.01$);

4. 年收入越高的老年人需要提供养老服务的比例越高($P<0.01$);

5. 享受优待的老年人有养老需求的比例高于未享受优待的老年人($P<0.01$);

6. 一个月与家人亲戚见面或联系人数较少的老年人需要提供养老服务的比例较高($P<0.01$);

7. 参加过社会活动的老年人需要提供养老服务的比例高于未参加过的老年人($P<0.01$);

8. 不会使用智能手机比不经常上网的老年人需要提供养老服务的比例更高($P<0.01$,$P<0.05$)。

表13 是否需要提供养老服务的影响因素的卡方检验和单因素分析

影响因素		需要 人数(人)	需要 比例(%)	不需要 人数(人)	不需要 比例(%)	合计 人数(人)	合计 比例(%)	χ²值	渐进显著性	F值	P值
性别	男	112	57.7	82	42.3	194	35.0	0.511	0.475	0.510	0.476
	女	197	54.6	164	45.4	361	65.0				
年龄	60~64岁	98	53.8	84	46.2	182	32.8	4.501	0.480	0.898	0.482
	65~69岁	69	55.6	55	44.4	124	22.3				
	70~74岁	41	52.6	37	47.4	78	14.1				
	75~79岁	48	53.3	42	46.7	90	16.2				
	80~84岁	31	62.0	19	38.0	50	9.0				
	85岁及以上	22	71.0	9	29.0	31	5.6				
婚姻状况	已婚有配偶	222	53.8	191	46.2	413	74.4	2.469	0.291	1.233	0.292
	丧偶	83	61.5	52	38.5	135	24.3				
	离婚	4	57.1	3	42.9	7	1.3				
文化程度	不识字	17	60.7	11	39.3	28	5.6	6.665	0.247	1.335	0.248
	私塾/扫盲班	4	57.1	3	42.9	7	1.4				
	小学	42	59.2	29	40.8	71	14.1				
	初中	124	54.9	102	45.1	226	45.0				
	高中/中专	66	56.9	50	43.1	116	23.1				
	大专及以上	21	38.9	33	61.1	54	10.8				
同居人数	独居	42	73.7	15	26.3	57	10.3	21.683	0.000***	7.467	0.000
	1~2人	219	58.2	157	41.8	376	67.7				
	3~4人	46	39.3	71	60.7	117	21.1				
	5人及以上	2	40.0	3	60.0	5	0.9				
户口性质	农业户口	6	50.0	6	50.0	12	2.2	0.953	0.621	0.475	0.622
	非农业户口	302	55.7	240	44.3	542	97.8				
身体健康状况	很健康	27	46.6	31	53.4	58	10.5	10.614	0.031**	2.681	0.031
	比较健康	101	49.5	103	50.5	204	36.8				
	一般	136	63.6	78	36.4	214	38.6				
	比较不健康	43	57.3	32	42.7	75	13.5				
	很不健康	2	50.0	2	50.0	4	0.7				
是否患有慢性疾病	是	241	58.2	173	41.8	414	74.6	4.250	0.039**	4.267	0.039
	否	68	48.2	73	51.8	141	25.4				
生活满意度	很满意	38	45.8	45	54.2	83	15.0	29.716	0.000***	10.390	0.000
	比较满意	198	51.8	184	48.2	382	68.8				
	一般	69	82.1	15	17.9	84	15.1				
	比较不满意	4	66.7	2	33.3	6	1.1				

续表

影响因素		需要 人数(人)	需要 比例(%)	不需要 人数(人)	不需要 比例(%)	合计 人数(人)	合计 比例(%)	χ^2值	渐进显著性	F值	P值
房屋类型	楼房	290	56.1	227	43.9	517	93.2	0.532	0.466	0.531	0.466
	平房	19	50.0	19	50.0	38	6.8				
年收入（元）	小于13200	60	38.7	95	61.3	155	27.9	45.870	0.000***	9.892	0.000
	13200~30000	9	52.9	8	47.1	17	3.1				
	30000~40000	66	54.5	55	45.5	121	21.8				
	40000~50000	106	72.1	41	27.9	147	26.5				
	50000及以上	61	67.0	30	33.0	91	16.4				
	未知	7	29.2	17	70.8	24	4.3				
是否享受老年优待	是	245	61.7	152	38.3	397	71.5	20.596	0.000***	21.313	0.000
	否	64	40.5	94	59.5	158	28.5				
一个月至少能与几位家人亲戚见面或联系	没有	5	45.5	6	54.5	11	2.0	87.216	0.000***	34.244	0.000
	1~2位	193	75.4	63	24.6	256	46.1				
	3~4位	95	44.6	118	55.4	213	38.4				
	5位以上	16	21.3	59	78.7	75	13.5				
是否参加过社会活动	是	208	63.0	122	37.0	330	59.5	17.842	0.000***	18.368	0.000
	否	101	44.9	124	55.1	225	40.5				
是否使用智能手机	是	151	48.9	158	51.1	309	55.7	13.095	0.000***	13.363	0.000
	否	158	64.2	88	35.8	246	44.3				
是否经常上网	是	127	50.0	127	50.0	254	45.8	6.113	0.013**	6.159	0.013
	否	182	60.5	119	39.5	301	54.2				
健在子女数	不超过1个	147	55.9	116	44.1	263	48.1	0.078	0.994	0.026	0.994
	2个	98	54.7	81	45.3	179	32.7				
	3个	37	56.1	29	43.9	66	12.1				
	4个及以上	22	56.4	17	43.6	39	7.1				

注：** 代表在0.05水平上统计性显著，*** 代表在0.01水平上统计性显著。

（三）影响因素的回归分析

以是否需要社区提供相关养老服务为因变量，需要为1，不需要为0；以个人特征、健康状况、家庭特征、经济特征、制度支持、精神慰藉、社会参与和信息获取八个方面共计17个变量为自变量，建立Logistic回归模型做进一步分析（见表14）。

表14 自变量赋值情况

	变量名称	变量赋值
个人特征	性别	1=男;2=女
	年龄	1=60~64岁;2=65~69岁;3=70~74岁;4=75~79岁;5=80~84岁;6=85岁及以上
	婚姻状况	1=已婚有配偶;2=丧偶;3=离婚;4=未婚
	文化程度	1=不识字;2=私塾/扫盲班;3=小学;4=初中;5=高中/中专;6=大专及以上
	户口性质	1=农业户口;2=非农业户口
健康状况	身体健康状况	1=很健康;2=比较健康;3=一般;4=比较不健康;5=很不健康
	是否患有慢性疾病	1=是;2=否
家庭特征	同居人数	0=独居;1=1~2人;2=3~4人;3=5人及以上
	房屋类型	1=楼房;2=平房
	健在子女数	1=不超过1个;2=2个;3=3个;4=4个及以上
经济特征	年收入	1=小于13200元;2=13200~30000元;3=30000~40000元;4=40000~50000元;5=50000元及以上;6=未知
制度支持	是否享受老年优待	1=是;2=否
精神慰藉	一个月至少能与几位家人亲戚见面或联系	0=没有;1=1~2位;2=3~4位;3=5位及以上
	生活满意度	1=很满意;2=比较满意;3=一般;4=比较不满意;5=很不满意
社会参与	是否参加过社会活动	0=否;1=是
信息获取	是否使用智能手机	1=是;2=否
	是否经常上网	1=是;2=否

其中，包括在分析中的个案数为495个，缺失个案数为60个。模型的LR值为543.409，Cox & Snell R2值为0.244，Nagelkerke R2值为0.327，显著性水平P<0.001，表明模型整体上是显著的，具有统计学意义。从回归分析的结果来看，当对变量进行综合考虑时，文化程度、同居人数、生活满意度、房屋类型、年收入、是否享受老年优待、一个月至少能与几位家人亲戚见面或联系对老年人是否需要养老服务具有显著影响；其他因素对老年人是否需要养老服务影响不大（见表15）。

表15　老年人是否需要提供养老服务的影响因素的 Logistic 回归分析

影响因素	B	S.E.	Warldχ²值	P值	Exp(B)
性别	-0.002	0.235	0.000	0.994	0.998
年龄	-0.191	0.123	2.402	0.121	0.826
婚姻状况	-0.177	0.270	0.428	0.513	0.838
文化程度	-0.258	0.105	6.024	0.014**	0.773
同居人数	-0.513	0.211	5.911	0.015**	0.599
户口性质	0.869	0.758	1.317	0.251	2.386
身体健康状况	0.014	0.158	0.008	0.927	1.015
是否患有慢性疾病	-0.076	0.284	0.071	0.791	0.927
生活满意度	0.514	0.226	5.173	0.023**	1.672
房屋类型	-1.138	0.438	6.749	0.009**	0.320
年收入	0.155	0.071	4.730	0.030**	1.167
是否享受老年优待	-0.942	0.290	10.522	0.001***	0.390
一个月至少能与几位家人亲戚见面或联系	-1.065	0.169	39.898	0.000***	0.345
是否参加过社会活动	0.375	0.222	2.844	0.092	1.455
是否使用智能手机	0.590	0.331	3.177	0.075	1.804
是否经常上网	0.011	0.322	0.001	0.972	1.011
健在子女数	-0.193	0.177	1.188	0.276	0.824
常量	2.860	2.025	1.994	0.158	17.466

注：** 代表在0.05水平上统计性显著，*** 代表在0.01水平上统计性显著。

1. 从个人特征方面来看，除了户口性质的估计系数为正值，其他变量估计系数均为负值，但只有文化程度对养老服务需求的影响有显著性。

结果显示，文化程度较低的老年人比文化程度较高的老年人更有可能需要相关的养老服务，这可能是由于文化程度较高的老年人能够及早认识到需求问题，提前做好了养老规划。非农业户口的老年人需要养老服务的概率是农业户口老年人的2.38倍，这主要是由于城市老年人的文化观念与农村老年人存在差异。

2. 从健康状况来看，虽然身体健康状况和是否患有慢性疾病对老年人养老服务需求影响不显著，但可以得出，随着身体健康状况的恶化和受慢性疾病的影响，老年人对养老服务的需求增加。因为随着老年人身体条件的变化，其日常生活能力逐渐丧失，需要相应养老服务的可能性提高。

3. 从家庭特征来看，同居人数和房屋类型对老年人养老服务需求有显著影响，健在子女数的影响不显著。结果显示，同居人数多的老年人相比同居人数少的老年人需要养老服务的可能性较低，这主要是由于同居人数越多，接受的生活照料和精神支持也就越丰富，一定程度上满足了老年人的需求。同时，与住平房的老年人相比，住楼房的老年人需要养老服务的可能性更高，是住平房老年人概率的 3.12 倍，这主要是由于有些社区适老化设施缺失，有碍老年人生活便利。

4. 从经济特征来看，年收入对养老服务需求的影响是显著的，年收入越高的老年人需要养老服务的可能性越高。这其实不难理解，在消费心理上，年收入较高的老年人希望得到更多的服务，也有经济承受能力来享受更多的养老服务。

5. 从制度支持来看，享受老年优待对养老服务需求的影响也是显著的，不享受老年优待的老年人有养老服务需求的概率仅为享受优待的老年人的 39.0%。这可以用需求层次理论来解释，当享受优待的老年人部分需求得到满足以后，其会希望更高层次的需求也得到满足。

6. 从精神慰藉来看，有关精神慰藉的两个变量对养老服务需求的影响均呈显著。一个月能与越多家人亲戚见面或联系的老年人需要养老服务的可能性越低，因为家人亲戚提供的社会支持对老年人的心理慰藉十分重要，当家人提供的社会支持足够时，其生活满意度提高，需求自然就少了。因此，生活满意度较低的老年人相比满意度较高的老年人，更容易需要养老服务，这也与结果显示相吻合。

7. 从社会参与来看，是否参加过社会活动对老年人养老服务需求影响无明显显著性，但是可以看出参加社会活动的老年人需要养老服务的概率是不参加社会活动老年人的 1.45 倍。

8. 从信息获取方面来看，"是否使用智能手机"和"是否经常上网"的估计系数均为正值，显著性较低；但可以看出，不使用智能手机的老年人需要养老服务的概率是使用智能手机的老年人的1.8倍，这可能是由于使用智能手机的老年人更容易获取自己需要的信息，从而对养老需求产生一定影响。

六 建议

就目前来看，北京市人口老龄化趋势仍将加剧，如何满足越来越多的老年人口的养老服务需求将是政府、社会亟待解决的一大问题。通过以上分析，提出以下建议。

第一，做好养老服务需求精细化评估，提高养老服务供给有效性。不同老年人的养老服务需求不同，北京市在积极构建就近区域服务联合体、打造"三边四级"养老服务体系时，应该秉持以人为中心，以满足老年人实际需求为出发点和落脚点，科学规划，有针对性、分区域地对不同老年人的养老服务需求进行精细化评估，有针对性地提供侧重点不同、多样性的养老服务。

第二，建立多支柱服务供给体系，满足老年人多样化服务需求。充分发挥家庭、社区的养老服务功能。可以通过制度支持、财政补贴等方式鼓励家庭、社区积极参与养老服务，甚至可以开展养老互助合作社，以互助合作社的形式开展家庭养老、社区养老。同时积极建立"时间银行"制度，让养老成为一个人人参与、人人受益的事情。积极引导社会资本参与养老。养老形势日趋严峻，单靠政府之力已无法满足老年人的多样化需求，应该积极引导社会资本参与养老服务，通过税收优惠、资金帮扶等措施鼓励民间资本参与养老，积极构建"政府兜底，社会参与，家庭为主"的"老有所养"体系。

第三，创新养老服务供给手段，科学、综合、有效应对老年人养老服务需求的变化。推动智慧养老体系建设。依靠大数据平台，整合医疗、保健、

卫生、救助等信息，打破信息碎片化，全方位动态监测老年人健康服务需求，通过大数据平台的建立监督服务品质，提高服务质量。

参考文献

[1] 戴卫东：《老年长期护理需求及其影响因素分析——基于苏皖两省调查的比较研究》，《人口研究》2011年第4期，第86~94页。

[2] 贾云竹：《北京市城市老年人对社区助老服务的需求研究》，《人口研究》2002年第2期，第44~48页。

[3] 王琼：《城市社区居家养老服务需求及其影响因素——基于全国性的城市老年人口调查数据》，《人口研究》2016年第1期，第98~112页。

[4] 王武林、陈瑶：《城市社区养老服务需求状况及影响因素》，《中国老年学杂志》2016年第23期，第6004~6007页。

[5] 姚兆余：《农村居家养老服务需求的影响因素》，《中国人口报》，2019年3月8日（003）。

[6] 赵瑞芳、林明鲜：《不同养老模式下老年人养老服务需求比较》，《中国老年学杂志》2017年第23期，第5937~5939页。

[7] 周伟文、严晓萍、赵巍、齐心：《城市老年群体生活需求和社区满足能力的现状与问题的调查分析》，《中国人口科学》2001年第4期，第55~61页。

B.4
京津冀人口流动报告

陈志光[*]

摘　要： 从数据分析结果来看，京津冀人口流动的来源地中，河北籍流动人口占比最大，占整个京津冀流动人口的三分之一，次之的河南省和山东省，分别占比11.5%和11.3%，再低的是黑龙江省和安徽省，分别占6.8%和5.3%。这五个省的流动人口就占整个京津冀流动人口的近70%。务工经商等经济原因是京津冀人口流动的最大动力；京津冀人口流动呈现家庭化趋势，流入时间较长；虽然京津冀流入人口的主观居留意愿较高，但他们的客观融入程度还需不断提高。

关键词： 京津冀　人口流动　市民化

一　导言

2015年4月30日，中央政治局会议审议通过《京津冀协同发展规划纲要》。推动京津冀协同发展，是党中央、国务院在新的历史条件下做出的重大决策部署，对于协调推进"四个全面"战略布局、实现"两个一百年"奋斗目标和中华民族伟大复兴的中国梦，具有重大现实意义和深远历史意义。京津冀地区同属京畿重地，濒临渤海，背靠太岳，携揽"三北"，战略地位十分重要，是我国经济最具活力、开放程度最高、创新能力最强、吸纳

---

[*] 陈志光，中共北京市委党校（北京行政学院）社会学教研部讲师，研究方向：人口迁移与流动。

人口最多的地区之一，也是拉动我国经济发展的重要引擎。习近平总书记多次发表重要讲话、做出重要指示，强调京津冀协同发展是个大思路、大战略，要通过疏解北京非首都功能，调整经济结构和空间结构，走出一条内涵集约发展的新路子，探索出一种人口经济密集地区优化开发的新模式，促进区域协调发展，形成新增长极。

改革开放以来，农业剩余劳动力转入城市二、三产业带来的人口流动是我国历史上最大规模的人口迁移流动。京津冀大规模的人口流动也是城乡二元、经济转轨、社会转型时期特有的人口现象。流动人口的出现带动了城乡之间劳动力资源和生产力布局的优化配置，创造性地把解决"三农"问题和工业化、城镇化、现代化有机地联系在一起，为工业增强了竞争力，为城市增加了活力，为改革开放增添了动力，为社会增加了财力，对京津冀三地深化改革、扩大开放、加快工业化和城镇化进程以及政府职能和管理服务方式转变做出了突出贡献。因此，人口流动也不再只是一个关系流动人口群体自身的问题，人口流动问题将对京津冀社会经济的可持续发展产生重大而深远的影响，应该把人口流动问题放在京津冀全局性、战略性和长期性的角度加以重视。

其一，人口流动是京津冀经济平稳高效增长的动力源泉。人口流动为流入地带来了廉价的劳动力、丰富的人力资源，使企业充分发挥了劳动力资源的比较优势，降低了生产成本，提高了生产利润，推动了经济的快速发展。同时，大量流动人口在城市地区的生产和生活，进一步促进了产业、人口的双集聚。而且，流动人口也带来了巨额的消费资源，促使流入地迅速发展。同时，流动人口为流出地带来了资本和技术，推动了流出地扩大生产资本，提高生产技术，带来了流出地的高速发展。

其二，人口流动是京津冀社会发展繁荣昌盛的重要力量。人口流动对于缓解流入地人口老龄化、劳动力大龄化具有重要作用。而且，流动人口的流入，对于流入地焕发生机活力，促进文化发展、社会进步具有重要作用。同时，流动人口为流出地引入了先进的生产观念、文明的生活方式、现代的婚育观念等，这些均有利于农村地区的文化发展和社会进步。

其三，人口流动有利于京津冀亿万家庭的发展和提高。人口流动不仅为其自身带来了人力资本的积累和人口素质的全面提高，而且，流动人口也为其家庭成员带来了发展和推动，促进了留守家庭成员经济水平的提高和物质生活的改善。人口流动也为随迁子女带来了接触新观念、新事物的机会，而新的发展机遇带动了整个流动家庭的发展和提高，进而更好地推动人口的均衡发展和人的全面发展。

二 京津冀人口流动基本态势

本报告所用数据主要来自2017年国家卫生计生委流动人口司开展的全国流动人口卫生计生动态监测调查A卷内容。调查对象是在本地居住一个月及以上，非本区（县、市）户口的男性和女性流动人口。主要包括五项内容：一、家庭成员与收支情况；二、就业情况；三、流动及居留意愿；四、健康与公共服务；五、社会融合。使用动态监测调查数据进行京津冀人口流动发展态势的研究，具有以下优势。其一，数据的典型性与代表性。人口流入重点、热点地区的调查能深刻反映流动人口生存发展状况与市民化情况。动态监测调查城市分属首都、直辖市、省会城市、计划单列市、中等城市、小城市等不同区划，人口流动规模大、数量多、持续时间长，分析这些地区流动人口的社会经济状况可充分体现流动人口生产生活的地区差异、人群差异和身份差异，从而有助于人口流动研究的广泛开展和深入进行。其二，数据的全面性和丰富性。京津冀三地人口流动是一个多维度、多层面的复杂工程，包含经济整合、社会交往、主观意愿等众多方面，也涉及个体、家庭、群体等多个视角，而本次的动态监测调查，访谈了流动人口的个人特征、家庭状况、收入住房、社会保障、居留意愿等全面、详细信息，为分析流动人口的社会经济心理状况提供了十分丰富的资料。其三，数据的及时性和有效性。流动人口是一个变化较快、更替迅速的群体。其变化不仅是地理位置的变化、群体内部结构的变化，更包含了

经济特征、思想观念、生活方式的改变。因此，针对人口流动的分析和研究，必须能够及时、有效地反映流动人口群体的最新状况和最近特征。动态监测调查是目前最新、最全面的关于流动人口的对比调查数据，其时效性尤为重要。

从数据分析结果来看，京津冀人口流动来源地中，河北籍流动人口占比最大，占整个京津冀流动人口的三分之一（33.8%），次之为河南省和山东省，占比分别为11.5%和11.3%，再低是黑龙江省和安徽省，占比分别为6.8%和5.3%。这五个省的流动人口就占整个京津冀流动人口的近70%（见图1）。

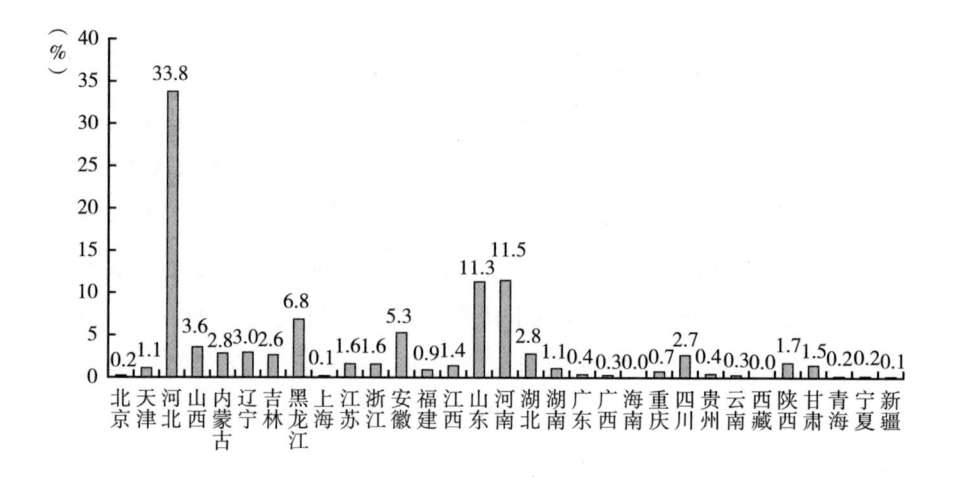

图1 京津冀流动人口的来源地

从北京市流动人口的来源地来看，河北籍流动人口占比最大，占整个北京市流动人口的四分之一还多（26.3%），次之是河南省和山东省，占比分别为13.5%和10.0%，再低的是安徽省、黑龙江省和山西省，占比分别为5.9%、5.7%和5.0%。这六个省的流动人口就占整个北京市流动人口的近70%（见图2）。

从天津市流动人口的来源地来看，河北籍流动人口占比最大，占整个天津市流动人口的五分之一（21.3%）；次之是山东省，占比也达到

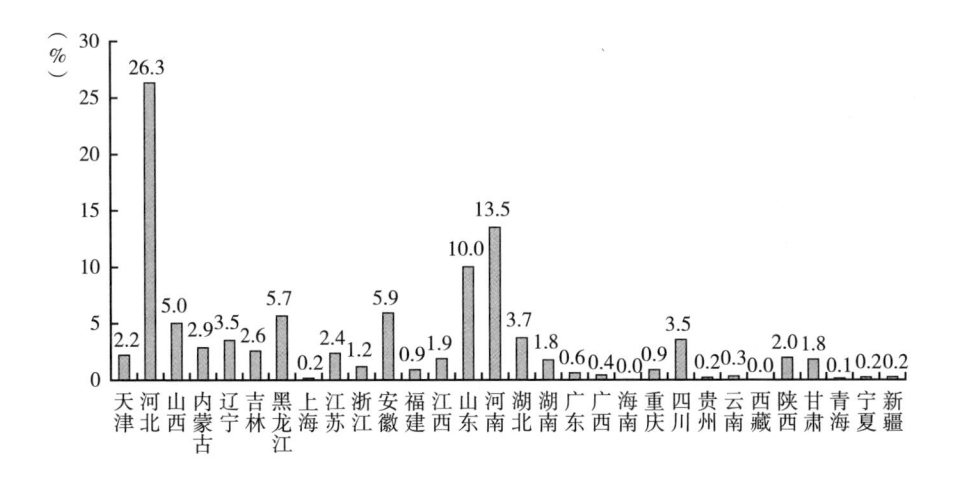

图2 北京市流动人口的来源地

21.1%；再低的是河南省、黑龙江省和安徽省，占比分别为11.2%、9.6%和6.8%。这五个省的流动人口就占整个天津市流动人口的70%（见图3）。

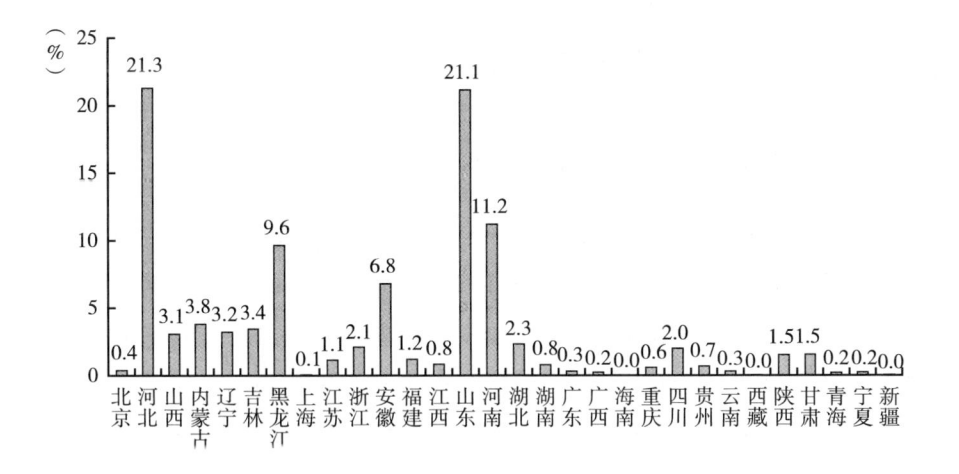

图3 天津市流动人口的来源地

从河北省流动人口的来源地来看，河北籍流动人口内部占比最大，占整个河北省流动人口的一半以上（56.7%）；次之是河南省和黑龙江省，占比

分别为8.9%和5.7%。这三个省的流动人口就占整个河北省流动人口的71.3%（见图4）。

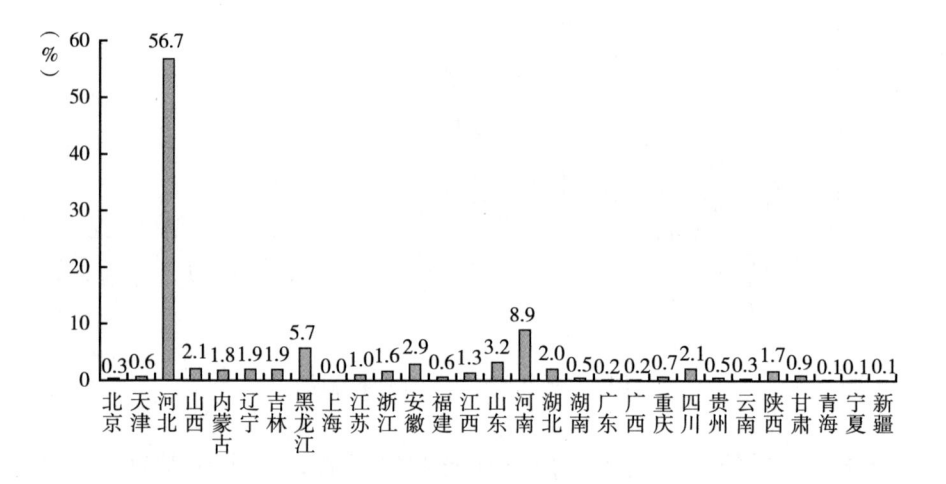

图4　河北省流动人口的来源地

二　京津冀人口流动的主要特征

（一）务工经商等经济原因是人口流动的最大动力

迁移流动人口经济层面的研究最早可以追溯至Ravenstein（1885），他认为流迁最重要的因素就是经济条件（Cooke，2003），而当今绝大部分流动人口仍以寻求就业和增加收入为流动目的。因此，经济整合毫无疑问是农业转移人口诸多问题中的首要维度，成为其市民化最为关键的环节。而且，流动人口的经济状况是其他方面市民化的基础，能够显著影响他们的居住生活状况、社会保障水平、随迁子女教育、市民化意愿等。从京津冀人口流动的原因分析来看，务工/工作的比例高达67.7%，经商的比例也达到17.1%。换言之，京津冀流动人口80%以上是因经济动力而流动的（见图5）。

京津冀人口流动报告

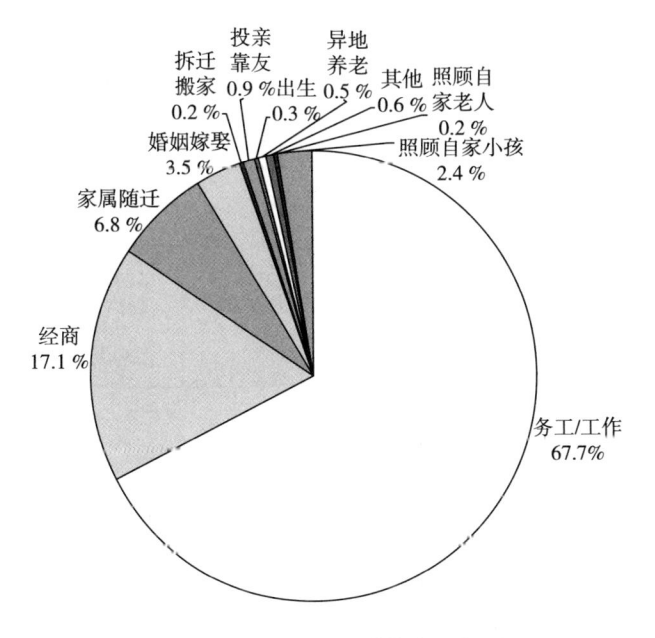

拆迁搬家 0.2％
投亲靠友 0.9％ 出生 0.3％
异地养老 0.5％
其他 0.6％
照顾自家老人 0.2％
照顾自家小孩 2.4％
婚姻嫁娶 3.5％
家属随迁 6.8％
经商 17.1％
务工/工作 67.7％

图5　京津冀人口流动的主要原因

（二）家庭化流动，流入时间较长

从京津冀流动人口的家庭规模来看，北京市和天津市1人家庭的比例较小，分别只有11.6%和7.2%，而河北省此比例较高，1人家庭占比达到19%。北京市2人家庭比例较高，为23.1%，而天津市此比例为14%，河北省为14.6%。三人家庭为最多，京津冀三地的比例都在30%以上，天津市甚至达到40%以上。北京市4人家庭比例为20.9%，天津市此比例较高，为30.2%，河北省为26.4%。5人及以上家庭比例都在8%左右。总之，京津冀人口流动呈现家庭化趋势，2人及以上家庭占比达到80%以上（见图6）。

京津冀流动人口的流入时间相对较长，流入6～10年的占比为四分之一，流入10年以上的占到30%以上（见图7）。时间是最好的"润滑剂"，随着在流入地生活居住时间的不断延长，流动人口的生存发展状况得到明显改善。其一，随着流动人口在流入地生产、工作时间越来越长，他们的人力

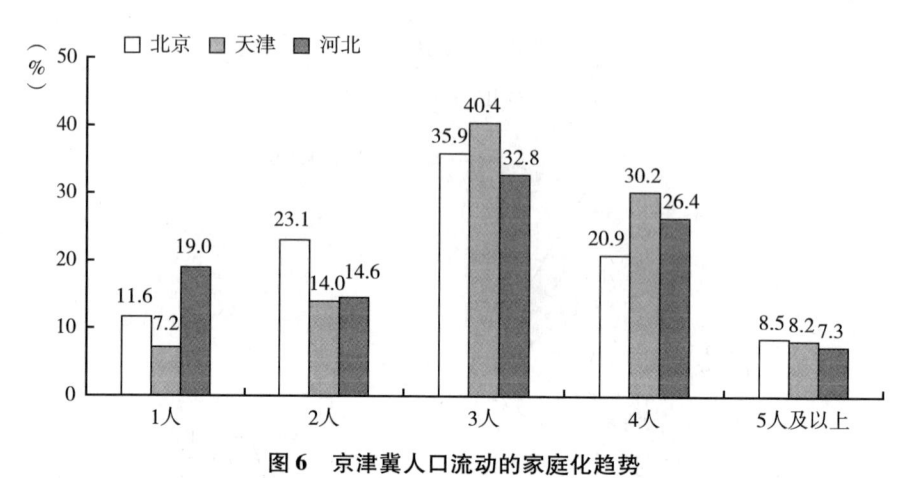

图6 京津冀人口流动的家庭化趋势

资本在不断增长，其劳动生产率较之新来时有大幅提高，从而带来工资收入的显著提升。其二，随着生活居住时间的延长，流动人口在流入地参加社会保险的比例也不断增大。其三，随着生活居住时间的延长，流动人口的社交网络逐渐扩展和延伸，由最初的以血缘、亲缘、地缘为主的初级社会网络逐渐向友缘、业缘等次级社会网络转变，交往能力的增强有利于流动人口为随迁子女找到更好的学校、使其接受更好的教育。其四，随着流动人口在流入地生活居住时间越来越长，他们对当地的生活方式、风俗习惯越来越适应，价值观念、言行举止都逐渐向当地居民转变，而流出地的传统观念、文化传

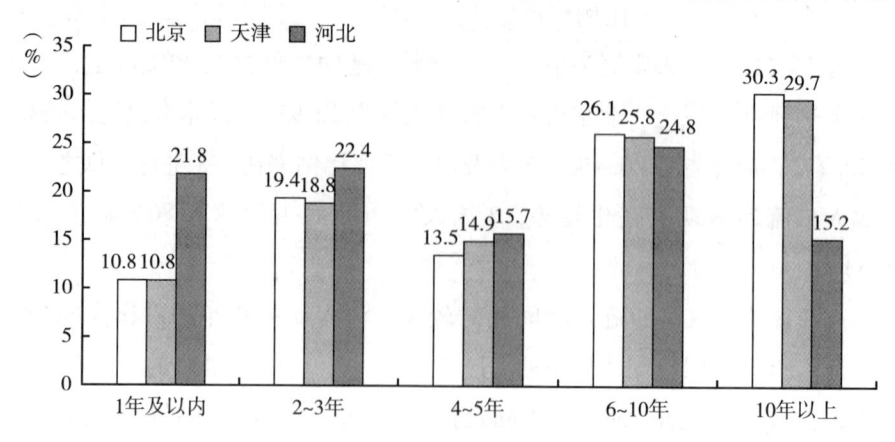

图7 京津冀流动人口的流入时间

承离他们越来越远，他们在流入地居留和养老意愿也就越强，回到流出地生活和居住的意愿越来越弱。

（三）京津冀流动人口的受教育程度差异较大

从受教育程度来看，北京市流动人口的受教育程度显著高于天津市和河北省，36.7%受过大学专科及以上教育，而天津市此比例仅为16.3%，河北省仅为15.7%；京津冀流动人口的受教育程度差异巨大（见图8）。教育向来都是影响迁移流动的重要因素。在人力资本理论的观点中，劳动力所具有的知识、技能和教育水平都显著影响他们的工资收入水平。有研究表明，城镇居民和流动人口之间收入差异的33%可以由他们受教育水平之间的高低来解释。而受教育程度差异也是造成城镇职工与流动人口发展差异的重要原因之一。具体解释包括：其一，受教育程度越高，流动人口视野越开阔、搜集信息能力越强，更能把握住好的就业机会；而且，较高的受教育程度提高流动人口的劳动生产率、促进他们的技术进步和能力发展，因而受教育程度越高，流动人口的经济收入越高。其二，受教育越高，流动人口的家庭消费也就更为接近城镇居民。受教育程度较高的人群，在家庭支出中往往更加舍得投入

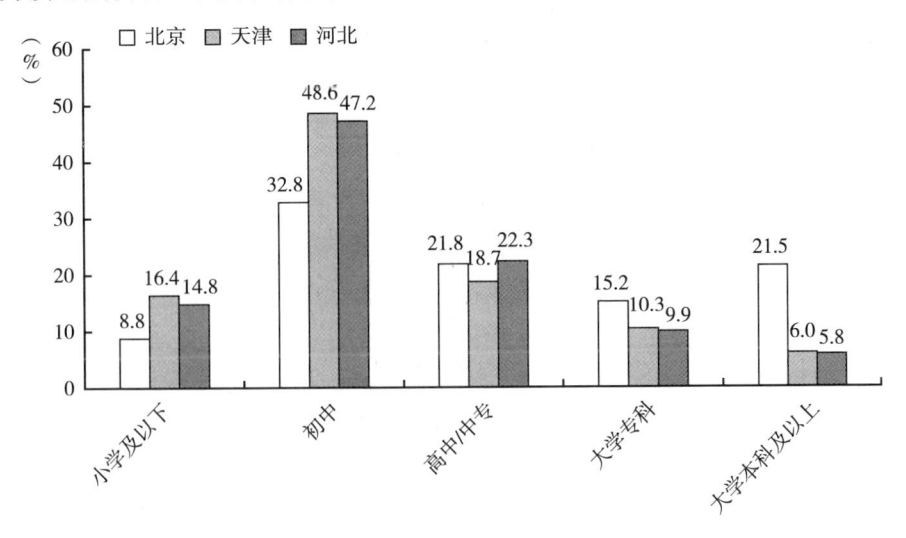

图8 京津冀流动人口的教育程度

和消费，如在食品消费中更注重营养价值和食物均衡，在住房居住中更关注舒适与宽敞，等等。其三，父母的受教育程度是影响子女受教育状况的显著因素。父母受教育程度越高，对子女的教育期望也越高，同时，他们也有能力为子女辅导功课、答疑解惑。其四，由于受教育程度高的流动人口往往领悟能力更强、接受新事物速度更快，因此，他们在日常行为、社区参与等方面也就适应得越快；经济状况较好、行为适应较快进一步给他们带来了心理接纳和身份认同。

（四）流动人口的社会融入程度有待提高

从京津冀的流动人口收入水平来看，北京市的收入水平较高，为6614元，天津市和河北省收入水平较低，仅为4348元和3772元（见图9）。从住房拥有率来看，北京市仅为21.8%，天津市此比例较高，为30.9%，河北省仅为23.3%（见图10）。从医疗保险参保率来看，北京市流动人口在流入地的参保比例最高，为35.9%；天津市次之，为27.5%；河北省最低，仅为11.3%（见图11）。总之，虽然亿万流动人口的劳动与付出为京津冀城乡经济的快速发展做出了难以估量的巨大贡献，但流动人口自身的生存发展状况、社会融入程度却不容乐观，流入地人口在城市还属于半城市化、半市民化状态。因此，了解流动人口的基本情况，分析影响市民化的因素和机制，找到有效的市民化推进方案和措施成为当前的重点与焦点。

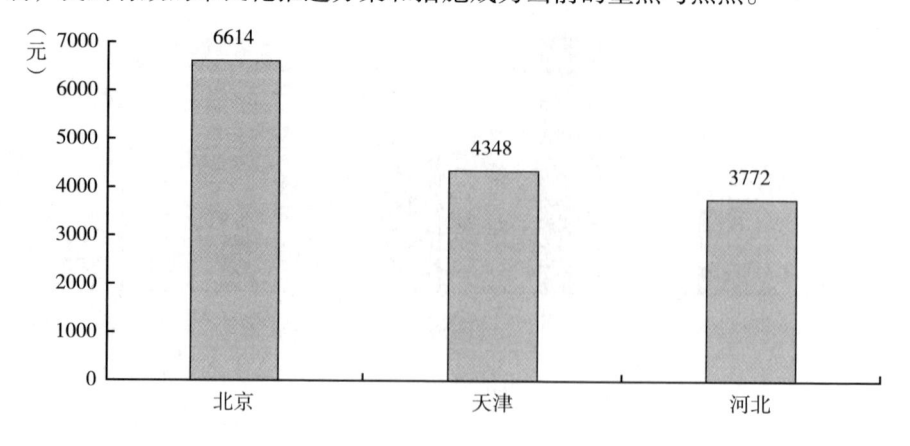

图9 京津冀流动人口的收入水平

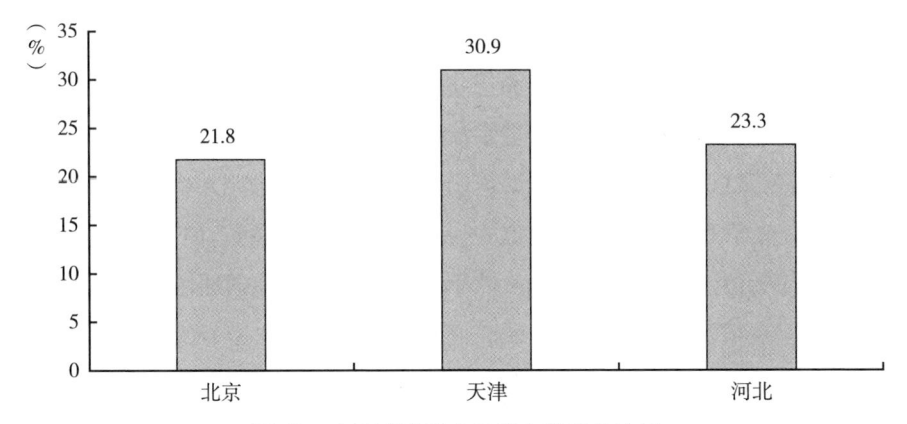

图 10　京津冀流动人口拥有住房的比例

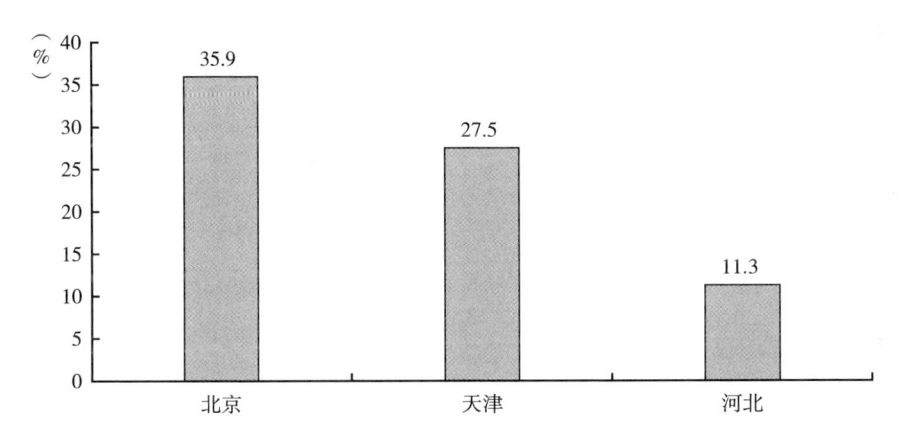

图 11　京津冀流动人口的医疗保险比例

（五）居留意愿强

京津冀流动人口城镇化、市民化的实现，不仅取决于宏观政策导向，不仅表现在流动人口的就业收入、住房居住、社会保障等方面，更重要的是流动人口的个体意愿和心理选择，流动人口的心理意愿直接影响其市民化行为。所谓心理意愿是指一种主观的态度，指流动人口对自己是否融入城市所做出的判断。正如美国城市社会学研究专家 Park 所说，城市远非只是个人的集合，也非只是各种设施——街道、建筑、电灯、轨道电车和电话——的混合，更非只是各种制度与行政管理设施——法庭、医院、警察和各种市政职能部门——的集合，城市还是一种心智和心理状态。人口和功能过度聚集导致的大城市问题使得北京的功能优化和品质提升受到阻碍。为了疏解北京的非首都功能，国家先后做出推进京津冀协同发展和设立河北雄安新区等重大决策部署，这些政策势必涉及如何引导和调控在京流动人口问题。合理引导和调节流动人口去留的重要前提之一是了解在京流动人口的基本状况，尤其是他们的居留意愿。居留意愿虽然不能完全等于实际的居留行为和城市融入状况，但在很大程度上能够反映它们。因此，研究居留意愿的影响因素对合理调控人口流动和促进外来人口城市融入具有重要的参考价值。从2017年流动人口监测调查数据来看，京津冀流动人口的居留意愿较高，一半左右的人群打算在流入地长期定居，还有10%以上的人群打算在流入地居留10年以上（见图12）。

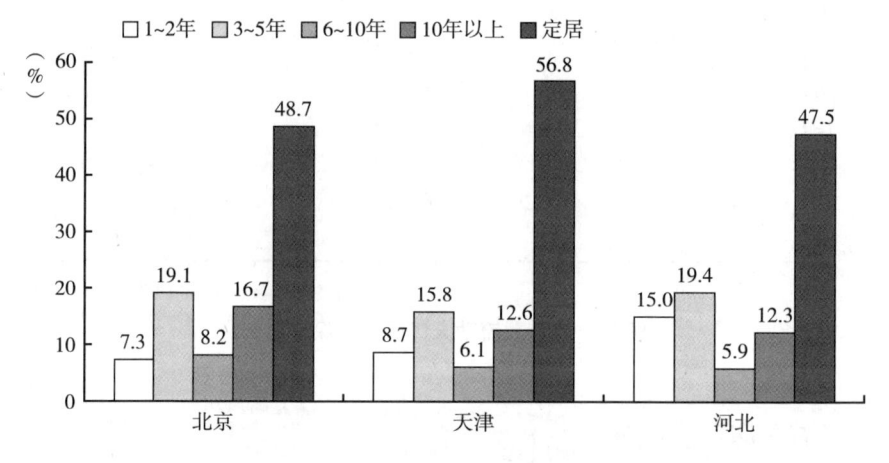

图12 京津冀流动人口的居留意愿

三 京津冀人口流动的政策建议

大规模人口流动是城乡二元体制、经济发展不平衡的必然结果，流动现象将长期存在于京津冀社会经济发展过程中。同时，流动人口的合理分布和有序流动，促进了劳动力资源的优化配置，提高了生产率，推动了京津冀经济的高速发展，为城市化、现代化顺利发展奠定了基础，为京津冀综合实力提升、人民生活质量提高做出了巨大贡献。但是，流动人口自身的生存发展却始终处于弱势、不利地位，属于"半城市化""半市民化"状态。因此，尽快提高流动人口的生产生活水平，努力促进他们的市民化进程，成为事关京津冀经济发展、城乡统筹、社会和谐的重大战略问题。

（一）建立健全动态信息系统

其一，建立健全综合信息系统。一是充分利用卫健、统计、公安、劳动保障、农业等部门的信息资源和数据基础，建立和完善流动人口生产生活的信息管理系统，实现流动人口信息跨部门、跨系统、跨地区共享，提高流动人口的服务管理效能。二是构建省市、区县、乡镇三级的流动人口信息资源库，使流动人口信息系统形成多元、多层、多级服务管理平台，形成人口服务管理区域的"一盘棋"。三是建立流动人口集中、集聚区域与主要流出地、来源地的资源、信息共享机制。通过流出地与流入地政府和组织的互通有无、相互协作、共享共用，切实掌握流动人口及其家庭成员流出前、流出后的社会经济状况及其心理、行为变化情况，从而更好、更快地提高流动人口的管理服务水平。

其二，建立动态监测调查系统。一是借鉴各地"以房管人""以企管人""以片管人"的模式与经验，构建流动人口动态监测统计系统，掌握流动人口的基本信息和流动前后的变化状况。二是构建经济增长、社会发展、环境变化等指标与人口流动相关关系的动态统计监测体系，研究经济背景、产业变动、人口分布之间的互动关系和因果关系，为政府调控、企业决策、人口选择提供有力的数据支撑和动态基础。三是以家庭为单位，构建流动家庭的动态监测统计系统。加强对以家庭为单位的流动人口状况的统计监测和动态调查，对于促进流动家庭的全面协调发展、和谐幸福稳定具有不可替代的重要作用。

（二）分类、有序推进流动人口市民化

流动人口是一个规模庞大、异质性很强的群体，特别是在京津等特大城

市里面，流动人口之间更是千差万别，千型百态，因此，流动人口市民化的推进措施不可能简单采取"一刀切"，要从流动人口的现实情况和各自的心理意愿等方面综合考量，对不同类型的流动人口采取不同的、有所侧重的市民化促进措施，分类、有序提高流动人口市民化程度。

分类原则是指根据流动人口就业状况、收入水平、心理意愿等标准，大致将其分为三类。第一类，有较好的就业单位，职业上有较高的专业技能，收入多样并较高，有条件较好的居所，已在固定城市工作和居住多年，随迁子女在公立学校学习并成绩良好，愿意在流入地长期居留和养老，有很强的迁入户口的意愿。第二类，有固定的就业单位，职业上有一定的专业技能，收入相对固定，有稳定的住所，但市民化意愿属于"徘徊性"，既想融入城市，又想返回家乡。第三类，没有稳定的就业单位，农闲时节外出打零工，收入较少，居住条件较差，在农村参加各类社会保险，子女在户籍地成为留守儿童，没有在流入地长期居留的意愿等。

有序原则是指合乎事物发展的内在规律和外在模式，按照最优化的顺序和步骤推进流动人口市民化。受我国现行户籍管理制度和城市公共服务体制所限，推进流动人口市民化将是一项长期、复杂而艰巨的任务，不可能一步到位，须基于现实情况和通过政策完善分步、有序解决。首先，优先、集中精力解决流动人口面临的重要、突出的难题和困难，如流动人口被拖欠工资、异地医疗保险、随迁子女入学等；其次，及时有效地解决流动家庭面临的突发、紧急的困难和问题，如工伤保险的赔付、住房或摊位拆除等；再次，做好制度设计和长远规划，多元主体共同努力，解决流动人口所面临的长期困难和制度障碍，如户籍制度改革、劳动力市场分割、社会保障转移接续等重要问题；最后，重视流动人口的市民化意愿、养老保障等事项，尊重个人选择和社会发展规律，逐步推进流动人口的心理融合和身份认同。

（三）加强京津冀就业市场的交流与合作

京津冀人力社保部门及有关单位要结合当地流动劳动力就业特点，加强对形势的分析和研判，根据趋势变化采取有针对性的措施，提高管理与服务的质量和效果。要依托乡镇、街道、社区等基层公共就业服务平台，深入本地农村、社区和各类用人单位，开展求职招聘信息的集中采集活动，准确收集进城务工人员求职需求和企业节后用工需求，为完善工作实施方案、增强活动实效打好基础。人力社保部门及有关单位要将劳动者和用人单位的有效对接作为工作中的重点内容，多渠道、多方式提供服务。一是开展专场招聘会。组织有特色的招聘活动，有针对性地帮助进城求职的农村劳动者尽快实现就业。二是开展送信息、送岗位活动。充分利用信息网络、平面媒体、移动通信等手段，广泛发布各种就业服务、政策法律信息，为农村劳动者提供更便捷服务。三是开展重点服务。要把贫困乡镇、村有转移就业需求的农村劳动者作为帮扶重点，送政策、送岗位下乡到村，使他们都能及时获得有针对性的政策信息和就业服务，促进他们流动就业。四是开展跨区域劳务合作。做好跨区域劳务合作的组织协调工作，完善工作机制，通过举办跨区域劳务招聘会，促进输出地、输入地之间的劳务合作和供需对接。

（四）通过职业教育提高流动人口的发展水平

作为教育体系中不可缺少的重要部分，职业教育在中国现阶段更具有特殊的意义，它是实现农村剩余劳动力转移和推进农村城镇化建设的重要举措。应提高各级政府、各职能部门和广大人民群众对职业教育重要性的认识，认识到职业教育是国民经济和和谐社会建设的重要基础；推进职业教育改革与发展是促进流动人口生产率提高、促进我国经济发展，特别是提高制造业国际竞争力的重要途径，是我国现阶段促进劳动就业和再就业的重要手段。其中的重点是改革职业教育课程设计。确立以职业能力为本位的教学课程体系，更加突出"专业基础课＋专业技术课＋实践课"模式的与时俱进性，减少文化课的数量和考核，适当降低专业理论知识的难度，提高专业技术的时代性和现代化，使课程学习紧跟国内外最新的生产技术和生产工艺。加强实践操作能力培训，增加学生在实验室、实习基地、制造车间中的实习，增加在操作场所的培训时间和课程设置，使理论基础和专业技术在实践中有机结合和相互促进，推进职教员工职业技能不断进步。

校企合作，采用"现代学徒制"，实施流动人口培训。现代学徒制有利于充分发挥学校和企业的优势与长处，产生"1+1>2"甚至是"1+1=11"的效果，对于专业技术人才的培养具有良好的效果和较高的效率。一是招工与招生一体化。招生和招工的紧密结合更有利于技术人才的选拔和录取，也更有利于拓宽技术技能人才培养和成长通道。二是课程内容与产业需求对接。学校专业设置、教程内容、教学过程与企业的技术水平、生产进程、产品设计等相结合，有利于产教融合、工学结合，有利于加强学生的实践操作能力，也有利于增加工人的理论知识。三是校企共建师资队伍。学校教师、博/硕士导师与企业首席工人、技术先进能手等师资力量的合并与合作，能够最大限度地增加教学力量，推动职业教育体系和劳动就业体系互动发展，构建现代学徒制培养体系，全面提升技术技能人才的培养能力和水平。

（五）改善住房环境，提高居住水平

破解特大城市购房的制度障碍。应在审视流动人口对住房的诉求不断加大，但公共供给不平衡不充分的情况下，以十九大精神为指导，推动流动人口融合进程，让更多的人共享经济发展的成果。各地政府应转变以"本地人"利益为中心的思维方式和政策导向，革除将流动人口视为"公共资源掠夺者"的传统观念，真正突破"本地户籍"原则，因地制宜（如根据流动人口总量、结构等）制定公共住房的享受政策。同时，在"坚持房子是用来住的、不是用来炒的定位"的基本前提下，破除对流动人口购房的制度限制，破解有住房刚性需求且有能力购房的流动人口的购房障碍。进一步探索和开发农业转移人口的土地权益对其市民化过程的支撑性功能，建立农业转移人口城市购房与农村住房退出相衔接的体制机制，进行制度创新，形成多渠道化解农业转移人口城市住房瓶颈的制度合力。积极推动城乡土地制度变革，大胆探索农村土地对进城农业转移人口"转移性保障"的实现形式，盘活农业转移人口的宅基地，挖掘其利用价值，促进农村住房资源的合理流动与充分利用，由此实现宅基地的财产功能，减少农业转移人口进城定居的"沉没成本"。适时有序将流动人口纳入城市住房保障体系。在财力增

长的基础上，打破流动人口城市住房和市民住房保障之间的壁垒，推动城市公共租赁房、廉租房向流动人口开放，逐步将流动人口纳入城市住房保障体系之中。同时，政府应加大公共住房建设投资，制定城市公共住房发展规划，兴建符合流动人口群体经济特点和满足其基本居住需求的保障性住房，增加对外来人口住房的有效供给。

（六）分类、有序提高流动人口社会保险参保率

完善的社会保障法律是社会保障缴费、数据管理、待遇支付和基金投资运营的坚强后盾，国家、企业和个人责任明确，各个环节有法可依、有章可循。因此，加快社会保障立法，建立健全流动人口社会保障制度，修订完善有关法律法规，增加保障流动人口权益的实质性内容，完善法规，强化法制维护是从根本上解决流动人口权益保护问题的关键。降低流动人口参加社会保险的门槛，研究确定适合流动人口收入情况的费基、费率，减轻他们参加社会保险的负担。提高流动人口社保待遇，流动人口是这个社会的弱势群体，应当发挥财政的收入再分配作用，对流动人口的社保基金给予一定补贴，分类、有序把流动人口纳入城镇社会保障范围。可以根据农业转移人口的职业特点、收入状况、流动程度、定居城镇意愿、市民化程度等标准，对流动人口群体进行细分，在此基础上采取分层分类的措施，保障农业转移人口的社会保障权益。即对于稳定就业、从事正规就业、建立劳动关系或事实劳动关系、有固定收入和住所、在城镇就业生活时间长或有长期居住意愿和就业能力、市民化程度较高的这部分流动人口，直接将他们纳入城镇职工的社会保险体系之中。对于到城镇就业或进入城镇定居而让出其承包地、失去土地保障的流动人口，可探索、创新土地换保障的做法；对于不稳定就业的流动人口，如签订短期合同，频繁流动以及从事各种灵活就业等的流动人口，可以先建立过渡性质的个人社会保险账户，将本人的社会保障权益直接记入个人账户，而不实行社会统筹保险。

（七）促进社会交往，提高居留意愿

高度重视流动人口的社会交往。人类属于群居动物，无法离开他人而独

自生活；人不是生而为人类的，而是通过社会交往才成为人类的。积极参与社会交往，积极与朋友、邻居互动，是流动人口个体体力、智力等能力逐步增强的必要条件，是流动人群应对现代社会庞大而复杂环境的必备素质。当然，流动人口的社会交往也是促进社会协作、社会团结的良好渠道。流动人口在流入地社区参与和社会交往方面的行为适应是其社会融入的重要方面。各级政府均应提高认识，转变观念，切实关心流动人口社区参与水平和社会交往本地化水平的提高，有效缩小"本地人"与"外来人"之间的差距，加快流动人口的社会融入步伐。由于流动人口市民化意愿的异质性和复杂性，同时也由于不同特征流动人口市民化意愿的差异性和动态性，政府应采用动态调查系统和现代信息化管理技术，加大资金投入力度和相关政府部门投入，及时、有效、准确地了解和掌握流动人口融入、居留、迁移等意愿的现状以及其特征和未来变化趋势，为政治、经济、社会、文化等各项工作提供信息支持和决策支撑。

总之，京津冀人口流动问题是一个涉及各级政府、多个部门、亿万家庭的问题，也是一个涉及社会学、人口学、经济学、管理学等多学科的复杂课题，仅靠一个主体难以解决问题，仅靠一个学科也难以把研究做得清晰透彻。还需多部门、多学科的联合，及共同和持久的努力，才能把京津冀人口流动问题真正研究好、服务好、管理好，从而真正发挥流动人口的巨大潜力，促进京津冀的协调统筹发展，实现三地社会的和谐与稳定。

参考文献

[1] Bloom, David and Morley Gunderson, "An Analysis of the Earnings of Canadian Immigrants", in Richard Freeman and John Abwod (eds.), *Immigration, Trade, and the Labor Market*. Chicago: University of Chicago Press, 1990, pp. 321 – 342.

[2] Borjas, George, "National Origin and the Skills of Immigrants", in G. Borjas and R. Freeman, eds., *Immigration and the Work Force*. Chicago: University of Chicago Press, 1992, pp. 17 – 48.

[3] Cooke, T. J., "Family Migration and the Relative Earnings of Husbands and Wives", *Annals of the Association of American Geographers*, 2003, pp. 338–349.

[4] Ravenstein. E. G., "The Laws of Migration", *Journal of the Statistical Society of London*, Vol. 48, No. 2, 1885, pp. 167–235.

[5] Park R., *Race and Culture*. Glencoe, IL: Free Press, 1950.

[6] 陈志光:《安居乐业 和合能谐——有序推进农业转移人口市民化研究》,经济科学出版社,2016。

[7] 风笑天:《社会学研究方法(第二版)》,中国人民大学出版社,2005。

[8] 封志明、杨玲、杨艳昭、游珍:《京津冀都市圈人口集疏过程与空间格局分析》,《地球信息科学学报》2015年第15(1)期。

[9] 辜胜阻、王建润、吴华君:《京津冀协同发展中的人口问题研究》,《经济与管理》2017年第1期。

[10] 李国平、席强敏:《京津冀协同发展下北京人口有序疏解的对策研究》,《人口与发展》2015年第2期。

[11] 陆大道:《京津冀城市群功能定位及协同发展》,《地理科学进展》2015年第34(3)期。

[12] 陆杰华、郭冉:《京津冀协同发展下河北省人口流出的主要特征、问题及其对策》,《河北大学学报》(哲学社会科学版)2018年第3期。

[13] 马小红、胡梦芸:《京津冀协同发展视域下的北京流动人口发展趋势》,《前线》2016年第2期。

[14] 王春蕊:《京津冀协同发展战略下人口流动的影响及对策研究》,《经济研究参考》2016年第64期。

[15] 熊景维:《我国进城农民工城市住房问题研究——以进城农民工的市民化为主要考量》,武汉大学博士学位论文,2013。

[16] 杨菊华:《从隔离、选择融入到融合:流动人口社会融入问题的理论思考》,《人口研究》2009年第1期。

[17] 尹德挺、史毅:《人口分布、增长极与世界级城市群孵化——基于美国东北部城市群和京津冀城市群的比较》,《人口研究》2016年第6期。

[18] 张耀军、张振:《京津冀区域人口空间分布影响因素研究》,《人口与发展》2015年第3期。

[19] 张耀军:《京津冀城市圈人口有序流动及合理分布》,《人口与发展》2015年第2期。

B.5
京津冀协同发展战略与北京核心区人口演变

王智勇*

摘　要： 本部分试图从京津冀协同发展战略实施过程中，三地产业协同和城乡劳动力市场一体化，产业引导人口流动，以及北京行政副中心、首都副中心的建设和北京市人口疏解的系列举措来分析北京市核心区人口的变化及其趋势。

关键词： 京津冀协同　产业结构　人口流动

一　京津冀协同发展战略与人口流动

北京、天津、河北三省市从地理上看是连成一片的整体，天然具备协同发展的地理优势。而从经济发展的角度来看，由于地缘因素，三省市之间一直以来存在较为密切的经济往来。而从历史上看，北京现有的一些区县原本隶属于河北，通过行政划拨的方式并入北京。1958年3月国务院批准将河北省的通县、顺义、大兴、良乡、房山5个县和通州市划归北京市管辖。10月，又将河北省的怀柔、密云、平谷、延庆4个县划归北京市。可以看到，在历史上，北京和河北就有着千丝万缕的关系。同样的，河北与天津历史上也具有密切的关系，天津曾经是河北的省会，至今，河北省唯一的一所211

---

* 王智勇，博士，中国社会科学院人口与劳动经济研究所，研究员，主要研究方向：人口与经济。

大学——河北工业大学仍位于天津。由于经济往来的增强，三地之间的协同发展也就成为一种现实考虑，但要真正实现三地协同发展，需要有顶层设计，即超越三地的行政层级，这样才有可能突破地域限制，最大限度地发挥协同效应。党的十八大召开以来，以习近平同志为核心的党中央高度重视和强力推进京津冀协同发展。京津冀协同发展对于北京、天津和河北都是机遇大于挑战。在京津冀三地发展过程中，很长时期里存在产业的同质化现象，三地之间缺乏密切有机的产业分工与协作，而实现京津冀协同发展，就是要克服过去三地各自发展的局面，使三地通过产业密切联系起来，以产业引导人口疏解，以产业促进人口合理分布。产业转移和产业引入相结合，是京津冀三个地区共同的事业。

2014年2月26日，习近平总书记在北京考察并发表重要讲话，提出京津冀协同发展战略。同年，国务院成立京津冀协同发展领导小组，为京津冀协同发展提供了组织上的保障。2015年4月底，中共中央政治局审议通过《京津冀协同发展规划纲要》，明确了京津冀整体和京津冀三地各自的发展定位，明确了布局思路和空间骨架，明确了以有序疏解北京非首都功能为京津冀协同发展战略的核心，以交通、生态环保、产业为率先突破的重点领域，提出促进基本公共服务均等化是推动京津冀协同发展不可或缺的重要内容，顶层设计初步完成（孙久文，2019）。

产业是吸引人口的重要手段。在京津冀三地长期发展过程中，形成了以北京和天津为中心的两大人口聚集中心。受地缘因素影响，北京和天津的外来人口中来自河北的数量最多，因而三地之间的产业发展协同就与人口的疏解和重新分布直接相关。而国家从顶层设计的角度明确了京津冀协同发展的战略，则是进一步明确产业分工与协作，进一步推动产业在京津冀地区的有序转移和优化配置，是京津冀协同发展的重要任务之一。产业转移的目的是让主要城市——北京、天津的产业结构更加优化，企业也能更好地发展。此外，京津冀协同发展的战略还强调了产业对人口的疏解作用，因为京津冀协同发展的关键，在于抓住疏解北京非首都功能这个"牛鼻子"。

2019年1月18日,习近平总书记在主持召开京津冀协同发展座谈会上指出,京津冀协同发展是一个系统工程,要从全局的高度和更长远的眼光来认识和做好京津冀协同发展工作,增强协同发展的自觉性、主动性、创造性。同时他提出六个方面要求,其中第四方面要求指出,向改革创新要动力,发挥引领高质量发展的重要动力源作用。可见,京津冀协同发展的一个主要目的在于促进创新,推动城市之间的产业协调。

王莹莹等(2017)指出,当前首都圈人口空间分布总体上呈现以京津为中心向外围递减的格局。而刘爱华(2017)的研究进一步表明,京津冀地区人口向京津中心城市集聚既有历史和人口因素的影响,更主要的是由经济发展尤其是第三产业发展水平差距以及社会公共服务政策和水平导致的。另外,流动人口的集聚性和示范性也强化了京津冀地区的人口分布格局。

北京市的外来人口在2005年之前,一直保持缓慢增长的态势,自2005年以来,外来人口增长迅速(见图1),在2010年增量达到最大,随后,外来人口增量逐年递减,在2015年存量达到最大,自2016年起,外来人口存量开始减少(见表1)。外来人口的变化,既与北京市疏解人口的政策相关,更与产业的调整,特别是一些行业向外转移密切相关。

表1　2010~2018年常住人口情况

年份	总量(万人) 常住人口	总量(万人) 常住外来人口	增量(万人) 常住人口	增量(万人) 常住外来人口	增速(%) 常住人口	增速(%) 常住外来人口
2010	1961.9	704.7	101.9	90.5	5.5	14.7
2011	2018.6	742.2	56.7	37.5	2.9	5.3
2012	2069.3	773.8	50.7	31.6	2.5	4.3
2013	2114.8	802.7	45.5	28.9	2.2	3.7
2014	2151.6	818.7	36.8	16.0	1.7	2.0
2015	2170.5	822.6	18.9	3.9	0.9	0.5
2016	2172.9	807.5	2.4	-15.1	0.1	-1.8
2017	2170.7	794.3	-2.2	-13.2	-0.1	-1.6
2018	2154.2	764.6	-16.5	-29.7	-0.8	-3.7

数据来源:北京市统计局,如无特殊说明,本报告以下图表同此。

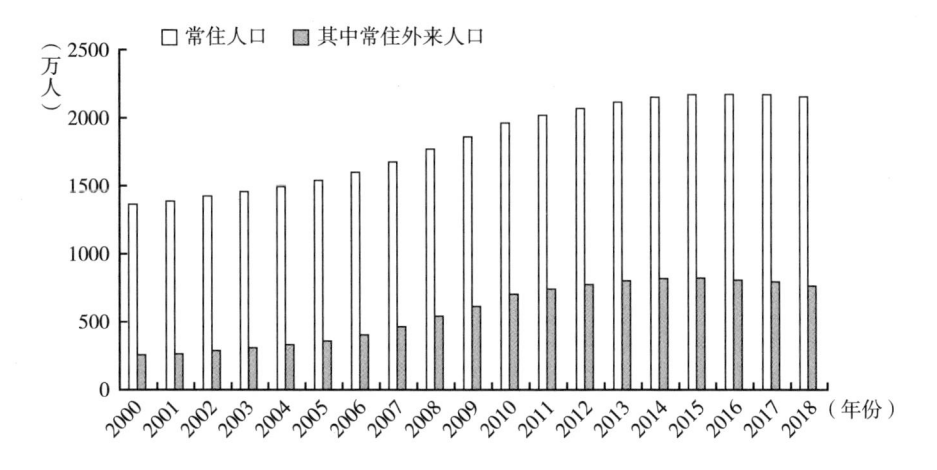

图 1 北京市常住与外来人口增长情况

与此同时，京津冀人口增长与城市扩张密切相关。数据显示，2015年城区面积最大的地级以上城市依次为天津市、北京市、唐山市、石家庄市、秦皇岛市、邯郸市、廊坊市、张家口市、保定市、邢台市、沧州市、衡水市、承德市。其中，其中北京、天津两地区城区面积占京津冀城市群城区总面积的近1/2（宁晓刚等，2018）。

（一）京津冀产业协同与人口流动

京津冀协同发展主要体现于城市之间的产业分工与协作，具体而言，北京主要发展高端服务业，天津主要发展港口贸易，而河北则主要发展制造业。《北京城市总体规划（2004～2020）》中明确了北京的发展目标：国际首都、国际城市、文化名城、宜居城市。其重点发展领域是第三产业，以交通运输及邮电通信业、金融保险业、房地产业和批发零售及餐饮业为主。根据总体规划目标，通过采取相应的政策引导，北京目前已经形成了现代制造业、高新技术产业、现代服务业三足并立的经济发展格局。电子信息、移动通信、汽车三大产业集群已逐步形成，生物工程新医药、光机电一体化、新材料和环保产业发展迅速。《天津城市总体规划（2005～2020）》也确定了天津市作为环渤海地区的经济中心，并要逐步建设成为国际港口城市、北方

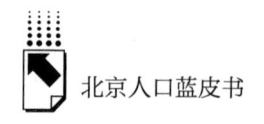

经济中心和生态城市。随着总体规划的逐步落实，天津市的主导产业已经形成"3+2"的5大板块，具有以电子信息和现代医药业为主的高新技术产业板块；以石油、化工、冶金等重化工业为主的临港工业板块；以汽车、造船业为主的交通运输设备制造业板块；以物流、社会服务业、金融、房地产为主的先进服务业板块；以传统商贸业为主的传统服务业板块（邱凤霞等，2009）。河北省是北京和天津的重要腹地，定位于发展传统制造业，目前，河北省已基本形成以煤炭、纺织、冶金、建材、化工、机械、电子、石油、轻工、医药等十大产业为主体的资源加工结合型工业经济结构。虽然河北省在京津冀经济圈甚至全国的产业链分工中处于下游，但其工业门类齐全，可以为北京和天津提供各种原材料，也能够承接两市的产业转移，例如曹妃甸工业区作为临港重化工业基地，就承接了北京的钢铁产业转移。

长期以来，三地之间争资源、争项目、争投资等过度竞争和封闭竞争严重，导致重复建设、产业结构趋同。甚至在河北省内部，也同样存在严重的产业趋同现象，例如环北京天津的承德、保定、张家口、秦皇岛等城市，都把化工、机械、建材等产业作为城市的支柱产业。因此，京津冀三地之间产业存在明显的同质性，产业结构的趋同使得京津冀经济圈内各城市之间无法形成合理充分的产业链条。三地产业联系不够紧密，缺乏区域内强大的产业链，没有形成紧密的分工协作关系（杨洁等，2009）。长期以来三地没有形成产业协同发展，因而其后果就是京津的发展并不能对河北产生强大的拉动作用，相反，甚至把河北的资源吸引到京津两市，形成了环首都贫困带。

制造业等部门的发展通常会吸引大量的人口，因此，可以看到，石家庄、邯郸、邢台、沧州、廊坊等市近些年人口增长率较高（见图2）。相比之下，北京、天津和张家口等城市的人口增长率较低。而实际上，京津冀三地相互争资源、争项目和争投资的背后则是对地方经济增长和扩大就业的考虑。产业发展势必带来就业，而以工业为核心的第二产业又是吸纳就业的"大户"，因此，化工、机械、建材等工业和制造业在很长时期里均成为三地的支撑性行业。

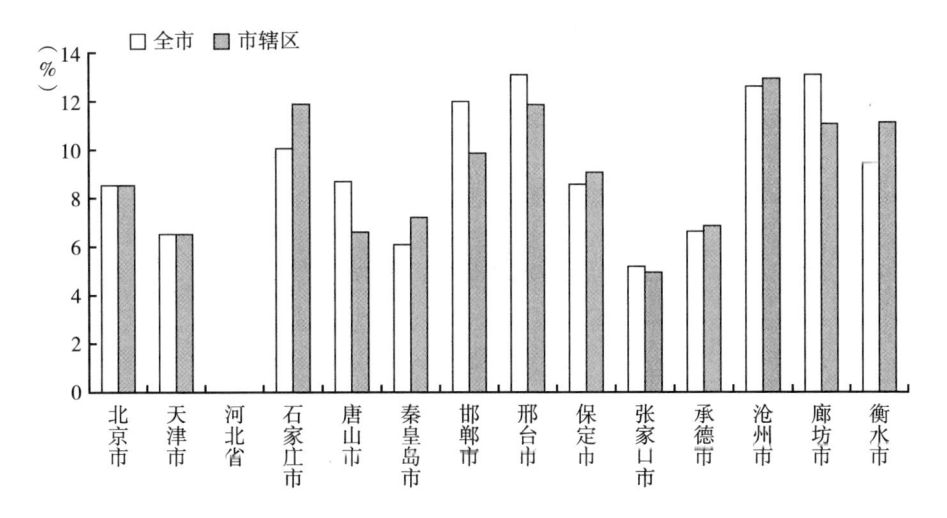

图 2 京津冀各城市人口增长率（2016年）

（二）北京市产业变化与人口变化

一个城市的发展，主要依赖于产业结构的动态变化。在工业化阶段，工业化的扩张会带来人口的大量涌入，推动城市化增长，而当工业化进入后期，第三产业开始崛起并逐渐取代第二产业在城市经济发展中的主导作用。第三产业在GDP中的比例会持续超过第二产业，两者的差距日益扩大。这种格局的形成和持续，就意味着城市经济发展已经完成了工业化，转向由服务业经济主导的增长模式，与此同时，人口的增长也会趋于缓慢。这种变化，在上海、北京和天津这三大直辖市得到充分的印证。

上海第三产业占GDP比例超过第二产业占GDP比例时，人口恰好处于迅速增长的时期。这与世界主要城市人口增长的规律有所不同，他们大多数是在工业化时期人口大规模增加。（见图3）

北京比上海更早实现第三产业结构超越第二产业，即第三产业占GDP比例大于第二产业。1994年，北京第三产业占GDP比例超过第二产业，同期，人口的大规模扩张也开始（见图4）。在那个时期，人口的流动，特别是从农村到城市的流动，还显著地受到户籍制度及其他城市管理体制的限制。

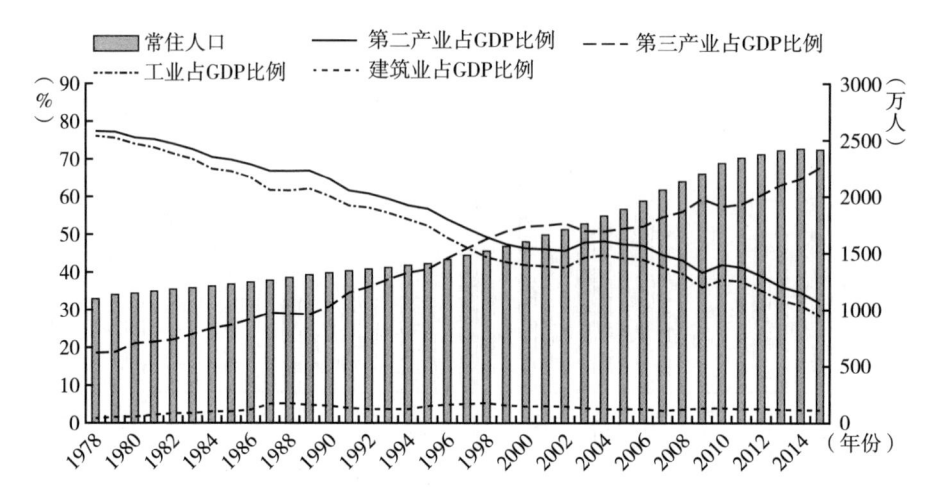

图3 上海产业结构与人口变化

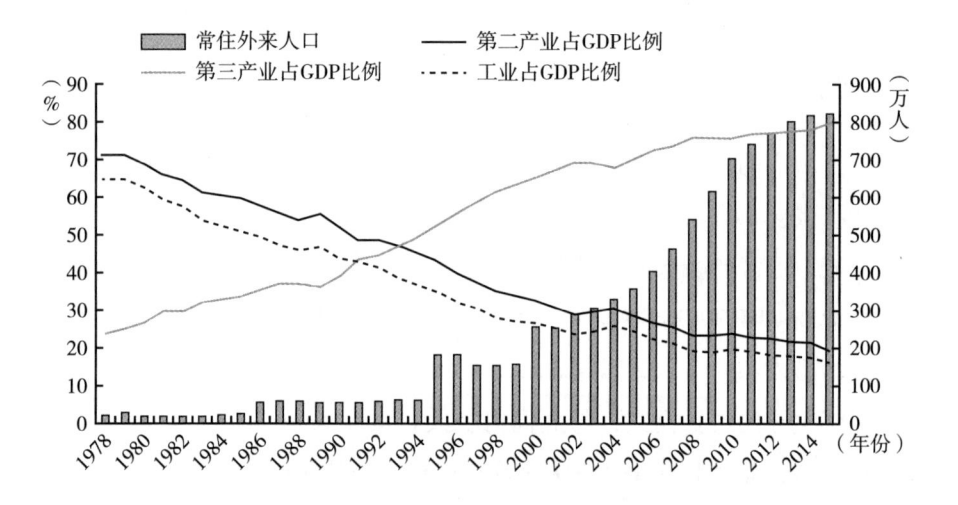

图4 北京产业结构演变与人口变迁（Ⅰ）

产业结构的变迁不仅体现在产业增加值占比的变化，也体现在产业就业人数占比的变化，随着第二产业增加值占比的持续下降，其就业人数占比也呈现持续下降趋势（见图5）。

天津的情形有所不同，在2002~2008年，天津市大力发展制造业，推动工业化，外来人口得以显著增加。这个时期的人口流动已经很少受到户籍

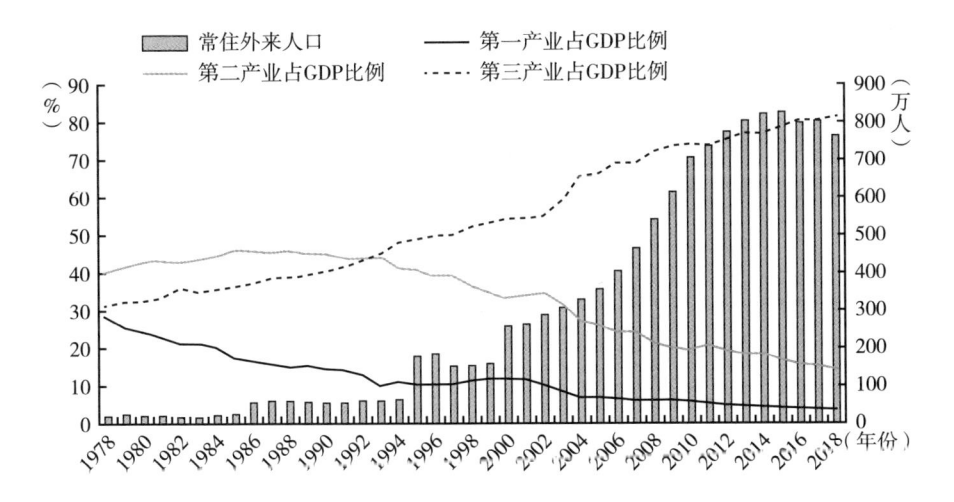

图 5　北京产业结构演变与人口变迁（Ⅱ）

和城市管理体制的影响。而在 2012 年第三产业 GDP 超越第二产业时，外来人口的增长又有进一步的加速（见图 6）。

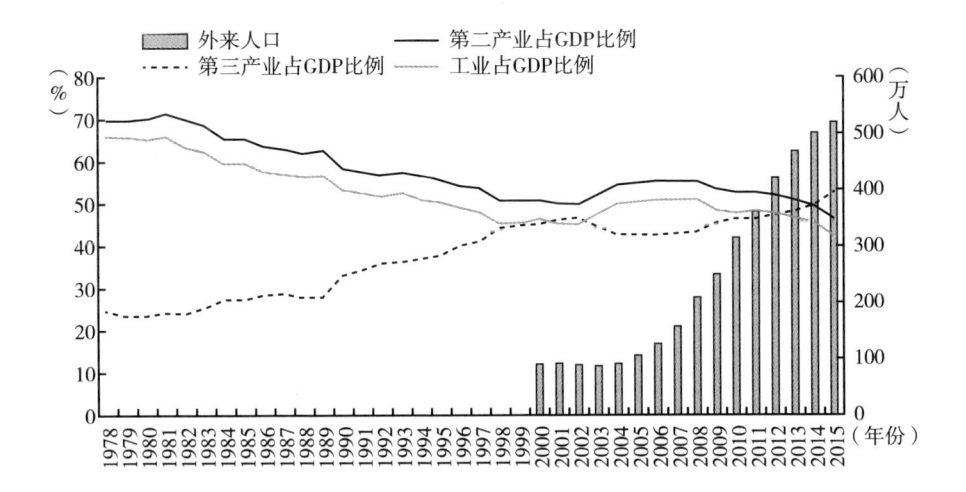

图 6　天津产业结构演变与人口变迁

国际上其他大都市的发展历程也都印证了产业结构变迁与人口流动之间的密切关系。在世界各大城市的发展过程中，有以下几点经验值得我们借鉴学习（陈锐、宋吉涛，2010）。

首先，世界城市均选择了工业化带动城市化的基本成长路径，并成为世界工业革命先锋；雄厚的工业基础和发达的高技术制造业体系是后工业化时代进行大规模高端技术和制度创新的源泉；实际上，没有先进的工业技术支撑，服务业的高端化也无从谈起。而墨西哥等拉美国家在工业化还远没有实现的时候，因遭遇金融危机就迅速放弃了工业化，大力推进服务业化，其结果则是在城市中形成大量的贫民窟，高端服务业也从未发展起来。

其次，世界城市均依托具有区域辐射能力的经济区，经济区内部各节点的协调发展是世界城市发展初期实现快速增长的引擎；集聚和辐射是世界城市发展和演进的重要机制，同时也是保障其持续、稳定、高效发展的物质基础。无论是美国、欧洲还是日本，发达国家的大城市普遍有与之密切联系的腹地支撑，例如美国的大都市统计区（Metropolitan Statistical Areas，MSA），欧洲的城市功能区（Functional Urban Area，FUA）等，其形式都是以一个或多个城市为核心，把与之相邻的外围区域纳入，并且往往会突破原有的行政边界。可见，大都市的发展绝非孤立，而是日益依赖于其周边区域提供充足的劳动力和人才。

再次，以跨国公司为纽带，较高的国际化程度是保障世界城市在全球城市体系内发挥控制和管理中心职能的基础；包括资本、人才、技术等元素在内的高端生产性要素成为跨国公司控制世界经济体系的核心，又是大规模的小型创新企业实现资源优化整合的中坚力量。换句话说，对大都市而言，对外开放，特别是面向国际市场竞争，是城市发展的一个重要方向。相反，一个封闭的城市，一个不面向国际市场的城市，也就不太可能发展得很好，这一点从中国东北各城市的发展可见一斑（王智勇，2018a；2018b）。

然而，对中国的城市发展而言，情形却有所不同。对于20世纪90年代就已经进入工业化后期的城市来说，由于城市化滞后于工业化，城市人口的大规模增长并非发生于工业化时期，而是发生于工业化的后期，甚至是后工业化时期。从产业结构变迁的角度来看，当第三产业的比重超过第二产业时，城市人口的快速增长往往才刚刚开始，而城市人口的快速增长来源主要是外来人口的迅速增长。而对于21世纪初才进入工业化后期的城市来说，工业化的大力推进，会迅速吸引外来人口进入。由此，一个基本的判断是，随着河北省大力推进工业化，许多城市都需要吸纳大量的外来人口，特别是当越来越多的城市进入工业化的中后期，外来人口的增长也日益明显，而北京和天津所需的外来人口日趋稳定，甚至呈现下降趋势。

二 城市功能区与京津冀大都市区

（一）城市功能区划分与北京大都市区

随着城市化进程的加快和全球化进程的深入发展，城市的组织形态和空间形式也在变化。大城市的发展，参照资源最优配置和环境功能整合的原则，在客观上构成了由中心城市及周边城镇相结合的都市圈。它们成为现代城市发展的新的空间单元，城市的竞争是以中心城市为核心的城市区域或城市集团的竞争，而都市区（圈）也是全球化分工、合作以及竞争过程中的基本单位（张车伟等，2016）。换言之，城市化发展已进入更高的发展阶段——大都市区发展阶段，更加强调城乡融合发展和地域功能分工（江艇等，2018）。从历史的角度来看，二战以后，随着世界范围工业化与城市化的快速推进，以及不同层次、不同地域大中小城市产业结构的重塑和空间结构的优化，以大城市为主导的城市圈或城市群体已逐渐发展成为各国经济发展的核心载体。纵观世界，几乎所有特大城市的传统单中心结构趋向于消融，在更大的地域空间内逐步演化为多中心结构的都市区（崔功豪，2001）。在全球化的背景下，城市不再以个体的形式单独发展，而是以城市群这种综合发展的统一体的形式出现，并参与到区域竞争中。城市群在整个国家有着举足轻重的地位。中国城市化与区域一体化的发展，特别是自2000年以来城市化的加快，促进了大都市区和城市群的发展。当今城市群已成为全新的国家参与全球竞争与国际分工的基本地域单元，它的发展深刻影响着国家的国际竞争力，对国家经济持续稳定发展具有重大意义。经济全球化与区域经济一体化必然要求重视和加强城市群的发展（王超深、靳来勇，2018）。

党的十九大报告明确指出,"以城市群为主体构建大中小城市和小城镇协调发展的城镇格局,加快农业转移人口市民化。以疏解北京非首都功能为'牛鼻子'推动京津冀协同发展,高起点规划、高标准建设雄安新区"。自2015年以来,国家发改委就已经明确了京津冀城市群、长江中游城市群、长江三角洲城市群、海峡西岸城市群等诸多城市群规划,全国主要的特大城市均已经被纳入各个城市群之中,并且作为核心城市驱动城市群的发展。因此,大都市区和城市群成为未来中国城镇化的主要形式,这种形式的变化势必会影响流动人口的城市融入。

大城市尤其是特大城市在信息经济时代具有明显的优势。一方面,工业化时代的各种产业经济要素向外扩散;另一方面,信息化时代的各种高层次经济要素向中心城市集聚,推动城市结构的更新和重塑,加剧了大都市圈的演化进程(张欣炜、宁越敏,2015)。城市群这种区域性集中发展模式已被全球各国广泛采用,以克服国内区域经济发展中的各种障碍,尤其是在经济发达国家,城市集群化发展已成为区域经济发展的指导性战略(唐路等,2006)。在后工业化时代,城市经济以服务业为主导,而服务业的发展必然会拉动中心城市功能的有序扩散,从而带动中心城市周边城镇经济的发展,为大都市区经济空间的形成奠定产业基石。日本城市群产业在城市群中呈现圈层化的逆序分布形态。以东京城市群为例,城市群核心主要是第三产业,中间环状地带主要是第二产业,外圈层则主要是第一产业(曹传新,2002)。未来全球范围内国家和国家之间的竞争,本质上是少数大城市及城市群之间的竞争,科技和现代服务业将成为其核心竞争力。正因如此,在全球范围内,人口仍在进一步向大城市群或者都市圈集中[1]。

城市化的过程通常被定义为城市人口相对于农村人口不断增长的过程。但实际上,准确地定义城市和农村并非易事,因为城市与农村之间的界限往往并不明晰,城市与农村的犬牙交错更是使得情形复杂起来。特别是要准确地定义城市边界,往往需要借助于复杂的手段,比如发达国家采用遥

---

[1] 陆铭:《让城市群成为经济发展的新动能》,《光明日报》2018年8月14日,第11版。

感卫星影像来准确测算城市边界。在许多发展中国家，特别是中等收入国家，在界定城市的过程中，除了采用人口密度这一常用指标以外，还采用从事非农产业人口的比例等辅助指标来加以界定。因此，不同的国家在考虑城乡划分时标准不一，这就使得国家之间城市化的比较难以进行。即使是按照单一的人口密度指标来测量，城市化在世界范围内差异仍然非常显著，因为各国城市和农村的密度标准显然不同。纵使在一个国家内部，由于城市区域往往会突破行政边界，而数据的统计却基于行政边界，所以城市的比较依旧困难。

基于这样的一种现实考虑，在欧盟的支持下，经合组织（OECD）推出了"城市功能区"（Functional Urban Area，FUA）的概念，旨在提供一套标准化的城市测量方法，以便在国家之间比较城市相关问题。这种方法强调的是城市的实际经济联系，而不是行政边界，因为影响城市之间相互作用的主要因素包括距离、网络、引力以及活动偏好（Fellmann，2009）。考虑到国家和地区之间的现实差异性，OECD的"城市功能区"在不同国家之间有不同的门槛值，但在其他方面基本相同，从而使得国家之间的比较成为现实。城市功能区主要考虑人口密度、人口规模和通勤模式，因而它关注的重点是一体化的城市劳动力市场，即城市的中心区域与周边区域之间是否存在密切的经济往来，这种经济往来通常可以通过通勤流来加以测量。

每一个大都市区和城市群都由一个影响力极大的核心城市及其外围区域构成，因此，大都市区充分体现了城乡一体化进程。由于中心城区房租和房价高昂，流动人口往往聚集于城市和大都市区的外围区域。以北京市为例，根据2010年人口普查数据，一半以上的人口分布于北京的五环外，随着房租和房价的急速上升，势必有越来越多的人口流向外围区域。

可以看到，北京大都市区并不仅仅是北京市的行政边界范围，还包括了河北和天津的一部分县市。城市尤其是大中型城市与其周边区域的密切联系是中国经济发展和城市发展进程中一个不争的事实。这种现象

也充分体现了当今城市体系的基本特征，即城市与城市之间存在人员、货物、资金和数据的密切往来。例如，北京与其外围县市之间有着密切联系，大量人群在北京工作，而在河北和天津居住。这样，在北京和这些周边县市之间就存在频繁的通勤往来。类似的情形在天津、上海、广州和深圳等城市也都普遍存在。这种现象产生的原因主要是人群密集的都市居住成本很高，人们选择在城区工作而在郊区甚至外围区域居住。在世界其他国家这种现象也普遍存在，例如日本的东京大都市圈、法国的巴黎大都市圈和韩国的首尔都市圈等。都市圈是一个具有综合功能的特大城市以其强大的扩散辐射功能带动周边大中小城市发展，从而形成具有一体化特征的城市功能区（谢守红，2008）。综合国际经验来看，通勤区背后所蕴含的统一劳动市场才是都市区的本质所在（孟晓晨、马亮，2010）。然而，人们居住与工作的距离不可能无限地拉长，因为通勤的成本制约着这一距离。

（二）京津冀大都市区与人口流动

在京津冀协同发展过程中，大都市区的作用不可忽略。京津冀范围内有许多都市区，既包括北京、天津这样的超级都市区，也包括石家庄这样的巨大都市区，更有唐山、秦皇岛、张家口、邯郸、保定这样的大都市区。此外，还有若干都市区和中等城市区。诸多的都市区势必成为人口流动的主要区域。

从微观个体的角度来看，劳动者从一个地方流动到另一个地方，一个最重要的原因是有更好的就业机会和更高的工资水平。就业是民生之本，是居民获得经济收入的最重要来源，因此，更高的工资和更好的就业通常能够吸引人口流入。从另一个角度来看，人口规模越大的城市，其竞争就越激烈，因此通常在大城市中生存和发展的人，需要不断地提高知识和技能水平。而且，劳动者从农村转移到城市，从小城市转移到大中城市，通常都会得到信息和技术外溢给自己带来的好处，即他们能够获得更丰富的信息，并常常有可能得到技能培训，或者通过"边干边学"提高技能水平，从而无形中增强了自身的人力资本水平，这使得他们能够获得比以前更高的劳动报酬。知识溢出在城市更加活跃（Henderson，1986），城市规模越大则劳动力"学习效应"越强（Jorge and Puga，2017）。而且，由于大城市市场的多样化远超中小城市，对劳动者个体而言，他们所具有的人力资本和技能可以得到更充分的发挥。由于区位、政策和基础设施以及人才储备等因素，相比于中小城市，大城市（集聚）具有更充分的"干中学"效应，而且，劳动力在大城市学习新技能的时间更短（Glaeser and Mare，2001），进而人力资本水平提升更快。在城市层面，当城市的劳动者密度增加一倍时，人均专利数量上升20%（Carlino et. al，2007），大城市中更多样的消费选择和适宜的居住环境，对高技能劳动力更有吸引力（Combes et al.，2008），劳动力或企业因而进一步向城市集聚。大城市会通过外部性、分享和匹配等机制提升高技能劳动力的工资，促进高技能劳动力将更多的家务活动外包（陆铭，2017）。

数据显示，规模越大的城市，越能够吸引外来人口，即城市的发展呈现"马太效应"。仍以北京为例，在北京市执行人口疏解政策之前，外来人口高达800多万，这一数据超过绝大多数城市的总人口数，可见，城市越大，越能够吸引人口。实际上，对于突破行政边界的大都市区而言，情形也同样如此，北京和天津显然会成为京津冀最重要的人口流入地。数据表明，2015年北京和天津两市常住非户籍人口数量分别为822.6万人和520.05万人。自2016年起，北京市开始实施人口疏解政策，采取产业引导等多种方式疏解人口，部分人口被疏解至河北等周边地区。北京疏解人口秉承了"人随产业走"的模式，其中，城六区人口的疏解，通过功能和产业的转移进行。因此北京疏解非首都功能、拆除城中村为控制常住人口起到了很大的作用。北京市常住人口2017和2018年连续两年下降，特别是2018年比2017年减少了16.5万人，约占北京常住人口的0.8%。根据《北京城市总体规划（2016年—2035年）》的要求，降低城六区人口规模，常住人口在2014年基础上每年降低2~3个百分点，争取到2020年下降约15个百分点，常住人口控制在1085万人左右，到2035年控制在1085万人以内。此外，规划

还明确，城六区以外平原地区的人口规模有减有增、增减挂钩，山区保持人口规模基本稳定。

三 北京行政副中心与北京核心区人口变化

（一）北京行政副中心的发展与人口疏解

改革开放四十年来，伴随着农村劳动力大规模进城，中国的城市化进程迅速加快。然而，随着城市规模的不断扩大，北京"单中心""同心圆"式向外扩展的城市空间布局越来越难以适应城市发展的要求。特大、超大城市已由过去的以向心集聚为主导动力的阶段转而进入以离心扩散为主导动力的发展阶段，伴随快速发展的城市化进程，大量外来人口涌入城市，原有的城市格局受到极大的影响，诸多城市的空间结构出现由单中心向两中心、多中心发展的态势（牛雄、林斌，2017）。为了疏解人口、发展区域经济，一些城市通过发展新区，转移行政中心等模式来重构城市的格局。以行政中心迁移为先导，引发城市基础设施、经济文化重心、人口重心的漂移成为当前我国城市发展阶段的特有现象。

中国是一个政府主导型的社会，因此，政府所制定的政策对于社会发展有着巨大的影响（李强，2007）。而城市的发展很大程度上需要依靠中央和地方政府的力量。基于政府政策的作用力，市场力和社会力会随着政府的力量跟进。2012年，在北京市第十一次党代会上，北京市委、市政府明确提出"聚焦通州战略，打造功能完备的城市副中心"，更加明确了通州的城市副中心定位，这也是北京市围绕中国特色世界城市目标，推动首都科学发展的一个重大战略决策。通州逐渐承接了北京市行政办公的功能，此外，还承接了中心城区溢出的功能，如教育、医疗，为中心城缓解压力做出贡献。人大附中、首师大附中、北理工附中、北京二中、景山学校等众多名校，北大人民医院、安贞医院、首都儿研所等医院，作为城市基础配套资源早已开始了东迁，通州区的道路也相应地做了改造和拓宽，以适应更多的人流和物流进入。2017年底，北京市委、市人大、市政府、市政协"四套班子"率先搬至通州，第二批搬迁单位为北京市纪委、市监察委、市高级人民法院、市人民检察院，这将带动至少40万人从城区向外疏解。2019年1月4日，《北京城市副中心控制性详细规划（街区层面）（2016~2035年）》正式发布。2019年1月11日，北京市级行政中心正式迁入北京城市副中心。

北京行政副中心的建设与发展显然将有效促进人口的疏解。一方面，行政机构的转移带动了相当一批行政工作人员从市中心向通州的转移。另一方面，行政工作人员在通州工作也会带动相关行业的发展，因为通州迎来的是一大批具有稳定收入的人员，他们必定会在通州消费，形成一定量的消费需求，从而推动需求端的发展。美国的经验表明，美国城市中每增加1个高技能岗位，就会增加5个消费型服务业的岗位，其中2个是医疗、艺术、法律等高技能劳动力从事的岗位，3个是餐饮、收银等低技能劳动力从事的岗位（Moretti，2012）。同样的，北京市级行政中心转移到通州，会带动相当一批人从城中心转型到通州，餐饮、购物、休闲等与工作生活密切相关的行业都需要有相应的配套，从而会形成相当一批就业需求。而教育和医疗资源的东迁同样也会带动一批人迁移，从而疏解了中心城区的人口压力。

（二）北京人口疏解与核心区人口变化

近些年来，北京市在疏解人口方面煞费苦心，除了功能和产业转移以外，一些政策中也具体体现了疏解人口的决心。北京积分落户政策中，有一条内容为，申请人居住地由城六区（东城区、西城区、朝阳区、海淀区、丰台区、石景山区）转移到该市其他行政区域的，每满1年加2分，最高加6分；申请人就业地和居住地均由城六区转移到该市其他行政区域的，每满1年加4分，最高加12分。这些加分项堪比市级以上的奖项加分，最高可与省部级奖项加分相提并论。可见，积分落户的政策中也充分体现了北京市疏解人口的导向。实际上，在北京市启动人口疏解规划的时候，就已经把通州、顺义、丰台等区域作为重要的人口转移目的地。

为了更好地实现人口疏解的目标，北京市政府还出台了推动教育、医疗资源由中心向外围转移的各项政策。例如，北京儿童医院在五环外建分院，中国人民大学在通州建校园等，以期带动更多的人口转移。此外，整治群租房和居民楼门脸房，以便外来人口更多地向外围区域转移。

北京市政府还通过清理集体户口的方式完成人口向外疏解的任务。集体户口是以单位为户头的一种特殊户口，职工户口通常都是先放在单位集体户口中，等自己购房之后再转移到个人户口下。长期以来，集体户口存在较大的冗余现象，即许多职工即使购房之后也没有及时把户口迁移出去。而作为核心区的北京东城和西城则进一步加大了清理集体户口的力度。此外，包括朝阳、海淀、丰台、石景山在内的城六区也对户口清理采取了不同的政策。

作为人口疏解的结果，城六区的人口比例有了明显下降，尤其是自2015年以来，城六区人口比例迅速下降（见图7）。

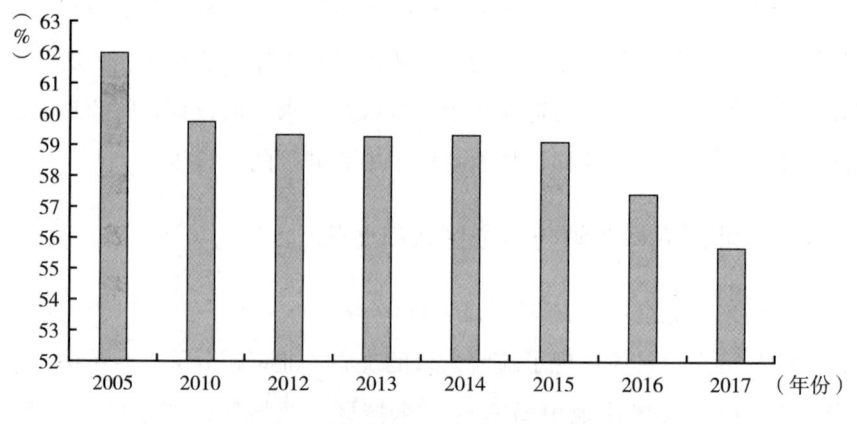

图7 北京城六区占全市人口的比例

数据来源：北京市区域统计年鉴2018。

与城六区人口比例明显下降形成鲜明对照的是，北京外围区域的人口增长迅速，尤其是通州区、顺义区、昌平区和大兴区。这些区域承接了城六区转移出来的人口，特别是昌平区，从2005年到2017年，人口增长了2.64倍，其次是大兴区，人口增长了1.99倍。在四大外围区域中，增长最少的顺义区，增长了1.59倍（见图8）。

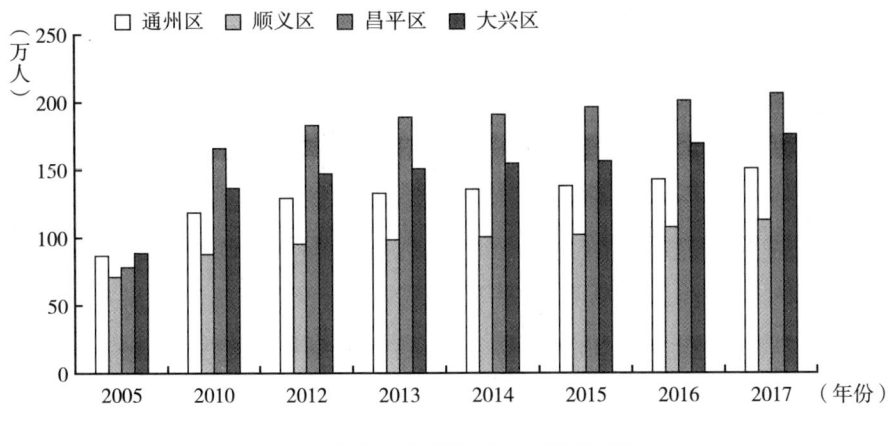

图 8　北京市外围区域人口增长趋势

由此可见，随着北京市人口疏解政策的落实，越来越多的人口从城六区向外围区域转移，从而有效地缓解了城六区人口过多的压力。实际上，对于北京、上海、广州和深圳这类一线城市而言，人口问题并非是总量问题，而是结构问题，即人口的空间分布严重失衡（王智勇，2019），突出地表现为中心城区人口过多，导致出现交通拥堵、教育和医疗等城市公共资源严重不足等诸多大城市问题。

虽然北京市组合采取了多种方式进行人口疏解，也确实取得了明显的成效，但如果结合北京市的就业、投资、公共服务等各领域的空间分布进行考虑，会发现人口疏解是一个长期持续的过程，并非短期内可以达到的目标。

从就业的角度来看，城六区仍然是北京市就业的主导区域，2017年城六区城镇就业单位年末就业人数占全市的73.6%。由于城六区聚集了大量的就业机会，而就业是民生之本，就业区域也就成为人们经常要去的区域。因此，尽管城六区以外的人口占全市总人口的44%以上，但由于城六区以外就业机会仅有26.4%，这意味着相当一部分城六区以外的人仍需要回到城六区去工作，从而导致突出的职住分离现象（见图9），造成了事实上的交通拥堵。从这个角度来看，要疏解人口，真正起到缓解交通拥堵的作用，必须把就业机会从城六区向外围疏解。因此，把北京行政副中心设在通州区，实质上是把相当一大批原属于城六区，甚至是核心区的就业机会向外围搬迁，从而起到真正的疏解人口和缓解交通压力的作用。建设通州城市副中心还将打造未来新型职住关系的样本。根据规划，通州要建立更良好的职住关系，到2035年达到职住平衡，基本实现在副中心工作、在副中心居住。鼓励功能兼容和复合利用，就近满足居民工作、居住、休闲等需要。

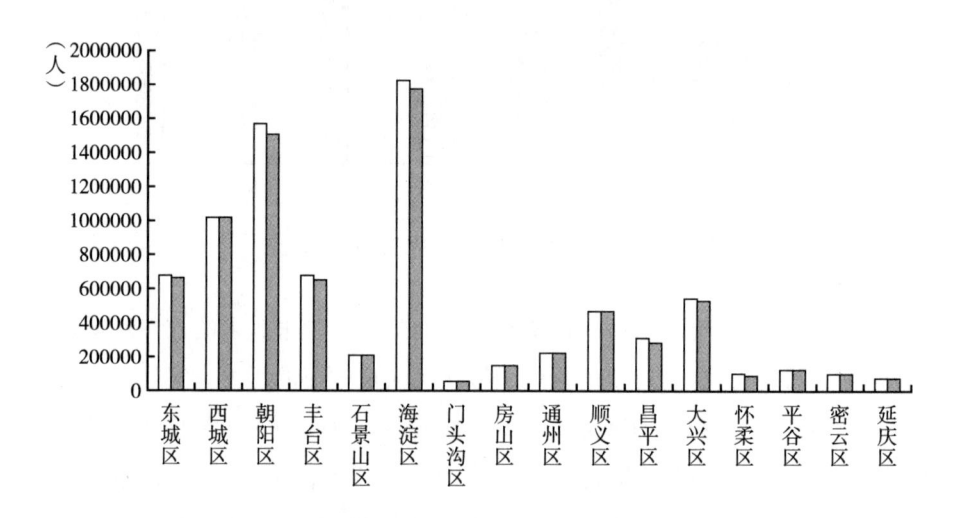

图9　北京市各区城镇就业人员年末人数对比

从一般公共预算支出中教育支出的角度来看，情形基本类似，即城六区集中了全市主要的教育资源（见图10）。正是教育资源的不均衡分布，导致许多家庭为了子女上学而选择从外围搬迁到城六区，也催生了学区房问题。而在雄安新区的规划中，明确指出，按照常住人口规模合理均衡配置教育资源，布局高质量的学前教育、义务教育、高中阶段教育，实现全覆盖。引进优质基础教育资源，创新办学模式，创建一批高水平的幼儿园、中小学校，培育建设一批国际学校、国际交流合作示范学校。这种新的教育资源空间配置模式有望根本改变中心城区人口过密导致的城市病问题。

另外，从市场的空间分布来看，北京市城六区也集中了全北京主要的消费市场，为了追求更高质量的消费，人们也需要从外围到城中心来（见图11）。

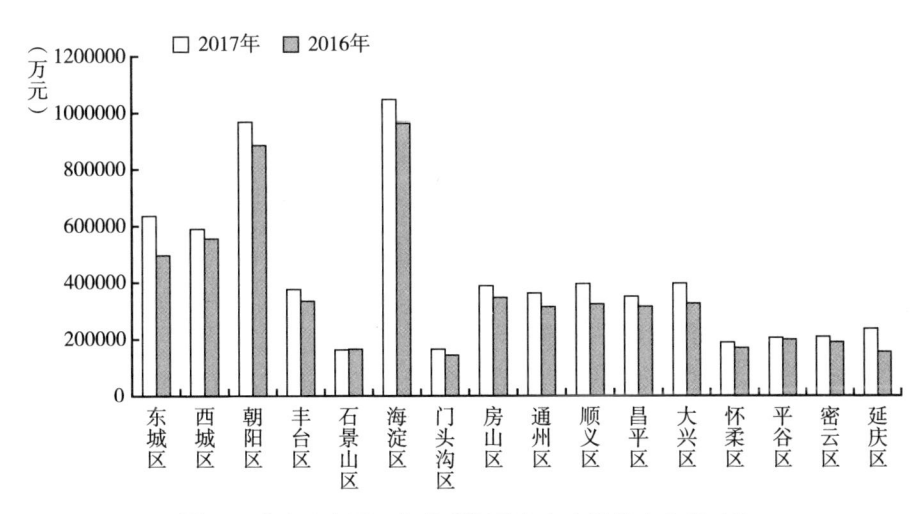

图10 北京市各区一般公共预算支出中的教育支出对比

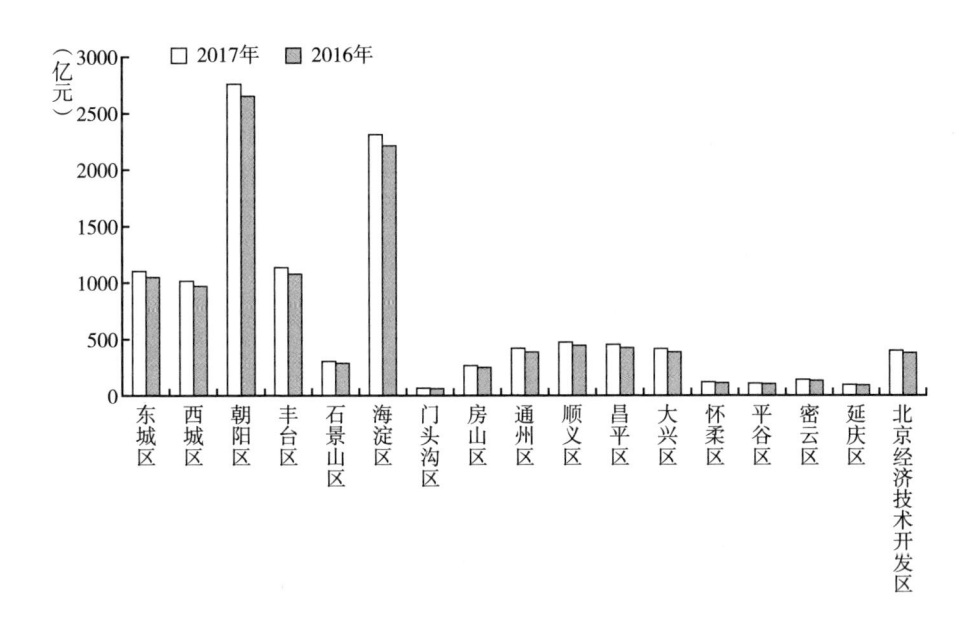

图11 北京市各区社会商品零售额对比

四　首都副中心与北京核心区人口变化

（一）首都副中心发展与北京人口疏解

在北京的发展过程中，人口的过度集聚日渐成为城市发展的绊脚石，尽管人口流入带来大量的劳动力和人才，推动了城市经济的发展，但由此导致的大城市病始终是北京进一步发展的掣肘。而解决中心城市人口过多的办法是人口疏解。结合国内外城市形态的演变，对北京而言，通过把一些城市职能分离出来，是疏解人口的重要方式。雄安新区的设立以及正在进行的通州城市副中心建设就是调整城市空间结构的重大举措。雄安新区作为北京非首都功能疏解的集中承载地，与北京城市副中心形成北京发展新的两翼，共同承担起解决北京"大城市病"的历史重任，有利于探索人口经济密集地区优化开发新模式，培育建设现代化经济体系的新引擎。

如前所述，由于北京城六区集聚了全市73%以上的就业机会，人口难以有效疏解到城六区以外，而且，即使人们居住在城六区以外，为了就业，每天依然需要到城六区工作，这种就业空间分布模式不改变，城六区的人口疏解就仍是一个长期需要解决的问题。通州城市副中心建设解决了北京市属机关单位就业往外迁移的问题，而雄安新区则致力于解决中央直属单位就业机会向外迁移的问题。正在建设中的雄安新区将承载北京的非首都功能，相当一部分并非必须设在北京城中心的机关单位将转移到雄安新区。《河北雄安新区规划纲要》明确指出，按照高质量发展的要求，紧紧围绕统筹推进"五位一体"总体布局和协调推进"四个全面"战略布局，着眼建设北京非首都功能疏解集中承载地，创造"雄安质量"，打造推动高质量发展的全国样板，建设现代化经济体系的新引擎。

根据规划纲要，雄安新区主要从几个方面来承接北京非首都功能。在高等学校和科研机构方面，将重点承接著名高校在新区设立分校、分院、研究生院等，承接国家重点实验室、工程研究中心等国家级科研院所、创新平台、创新中心。在医疗健康机构方面,重点承接高端医疗机构在雄安新区设立分院和研究中心,加强与国内知名医学研究机构合作。在金融机构方面,承接银行、保险、证券等金融机构总部及分支机构,鼓励金融骨干企业、分支机构开展金融创新业务。在高端服务业方面,重点承接软件和信息服务、设计、创意、咨询等领域的优势企业,以及现代物流、电子商务等企业总部。在高技术产业方面,重点承接新一代信息技术、生物医药和生命健康、节能环保、高端新材料等领域的央企以及创新型民营企业、高成长性科技企业。支持中关村科技园在雄安新区设立分园区。

可见,雄安新区的建设,不仅仅是简单地承载北京的非首都功能从而分流一部分人口,还通过新建一座具有引领意义的现代化大都市,在科技创新、生态保护、人居环境等各个方面都具有标杆特征的新型城市,吸引产业集聚,从而吸引更多的北京人口迁移,进一步缓解北京人口压力。

(二)北京核心区人口变化

北京核心区,即北京的东城区和西城区,其人口受到最为严格的控制,也采取了最为彻底的人口疏解政策,因而,从其人口占比来看,也同样呈现明显的下降趋势(见图12)。

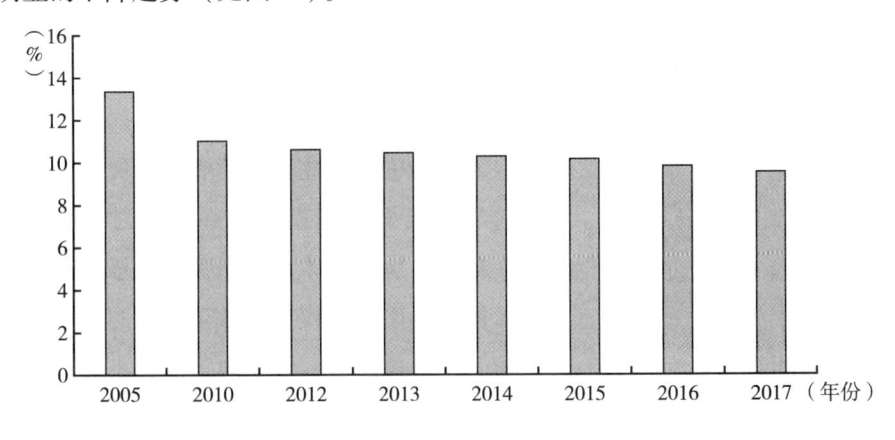

图12 北京核心区人口占比演变

与城六区人口变动有所不同的是，北京核心区人口占比的下降过程较为缓慢。数据显示，从2005年到2017年，北京城六区人口占比下降了6.3个百分点，而核心区仅下降了3.8个百分点。究其原因，与核心区集聚了大量的中央机关和中央直属单位、医院、学校有密切关系，因此，短期来看，这些就业和城市公共资源的集聚难以改变，导致核心区人口的疏解也就更为缓慢。

然而，从长期来看，随着北京行政副中心通州城市建设的推进，越来越多市直机关和市属单位迁移至通州，随着非首都功能区向雄安新区的转移，越来越多中直单位向雄安新区搬迁，北京核心区人口势必会有显著的下降。不仅如此，雄安新区除了承接非首都功能区以外，还将通过高质量的城市规划与建设，吸引北京人口流入。具体而言，要通过打造优质公共服务环境，率先建设一批高水平的幼儿园、中小学、医院等公共服务设施，提供租购并举的多元化住房保障，有效吸引北京人口转移。

近几年来，北京市固定资产投资的分布逐渐在向外围地区倾斜，城六区以外的区域固定资产投资占比已经超过一半（见图13）。投资通常会带来就业机会，因而，这也就意味着未来会有越来越多的就业机会分布于城六区以外，从而带动人口向外围区域转移，起到缓解交通拥堵的积极效应。

对雄安新区来说，规划建设从起步就是高标准高要求，国家把雄安新区定格为"千年大计，国家大事"，这意味着雄安新区的建设将引领中国的城市建设。特别是，雄安新区坚持以人民为中心、注重保障和改善民生，引入京津优质教育、医疗卫生、文化体育等资源，建设优质共享的公共服务设施，提升公共服务水平，构建多元化的住房保障体系，增强新区承载力、集聚力和吸引力，打造宜居宜业、可持续发展的现代化新城。

由此可以大致判断，对北京核心区人口而言，短期内可能并不会有本质变化，但长期势必会有显著的下降，特别是未来通州新城和雄安新区的建设完成，将对北京核心区人口形成强有力的吸引。

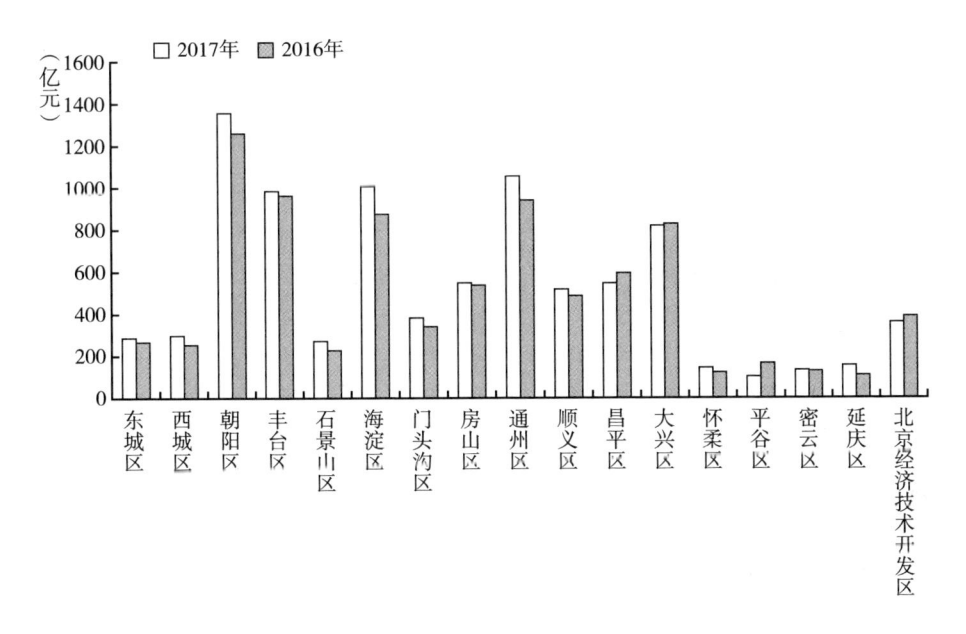

图13 北京市各区固定资产投资额对比

参考文献

[1] 曹传新:《国外大都市圈规划调控实践及空间发展趋势——对我国大都市圈发展规划的借鉴与启示》,《规划师》2002年第6期,第83~87页。

[2] 陈锐、宋吉涛:《世界城市:城市化进程的高端形态》,《中国科学院院刊》2010年第3期,第271~278页。

[3] 崔功豪:《都市区规划——地域空间规划的新趋势》,《国外城市规划》2001年第5期,第1页。

[4] 江艇、孙鲲鹏、聂辉华:《城市级别、全要素生产率和资源错配》,《管理世界》2018年第3期,第38~50页。

[5] 李强:《政策变量与中国社会分层结构的调整》,《河北学刊》2007年第5期,第46~51页。

[6] 牛雄、林斌:《城市中心漂移论与雄安新区》,《中国发展观察》2017年第8期,第24~25页。

[7] 刘爱华:《京津冀流动人口的空间集聚及其影响因素》,《人口与经济》2017年

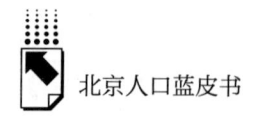

第 6 期，第 71～78 页。

[8] 陆铭：《城市、区域和国家发展——空间政治经济学的现在与未来》，《经济学》（季刊）2017 年第 4 期，第 1499～1532 页。

[9] 孟晓晨、马亮：《"都市区"概念辨析》，《城市发展研究》2010 年第 9 期，第 36～40 页。

[10] 宁晓刚、王浩、林祥国、曹银旋、杜军：《京津冀城市群 1990～2015 年城区时空扩展监测与分析》，《测绘学报》2018 年第 9 期，第 1207～1215 页。

[11] 邱凤霞、陈凤新、王小东：《京津冀区域产业结构趋同分析》，《特区经济》2009 年第 1 期，第 60～61 页。

[12] 孙久文：《京津冀协同发展 70 年的回顾与展望》，《区域经济评论》2019 年第 4 期，第 25～31 页。

[13] 唐路、薛德升、许学强：《1990 年代以来国内大都市区研究回顾与展望》，《城市规划》2006 年第 1 期，第 80～87 页。

[14] 王超深、靳来勇：《1990 年代以来我国大都市区空间规划研究综述》，《北京工业大学学报》（社会科学版）2018 年第 4 期，第 33～38 页。

[15] 王莹莹、童玉芬、刘爱华：《首都圈人口空间分布格局的形成：集聚力与离散力的"博弈"》，《人口学刊》2017 年第 4 期，第 5～16 页。

[16] 王智勇：《市场化、重工业化与"新东北现象"——基于东北 37 个地级市 1989～2012 年面板数据的分析》，《当代经济科学》2018 年第 5 期，第 90～102 页。

[17] 王智勇：《特大城市人口调控的再思考》，《北京工业大学学报》（社会科学版）2019 年第 2 期，第 25～35 页。

[18] 王智勇：《重工业化、城镇化与东北问题》，《社会科学辑刊》2018 年第 1 期，第 78～91 页。

[19] 谢守红：《都市区、都市圈和都市带的概念界定与比较分析》，《城市问题》2008 年第 6 期，第 19～23 页。

[20] 杨洁、王艳、刘晓：《京津冀区域产业协同发展路径探析》，《价值工程》2009 年第 4 期，第 35～38 页。

[21] 张车伟、王智勇、蔡翼飞：《中国特大城市的人口调控研究——以上海市为例》，《中国人口科学》2016 年第 2 期，第 2～11 页。

[22] 张欣炜、宁越敏：《中国大都市区的界定和发展研究——基于第六次人口普查数据的研究》，《地理科学》2015 年第 6 期，第 665～673 页。

[23] Carlino, G. A., "Manufacturing Agglomeration Economies as Returns to Scale: A Production Function Approach", *Papers in Regional Science*, 1982, 50 (1), pp. 95–108.

[24] Carlino Gerald A., Satyajit Chatterjee, and Robert M. Hunt, "Urban density and

the rate of invention", *Journal of Urban Economics*, 2007, 61 (3), pp. 389 – 419.
[25] Combes, P., G. Duranton, and L. Gobillon, "Spatial Wage Disparities: Sorting Matters", *Journal of Urban Economics*, 2008, 63, pp. 723 – 742.
[26] Glaeser, E. and Mare, D. C., "Cities and Skills." *Journal of Labor Economics*, 2001, 19 (2), pp. 16 – 342.
[27] Henderson, J. Vernon, "Efficiency of resource usage and city size," *Journal of Urban Economics*, Elsevier, vol. 19 (1), 1986, pp. 47 – 70, January.
[28] Fellmann J. D., *Human Geography: Landscapes of Human Activities*, McGraw-Hill Ryerson Higher Education, 2009.
[29] Jorge D. L. R., Puga D., "Learning by Working in Big Cities", *Review of Economic Studies*, 2017, 84 (1), pp. 106 – 142.
[30] Moretti, E., *The New Geography of Jobs*, Boston and New York: Houghton Mifflin Harcourt, 2012.

专题报告

Special Reports

B.6
北京人口变化与城市发展活力

张 燕 黄江松[*]

摘 要： 本报告从人口与首都城市发展活力的关系、首都人口规模、职业结构、年龄结构、教育结构等分析入手，探讨首都人口变化的特点和趋势，以及给城市发展活力带来的影响。从短期看，首都功能和产业政策调整所带来的人口结构变化，并未对首都经济社会产生不利影响；但从长期来看，要保持首都城市发展活力，还要继续加大人才引进的力度，突出企业的创新主体地位，营造良好的人才发展环境，构建共建共治共享社会治理格局，培育包容开放、守正创新的文化等，以积极应对老龄化社会的到来。

---

[*] 张燕，博士，首都社会经济发展研究所副研究员，研究方向：社会治理、城市管理；黄江松，博士，北京市委党校社会学教研部教授，研究方向：城市管理、社会治理。

关键词： 北京　城市发展　人口老龄化

北京市正处于人口无序涌入向人口有序流动、人口旧的平衡向新的平衡转换的过程。东京、巴黎、伦敦等世界城市发展表明，人口过度集中会引发地价飞涨、交通拥堵、环境污染等城市外部不经济，最终促使人口向首都圈城市群扩散，达到动态稳定状态。但这个过程如果没有政府引导，将是长期缓慢的，而政府引导并不意味着政府要取代市场，而是政府和市场协同发力，推动城市健康可持续发展，实现城市的生机活力。

一　什么是城市发展活力

（一）城市发展活力的内涵

城，所以盛民也（《说文解字》）；市，买卖之所也（《说文解字》和《康熙字典》）。城市发展活力是城市经济社会健康发展的外在表现。在经济发展上，能够实现多种产业支撑、创新驱动和可持续发展；在社会发展上，能够有效化解各种矛盾、回应各种利益诉求，社会纵向和横向流动顺畅等；在文化上，能够实现多元文化竞相争鸣，包容开放，城市精神面貌奋发向上。从城市系统与外部的联系来看，一个具有活力的城市应该是一个高度开放、广泛连通、要素密集流动、资源高效配置的城市（见表1）。

表1　城市发展活力的衡量指标

城市发展活力	衡量指标
经济发展活力	GDP增长率、企业总部数量、商业写字楼入住率、国际专利申请量、创新经济指数、世界一流大学和技术企业数量、航空旅客数量、酒店客房数量等
社会发展活力	社会组织数量、民众参与意愿和能力、国际组织总部数量等
文化发展活力	群众文化设施、博物馆、文艺活动、体育设施等数量

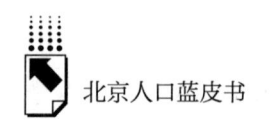

（二）城市发展活力的特点

城市是一个复杂的巨系统，它的活力表现在创新性、多样性和包容开放性。创新性是指城市的发展主要依靠科技、知识、文化、体制等创新要素驱动。多样性主要体现在城市的宜居宜业上，传统产业与现代产业相互耦合、分工协作，城市功能复合，安定有序，能够满足每个生活在其中的人的物质和精神需要。包容开放性是衡量一个城市文明度的重要标尺，每个进入城市生活的人是否能够融入当地文化，安居立业，获得深层次归属感、满足感。

（三）城市发展活力与人的关系

人是城市发展活力的源泉。城市发展活力归根到底是人的活力。一个有活力的城市，需要年轻化，人力资本丰富，充满创新、信任与合作精神的群体。而对于个体来说，一个有活力的城市应该能够激发其潜能、助其实现梦想、享受生命、获得安全感和幸福感。城市发展活力与人的活力相互依存，离开了人的活力，城市发展活力就成了无源之水、无本之木。维护和保持城市发展活力，关键是要充分激发人的活力。

二 北京人口变化

（一）人口规模

北京市人口总体呈递减趋势，2013年常住人口增长47.7万人，2014年增长37万人，2015年增长20.5万人，2016年锐减至2.4万人，2017年是北京市人口发展的一个转折点，常住人口和常住外来人口出现了双降。2018年，北京常住人口2154.2万人，比2017年进一步减少16.5万人，降幅0.8%。常住外来人口764.6万人，比上一年减少29.7万人，占比由2016年的37.2%，降到2018年的35.5%。常住外来人口的大幅减少是北京市人口减少的主要原因。户籍人口在2013~2016年稳定增长，平均每年增长18.6万人。但从2017年起，户籍人口增幅放缓，2017年和2018年，户籍人口平均每年增长13.3万人。

（二）职业结构

2018年，第一产业和第二次产业从业人口比2017年有所减少，其中第二产业从事采矿业、制造业及建筑业的就业人口占比分别下降0.1个、2个和1.5个百分点。从细分行业看，技术含量比较高的汽车制造业，计算机、通信和其他电子设备制造业及医药业从业人员最多，而传统制造业，如非金属矿物制成品、化学原料和化学制品制造业、农副食品加工业从业人员比上一年进一步减少。

第三产业就业人口分布不均衡。2018年，批发和零售业，交通运输、仓储和邮政业从业人员在继续减少，占比分别比2017年降低了2个、0.5个、0.1个百分点，信息传输、软件和信息技术服务业，金融业，社会保障和社会组织的从业人员占比分别比2017年提高1.3个、0.5个、0.4个百分点。增量超过全市增量的一半，说明新经济增速较快。教育、卫生和社会工作，以及文化、体育和娱乐业从业人员比例分别由2014年的4.2%、3.8%和3.5%，提升至2018年的5.5%、4.6%和3.7%。从细分行业看，人口变化与行业发展规律相适应，生态保护和环境治理、公共设施管理业、其他服务业从业人员增长较快。

（三）教育结构

新经济理论或内生增长理论认为人力资本是经济增长的主要源泉。从教育结构来看，2018年，北京市常住就业人口大专及以上受教育程度占比由2014年44.1%上升至2018年的54.1%，提高了10个百分点。外来就业人口文化水平提升速度更快，大专及以上的占比由2014年的31.5%上升至2018年的44.6%，提高了13.1个百分点。从行业看，绝大多数行业从业人员教育水平均有不同程度的提高，人力资本不断优化。

但同时也要看到，外来就业人口受教育程度低于全市就业人口的平均水平，受过大学专科及以上教育的外来就业人口比例低于全市就业人口9.46个百分点，初中及以下受教育程度的外来就业人口占比为35.01%，高于全市平均水平9.2个百分点。

（四）年龄结构

2018年末，北京市15~59岁（劳动年龄人口）常住人口为1562.8万人，比上一年减少了23.3万人，占比由2010年的82.7%，降到2018年的72.5%，回落达10个百分点。60岁及以上常住人口、65岁及以上常住人口占比分别为16.95%、11.2%，比2017年增加了0.4个和0.3个百分点。

常住外来人口也呈现老化趋势，平均年龄为34.5岁，与2011年相比，提高了3.2岁。65岁及以上外来人口的比例在提高，从2011年的1.8%提升至2018年的5.3%，而15~64岁的就业人口比例不断下降，其中15~19岁和20~24岁人口占比变化较大，分别从2011年的5.9%和18.4%降至2018年的2.7%和8.5%。2018年，全市常住外来人口平均来京年限为6.5年，其中38.1%的人口在京时间为5年及以上，较2017年减少了0.7个百分点，但在京时间10年及以上的外来人口为24.6%，却比2017年增加了0.15个百分点。

（五）人口分布

常住人口仍然集中在城六区，但是这一比重在逐年下降，从2011年的61.6%降至2018年的54.1%。常住外来人口呈现环心化分布，50.2%的常住外来人口居住在城市发展新区，且比例逐年上升。

中心城区产业密集、就业人口过度聚集情况仍然未呈现扭转之势。2017年，城六区规模以上企业的从业人口占全市比重为83.8%，比上一年提高了0.2个百分点；城市发展新区这一占比为13.7%，比上一年下降了0.1个百分点。

三 人口变化给城市发展活力带来的机遇

(一)为保护古都风貌、改善政务环境赢得机遇

产业和人口过度聚集,带来城市繁荣的同时,也带来了城市的负效应。以东城区平房区为例,居民居住条件窘迫,大部分院落沦为"大杂院",违法建设多;风貌保护问题突出,长期不合理占用的文物近224处,占总数的56%;低端业态聚集,生活设施和公共设施供给不足。北京市通过控制人口无序涌入,降低中心城区人口密度,为政务环境的提升、古都风貌的保护、城市品质和魅力的彰显,赢得时间和机遇。

(二)为推动企业技术改造和产业转型升级赢得机遇

北京市疏解整治促提升,没有给整体经济发展带来实质性负面影响,产业在不断升级。外来流动人口的减少,从短期来看,使北京市劳动密集型产业承受较大的下行压力,特别是住宿和餐饮业、卫生和社会工作、居民服务、维修和其他服务业的外来就业人口占比均超过行业从业人员的一半,受到较大冲击。但从长期来看,用工成本的上升推动劳动密集型企业外迁或者就地转型升级,进而促进产业结构优化和劳动生产率提升。

(三)为缓解资源环境压力、改善人居环境赢得机遇

北京是一个缺水型城市,人口无序涌入和低端产业肆意发展,给水安全和生态环境带来巨大压力。同时,北京处在快速城市化进程中,由于城市管理能力和水平没有及时跟上,商业网点和便民服务设施不规范、不完善,经营无序。短期内,疏解整治工作在一定程度上影响了老百姓生活的便利度,但随着空间腾退与优化提升相衔接,疏解腾退空间用于"留白增绿"、便民服务设施的优化布局和城市精细化管理等系统性政策措施的稳步实施,城市

资源配置得到优化，公共服务设施将更加完备，人居环境将进一步改善，群众获得感将进一步增强。

（四）为优化人口空间布局赢得机遇

自20世纪80年代以来，北京市城市规模不断扩大，在近郊区逐步形成多个人口聚居次中心，人口分布呈现明显的分散化和多中心化趋势，超过一半常住人口聚集在五环以外。与美国大城市人口郊区化、蛙跳式发展城市周边小城镇不同，北京市是一种摊大饼式蔓延。但北京市就业人口仍呈现向心化集聚的趋势。随着就业的向心化集聚，远郊区就业次中心的影响不断被弱化，造成城市空间结构多中心性降低。人口的分散化和就业的向心集聚，导致职住空间分布失衡，引发交通拥堵等城市问题，造成巨额经济损失，根据《2018年中国城市交通出行报告》统计，北京市人均交通拥堵成本约8400元。人口增长放缓和有序流动，为促进职住平衡赢得时间和机遇。

四 人口变化给城市发展活力带来的挑战

（一）老龄化有加速的风险

北京市常住人口的总抚养比持续上升，已从2010年的15.9%增长到2018年的27.75%。虽然北京市仍处在人口红利期，但是人口老龄化压力日渐增加。从长期看，来京工作的80后、90后大多为独生子女，其父母将会选择来京投靠子女，在接下来的10~20年，老龄人口机械增长的压力将继续加大。从空间分布上看，新中国成立初期来京工作者主要聚居在城六区，正逐步步入老年，这也会进一步加剧中心城区的人口老龄化问题。人口红利理论认为人口对经济增长具有重要作用，人口抚养比上升、劳动力短缺、劳动结构老化，以及社会保障负担加重等，会对经济增长产生负面影响。

（二）首都发展所需人才可能会短缺

从国际交往来看，根据国际大会与会议协会（ICCA）发布的2016年度全球国际会议的数据，北京在全球排名第22位，在亚洲落后于新加坡、东京、香港、首尔、台北和曼谷，位居第七。在接待入境游客方面，2018年北京为400.4万人次，仅为上海的一半。从创新资源、创新优势的聚集情况来看，北京市虽然在每万人拥有科技人员、人均受教育年限指标方面居于全国首位，但与纽约、伦敦和东京等世界大都市相比，在研发人才或者技能人才比例、人口平均受教育水平、非本地出生人口比例或者国际人口比例等方面依然存在一定差距。北京市外籍科技人才占北京市人才总量比重不足1%，国际顶尖人才仅为美国硅谷地区的三分之一，数量仍然比较匮乏，迫切需要找到引人才和控人口之间的平衡点。

（三）社会流动性将受到削弱

社会流动性可分为横向流动与纵向流动。横向流动也称水平流动，是指人们从处于同一水平线上的一种社会位置向另一种社会位置的流动；纵向流动也称上下流动，是指个人的地位向上或向下移动。社会的横向与纵向流动对于社会的活力和进步而言至关重要。十八届五中全会关于制定"十三五"规划的建议提出，要"优化人力资本配置，清除人才流动障碍，提高社会横向和纵向流动性"，要"按照人人参与、人人尽力、人人享有的要求，坚守底线、突出重点、完善制度、引导预期，注重机会公平，保障基本民生，实现全体人民共同迈入全面小康社会"。常住外来人口的减少，在一定程度上可能会削弱社会横向流动和纵向流动。

五　对策建议

（一）聚焦创新型人才、顶尖人才，加大引进服务保障力度

人才是城市发展的核心竞争力。要构建具有国际竞争力的人才制度体

系，一是要整合市级层面人社、科技、教育、公安等部门，制定针对创新型人才、国内外顶尖人才的支持政策，打造"一口受理、一站服务"。二是要尽快制定创新型人才、顶尖人才子女在京入学"租售同权"、享受优质教育资源政策。三是要放宽创新型人才、顶尖人才等在京购房资格条件，在高精尖企业聚集区和地铁站附近，建设更多的"人才公租房"。四是要制定创新型人才、国内外顶尖人才在京就医使用国际商业医疗保险结算制度。五是要支持企业成立海外和京外研发中心，就地开发人才资源为我所用。

（二）突出企业创新主体地位，激发人才创新创业活力

以优化营商环境为抓手，激发企业、人才的创新潜能，保持首都经济发展活力，一是要全面清理不利于民间投资准入的政策法规，建立全市统一的政策信息发布平台，统筹发布全市各部门、各区、开发区支持扶持企业的优惠政策，避免优惠政策多变，保持政策的长期性、连续性和稳定性。二是制定鼓励天使投资、风险投资等投向科创领域有竞争力的优惠政策，大力发展政府性融资担保机构，完善知识产权、技术专利等多种形式质押融资方式，引导民间资本向科创企业流动，扩大政府部门在科创领域产业引导基金的规模，提高对研发和高科技产业化无偿扶持资金的总额度，调整补贴政策，除了补贴固定资产购置等"硬成本"，还应补贴研发人员工资、房租等"软成本"。三是针对高精尖企业自建办公场所、租用办公用房，以及企业购车等方面出台区别性政策，企业购车可采取摇号和拍卖相结合的方式，以摇号为主体，以拍卖为补充。四是建立健全支持技术转化和商用化、中小企业技术改造、人才教育与技能培训等方面的配套政策。五是把优化营商环境作为政务公开、行风评议的重点，在全市试行民营企业测评政府部门服务企业工作。六是培育鼓励创新、宽容失败、允许试错、责任豁免的"容错"文化，发挥企业的创新主体作用，大力弘扬科学精神和企业家精神，激发企业家的创新意识，引导创新主体的价值取向，促使资本更加迅速地流向创新活动。

(三)营造良好的人才发展环境,释放人才红利

一是加大对人才评价、激励、流动和科研成果转化方面的扶持力度,鼓励事业单位科技人才在岗创业、停薪留职创业、兼职、到企业挂职等,鼓励多点执医、多点执教、多点从事科研活动,充分释放人才创新创业红利,松绑科研类差旅、会议、出国经费限制,不再简单比照行政机关和公务员管理要求。二是深入推动教育公平,探索创新分类考试、综合评价、多元录取的考试招生模式,构建普通教育、职业教育、继续教育相互衔接、认可多种学习成果的终身学习体系。三是促进就业公平,将反就业特权纳入反四风的大格局中,破除国有企业就业壁垒,治理近亲繁殖、萝卜招聘,破除就业过程中背景构成的隐形门槛。机关事业单位及国有企业招聘、选人、用人应当坚持以五湖四海为重要导向。

(四)树立积极的老龄观,充分发挥老年人在基层建设中的积极作用

老年人口是北京市的一笔巨大财富,很多老年人政治素养高、文化底子厚、工作阅历丰富,在家庭、社区和社会和谐发展中,发挥着稳定器的作用。保持城市发展活力,需要释放老年人口的活力,在保障老有所养、老有所依的同时,还要实现老有所为、老有所乐。发达国家的经验表明,虽然人均预期寿命没有显著延长,但是预期健康寿命却每隔10年增长1.4岁,年轻的退休老年人可以回归社会,继续发挥传帮带作用。一是要在全社会大力弘扬老有所为先进典型事迹,讲好"乐龄"故事。二是在基层社会、文化建设方面,根据老年人的兴趣、特长,设计开发适合老年人的工作岗位,如社区两新组织党建工作指导员、街巷管家、老北京城区旅游讲解员等。三是进一步扶持社区老年志愿者队伍,建立健全老年社区志愿者人身意外伤害保险制度,完善老年社区志愿者激励办法,进一步调动老年人参与公益事业和社区志愿活动的积极性。四是通过登记注册资金减免和政府购买服务等方式,大力培育社区各类老年社会组织,充分发挥老年人在化解社会矛盾、维护社会稳定中的经验和威望优势。

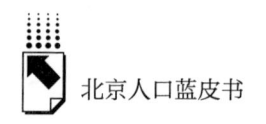

（五）大力推动京津冀地区养老基本服务均等化

单靠首都自身难以从根本上解决人口老龄化问题，必须站在京津冀城市群的高度，以城市群内人口的合理流动和分布，来化解局地的矛盾和问题。要推动京津冀养老服务业协同发展、三地合作，实现京津冀地区养老基本服务均等化。一是在社会保障、养老保险、救助补贴等方面做好政策衔接，从医保省际对接、税收优惠、财政体制、土地供给等方面加强与部委沟通，完善顶层设计，促进养老服务制度体系渐进融合和基本公共服务均等化发展。二是完善床位运营补贴、供养对象入住扶持及各类津贴、补贴、优待、关爱等福利政策，鼓励有实力的北京企业和社会组织通过技术手段，扶持河北周边养老机构提高服务质量，以吸引北京老年人入住。三是探索北京市企业和社会组织在津冀地区投资建设养老机构试点项目的扶持政策。四是建立市场化养老机构和养老政策发布网站，实现三地养老服务信息资源实时发布、同步共享、远程获取、公开公正。

（六）进一步打造党建引领、以社会组织为依托、人人参与、共建共治共享社会治理格局

城市发展是由社会各人群共同推动的。社会沟通、社会参与、互信合作是城市社会发展活力的基础。一是要推动社会管理资源下沉、力量下沉，赋予街道和社区居民属地规划、城市管理等参与权，进一步扩大社区议事协商范围，以民众需求为牵引，实行政府定制化、精细化服务，避免政策一刀切和拍脑门决策，在重大决策出台前，要广泛听取社会各个阶层的意见，广泛凝聚社会共识。二是要进一步鼓励城乡社区服务类、行业协会商会类、公益慈善类社会组织发展，激发社会组织活力，充分发挥社会组织在发现新增公共服务需求、促进供需衔接方面的积极作用，简化公益性捐赠税前扣除资格和非营利组织免税资格认定程序，切实落实社会组织税收减免政策。做实做强街道（乡镇）社区社会组织联合会，切实为社区各类社会组织提供资金、场地、能力建设等方面的专业支持。三是加强社区党建，以在职党员和党组

织到社区"双报到"、为社区居民办实事为契机,发挥党员的先锋模范作用,促进人员交流、资源整合、事务共理,引导、带领广大民众,形成人人参与、共建共治共享基层社会治理格局,为社区发展乃至城市发展注入活力。

(七)倡导培育包容开放、守正创新文化,推动文化大繁荣

文化能为经济社会发展注入灵魂,使经济社会发展有文化品位,体现对人的现实关怀。要积极倡导包容开放、守正创新文化。一是在舆论宣传上,积极评价外来人口的贡献和影响,坚决反对将"疏整促"的各项措施解读为限制、排斥外来人口,避免引发"地域之争",使每个进入首都生活的人都能够融入社会,安居立业,获得深层次归属感、满足感。二是在以社会主义核心价值观凝聚力量的同时,充分尊重不同地域文化特色、文化观念和文化习惯,兼容并蓄,通过文化节、文化展等平台为其提供展示舞台。三是处理好保护与利用的关系,以利用促保护,在保护中利用,挖掘和保护承载历史文脉的古建筑,探索政府、企业、市民身为使用者、受益者和保护者的有效保护机制,支持发展文物保护组织,调动民众参与积极性,恢复文物的固有文化功能,更好地延续文脉,彰显老北京特有的风采与魅力。四是整合街道层面的各类文化资源,建立资源共享平台,向广大社区居民开放,加大社区各类展览、活动组织力度,使各类文化设施更好地发挥功能。五是鼓励文化创新,以满足人民群众美好精神文化生活需求为导向,弘扬社会主义核心价值观,创新哲学社会科学,激励高质量文艺创作,大力发展基层文化事业,促进文化创意产业发展,营造生机勃勃、百花争艳的文化生态。

参考文献

[1] 北京市统计局、国家统计局北京调查总队:《北京统计年鉴(2016)》,中国统

计出版社，2016。

［2］北京市统计局、国家统计局北京调查总队：《北京统计年鉴（2017）》，中国统计出版社，2017。

［3］北京市统计局、国家统计局北京调查总队：《北京统计年鉴（2018）》，中国统计出版社，2018。

B.7 北京迁居人口社会再适应及其促进机制

——基于两个社区的案例研究*

营立成**

摘　要： 北京自古以来是政策性人口迁居频繁发生的城市，新中国成立以后，人民政府基于危旧房改造、棚户区改造、"村改居"推进城市化等进行过一系列政策性迁居安置工作，形成了一系列安置社区。本报告基于两个政策性迁居安置社区的研究表明，北京市内政策性迁居人口的社会再适应表现出复杂特点：在生计适应方面，呈现出食利化、低就业与内向化；在空间适应方面，居民们将原有的生活经验与习惯嵌入新的空间之中，因而表现出对新规则的不顺从；在关系适应方面，呈现出内卷化与"外斥化"；在文化适应方面，表现出身份认同的内在张力。基于此，应通过以能力建设应对身份焦虑，以机制创新化解空间矛盾，以增进共识缓和群体对立，以制度优化促进文化认同等手段促进政策性迁居人口再适应。

关键词： 政策性迁居　回迁社区　社会适应　促进机制

---

* 本报告为北京社科基金青年项目"空间-社会"有机更新视角下的北京老城棚户区改造研究（18SRC020）阶段性成果。
** 营立成，社会学博士，中共北京市委党校（北京行政学院）社会学教研部讲师，主要研究方向：空间理论、城市社会学、社区治理。

人口的居住迁移（residential mobility）既发生在地区之间，也发生在地区内部。西方早期文献通常将迁居看作居住消费空间调整过程，理解为"家庭与住房空间匹配过程"[1]，但事实上区域内的迁居行为至少包括两类：一种由个人或家庭的主观意愿决定，另一种则是由政策左右。随着北京城市的高速发展与大规模空间更新，政策性迁居的人口规模扩大，这些人口通常被安置在相对集中的小区居住，形成"回迁社区"。学者们认为，与商品房社区相比，回迁社区具有过渡性、异质性和不稳定性特点，因而其治理工作让政府面临更大压力和挑战[2]。在一定程度上，回迁社区的种种治理难题源于迁居人口在新的环境下的社会（再）适应问题。本报告将在梳理北京政策性迁居安置的实践机制的基础上，以两个回迁社区为例，重点分析北京政策性迁居人口社会再适应的现实状况与显著特点，并从制度设计层面展开某些促进性探索。

一 北京政策性迁居安置的实践机制

在中国古代，北京地区大规模政策性人口迁居多因军事政治原因。例如，1648年清军攻陷北京后为了加强控制，下令"凡汉官及商民人等尽徙南城居住"[3]，清廷为搬迁户提供一定补偿（每间房屋赔偿白银四两），内城则腾出来由八旗子弟居住。清廷的迁居政策改变了北京的人口结构，在相当长的一段时期内形成了民族区隔的人口格局。新中国成立以后，人民政府基于危旧房改造、棚户区改造、"村改居"推进城市化等进行过一系列政策性迁居安置工作。

（一）危旧改造与政策性迁居

20世纪50~70年代，北京陆续对虎坊桥、龙须沟、陶然亭、北营、金

---

[1] Brown, L. A., & Moore, E. G., "The Intra-urban Migration Process: A Perspective", *Geografiska Annaler*, 52 (1), 1970, pp. 1-13.
[2] 陈晓莉、白晨：《回迁安置社区社会管理创新的语境与思路》，《学习与实践》2012年第4期。
[3] 李文海主编《清史编年（第一卷）》，中国人民大学出版社，2000，第210页。

鱼池西里、青年湖、安化北里等地区进行了危房改造，建成了一些新社区，改善了居民生活条件，也涉及一些人员动迁安置。比如龙须沟改造拆除旧房3000多间，动迁人口1400多户[①]。但这一时期对危房的改造更多的是采取修补、建造简易楼乃至鼓励居民自行搭棚的形式[②]，涉及的迁居问题相对来说还不多。

改革开放以后，城市管理者日益认识到北京危旧房问题的严重性。据估计，20世纪90年代初，全市有202片危房需要重建，占全市住宅总面积的5.3%，容纳了全市人口的20%[③]。1990年4月，北京确定第一批危改项目，包括37片，涉及160万平方米的拆迁、530万平方米的建设。到1997年，在东城、西城、宣武、崇文四区立项164片，实际启动70片。大规模的危旧房改造势必涉及相当规模的人口迁居。以东城区为例，从1990年到1995年，共确立三期41片危改项目，涉及居民6.53万户，超过20万人[④]。对于被拆迁户，政府鼓励他们迁至新区而不是回购原来居住区的住房。1997年，市政府提出要四个主城区（东城、西城、宣武、崇文四区）在郊区适当地方开发一块规模较大、由各城区管理体制延伸的拆迁安置区，从而保障危房改造和新区开发相互促进[⑤]。在多种力量的作用下，最终仅有5%的拆迁户购买了重建后的住房，绝大多数选择了异地迁居[⑥]。

21世纪伊始，北京进一步加快了"危改"速度，提出了"五年改造危房300万平方米，到2005年基本完成城区现有危旧房改造"[⑦]的计划。

[①] 范耀邦：《探讨北京旧城危房改造的新途径》，《建筑学报》1985年第12期。
[②] 北京建设史书编辑委员会编辑部：《建国以来北京城市建设资料（内部资料）》（第五卷上册），1992，第56~57页。
[③] 薛凤旋、刘欣葵：《北京：从传统国都到中国式世界城市》，社会科学文献出版社，2014，第282页。
[④] 魏科：《北京危旧房改造的问题与建议——以东城区为例》，《北京城市规划》1997年第5期。
[⑤] 郁文：《北京探索解决城区危旧房改造拆迁房的新路子》，《城市规划通讯》1997年第2期。
[⑥] 薛凤旋、刘欣葵：《北京：从传统国都到中国式世界城市》，社会科学文献出版社，2014，第282页。
[⑦] 刘琪：《关于北京市国民经济和社会发展第十个五年计划纲要的报告》，《北京市人民政府公报》2001年第5期。

2000年全市拆除危旧房63万平方米，动迁人口2.5万户[1]，2001年危旧房拆除数量激增至263万平方米，其中危房114.2万平方米，动迁人口达到9.3万户[2]。2002年和2003年危改规模有所下降，但均超过了70万平方米，动迁人口均在5万户以上（5.5万户、5.2万户）[3]。2004年因危改动迁的人口规模进一步缩小，约为2.2万户[4]。从2000年到2004年，因危改政策性迁居的人口达到24.7万户，比1990年到1994年的8.28万户[5]多了两倍。

尽管20世纪末、21世纪初的危改政策以改善民生、提高城市建设水平为初衷，但产生了一系列非政策性后果，包括房价的飞涨、文保区的大规模破坏、规划的失灵及因拆迁带来的社会矛盾的激化等[6]，社会各界对危旧房改造政策进行了反思。2008年奥运会后，北京旧城改造的思路逐渐从立足城市开发和住房体制改革转为促进历史街区的保护，基于商业逻辑的"大拆大建"被叫停[7]。然而北京市仍然有大量危旧房改造尚未完成，更加强调保障性、政策性的"棚改"成为城市更新的新模式。

（二）棚户区改造与政策性迁居

北京的棚户区改造酝酿于2007年、2008年，正式启动于2009年。北京有关领导同志在考察了辽宁阜新、抚顺的棚户区之后，提出了对亟须改造的门头沟采空棚户区进行整体改造的方案。2009年4月15日，北京市委市政府提出了"三区三片"城市棚户区试点改造工作，即在门头沟采空区、

---

[1] 北京市地方志编纂委员会：《北京年鉴》（2001），北京年鉴出版社，2001，第281页。
[2] 北京市地方志编纂委员会：《北京年鉴》（2002），北京年鉴出版社，2002，第234页。
[3] 北京市地方志编纂委员会：《北京年鉴》（2003、2004），北京年鉴出版社，2003，第244页；2004，第207页。
[4] 北京市地方志编纂委员会：《北京年鉴》（2005），北京年鉴出版社，2005，第238页。
[5] 《关于北京市危旧房改造情况的补充报告》，转引自：魏科《1990-2004：北京两次大规模危改》，《北京规划建设》2005年第6期。
[6] 魏科：《1990-2004：北京两次大规模危改》，《北京规划建设》2005年第6期。
[7] 赵亮员、周晓春：《旧城区棚户区改造的案例和思考》，载于李伟东主编《北京社会发展报告（2016~2017）》，社会科学文献出版社，2017，第196~216页。

丰台南苑、通州老城（包括上营、西海子、南大街三个片区）开展城市棚户区试点改造①。改造工程要在3年时间里落实安置房350万平方米、安置居民5万余户②。"三区三片"试点工作被认为是北京棚户区改造的开端。

2011年1月，北京依据住建部的《关于推进城市和国有工矿棚户区改造工作的指导意见》的精神，制定了《北京市加快城市和国有工矿棚户区改造工作实施方案》，进一步将5个国有工矿棚户区纳入改造项目，总占地面积近200万平方米，涉及居民2.15万户③，北京棚户区改造形成了"五区八片"的格局。

2013年，国务院出台了《关于加快棚户区改造工作的意见》，要求在做好城市棚户区、国有工矿、国有林区、国有垦区棚户区等国有土地上的棚改工作外，"逐步将其他棚户区、城中村改造，统一纳入城市棚户区改造范围"，集体土地棚户区进入棚改范畴。根据这一政策，北京对房山地区三个集体土地棚户区进行改造，涉及居民1万户。在2013年的政府工作报告中，北京又明确了"在棚户区改造难度最大的中心城区推进棚户区改造工作的任务和要求"，将108个项目列为中心城区棚改和环境整治项目。2014年又提出将在京央企棚户区纳入改造范畴，由此形成了城市棚户区、集体土地棚户区、国有工矿棚户区、央企棚户区四类改造类型，涉及的政策性人口迁居规模"5年15万户"。④

尽管棚改工作从郊区的矿区开始，但随着北京城市发展理念的转变，棚户区改造被赋予了"疏解整治促提升""控制建设规模和人口规模"等功能，中心城区的棚改成为重中之重。从2015年到2018年，北京棚户区改造

---

① 周泉：《北京市棚户区改造工作回顾和思考》，《中国建筑报》2016年6月23日。
② 《北京市人民政府办公厅关于印发北京市加快城市和国有工矿棚户区改造工作实施方案的通知》，京政办发〔2011〕1号。
③ 《北京市人民政府办公厅关于印发北京市加快城市和国有工矿棚户区改造工作实施方案的通知》，京政办发〔2011〕1号。
④ 周泉：《北京市棚户区改造工作回顾和思考》，《中国建筑报》2016年6月23日。

动迁户数达到15.19万户,其中涉及中心城区12.5万户,占总户数的82.3%[1]。按照文件精神,棚改中需要迁居的居民可以选择本地回迁、异地搬迁、货币补偿等多种方案,在实践中选择本地回迁的数量较多。例如,2016年启动的望坛棚改区涉及迁居居民5700余户,其中4263户选择回迁,外迁的仅1595户,占28%左右[2]。不过由于人口疏解的要求,中心城区棚户区改造正在探索异地安置补偿激励、定向安置等多种政策方案,异地迁居的情况可能成为更加重要的选项。

(三)"村改居"与政策性迁居

如果说"危改"和"棚改"主要是针对建成空间的更新,"村改居"等政策则是面向非建成区/半建成区的建设。作为超大型都市和伟大祖国的首都,北京的城市建设速度一直位居全国前列。从2000年到2012年,北京城镇建设用地从490平方千米增加到1445平方千米,增长了1.95倍[3]。随着北京城市规模的不断扩大,大量原本属于城乡结合部的地区被纳入城市开发地块,"村民"被转变为"居民",人们的居住形式、职业结构、社会交往乃至生活方式都会因此发生变化,尤其是21世纪以来,为了更好地服务城市建设发展的需要,大量整村改居的情况出现。

从2009年开始,北京启动了大规模的城乡结合部改造计划,进一步推动了"村转居"式的政策性迁居。北京的"城乡结合部"主要分布于朝阳、海淀、丰台、石景山四区与大兴、通州、顺义、昌平、房山、门头沟六区交界的地区,涉及77个街道乡镇和1600多个村(社区)。对这一区域进行整治的原因是,该区域涌入巨量流动人口,形成了大量无序蔓延的"城中村"[4]。让

---

[1] 参见历年北京市棚户区改造和环境整治任务数据。
[2] 参见《一家五口蜗居北京望坛15平小屋,棚改喜迁87平三居》,《新京报》2018年12月18日。
[3] 屈益挺、孟丹、李小娟:《北京市城市扩张及其对城市增温效应的影响》,《首都师范大学学报》2017年第2期。
[4] 冯晓英:《论北京"城中村"改造——兼述流动人口聚居区合作治理》,《人口研究》2010年第6期。

这些"城中村"实现完全"城市化",消除城乡差别是改造计划的目标。

改造计划包括两种模式:第一种是"北坞模式",主要是采用就地城市化模式,按照"宅基地腾退上楼、地上物腾退补偿"和"先建后拆"的原则,统一规划、统一建设、统一搬迁,将"村"转化为"社区"。作为北坞模式的开创者,位于海淀区四季青镇的北坞村从2009年整体转居,在四季青镇的统筹安排下,建成了拥有43栋住宅的北坞嘉园,全村1550户(3600人)实现迁居。第二种是"大望京模式",其特点是异地搬迁、定向安置。开创这一模式的朝阳区大望京村1692户(2998人)居民大部分被定向安置在位于朝阳区崔各庄的南皋组团项目,促其实现真正意义上的城市化[1]。

以"北坞模式"和"大望京模式"为蓝本,2010年启动了50个重点村改造工程,这50个重点村分布在海淀(8个)、朝阳(9个)、丰台(8个)、石景山(3个)、昌平(7个)、大兴(8个)、通州(4个)、房山(1个)、顺义(2个)9个区,拆迁改造涉及户籍人口21.4万人,影响流动人口超过100万人。到2012年,50个重点村拆迁工作基本完成,拆除总面积达到2530万平方米[2]。在所有拆迁中,2/3的村庄是在原村域回迁,还有1/3异地搬迁[3]。不论是搬迁还是回迁,村民的居住空间都发生了显著改变,在村集体土地被整体征用后,村民转为居民,撤销村委会,设立社区居委会,形成"村转居"社区。

值得注意的是,尽管在理论上危改、棚改侧重城市更新,而"村转居"侧重城市扩建,但在实践中区分得并没有那么清楚。例如,丰台区纪家庙村属于集体土地所有制的乡村地块,本身也位于城乡结合部地区,是典型的"城中村",在拆迁安置时则作为2013年棚户区改造与环境整治项目计划。可见,在北京拆迁改造的政策实践中,项目类型更多是作为一种"工具箱"

---

[1] 冯晓英:《论北京"城中村"改造——兼述流动人口聚居区合作治理》,《人口研究》2010年第6期。
[2] 《北京50个重点村完成旧村拆除户籍人口将属京户》,《北京晚报》2012年3月3日。
[3] 《北京年内将搬迁改造50个重点村2/3原村回迁》,《新京报》2010年4月2日。

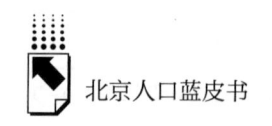

(Toolbox)，城市管理者依据实际工作中的改造需求对这些项目类型进行操演性使用，从而达到理想的实践效果。

二 政策性迁居人口社会再适应的现状特点

从前述讨论可以看出，北京七十年的发展历程涉及复杂的政策性迁居，数以百万计的北京本地居民因为政策性原因或改变了居住地点，或改变了居住形式，这些改变优化了居民的生活环境，改善了生活质量，但也产生了一系列的问题，社会再适应便是其中一个重要的问题。适应（adaptation）是社会成员对变化了的政治经济或文化环境做出的反应[①]，空间的变迁是诱发"社会再适应"的重要机制。为了厘清北京政策性迁居人口社会再适应的具体情况，本节基于两个具有典型代表性的案例社区——LX社区和SJ社区的经验研究，从生计适应、空间适应、关系适应、文化适应四个维度展开讨论。

（一）两个案例社区简介

本研究选择的两个案例社区分别代表域内政策性迁居的两种类型：LX地区位于顺义区W街道，其户籍人口均由R镇五个村动迁居民组成，属于异地搬迁迁居类型；SJ地区位于海淀区S街道，其常住人口中一部分为商品房购置户，另一部分则是由该地区拆迁改造后的居民就地安置组成，属于就地安置迁居类型。笔者在2016~2018年对这两个地区的回迁居民进行了调查，调研的方式包括问卷调查、座谈、半结构式访谈等。LX地区问卷调查样本为187人，SJ地区调查样本200人。

1. 异地搬迁式迁居：LX地区

位于顺义区W街道的LX地区占地面积40余万平方米，拥有住宅楼90栋，住户有5212户、12006人。从2007年到2010年，顺义区R镇五个村

---

① Goldscheider G. *Urban migrants in developing nations*, Westview Press, 1983: 01.

（J村、Y村、W村、D村、M村）陆续进行了拆迁，涉及群众8000余人。为了统筹安排动迁群众，顺义区按照"三定三限三结合"①的原则，于2010年在拆迁区域的西南部建设了包括三个片区（二区、三区、四区）的定向安置房，对拆迁居民进行了集中定向安置，原有的五个村虚化（但班子尚未撤销）。2017年W街道为了加强对LX的管理，建立了三个居委会——LX二区居委会、LX三区居委会、LX四区居委会。尽管拆迁工作已经过去10年，但目前村居之间还处于整合阶段。

2. 就地安置式迁居：SJ地区

位于海淀区S街道的SJ地区占地面积达到252万平方米，建有10片居住小区，其中集中进行回迁安置的有两片——C园、Y园，其余为商品房。21世纪初，海淀区政府对位于北三环与北四环之间的一片以危房旧房、蔬菜瓜果种植为主的区域进行更新建设，在有关部门的支持下，负责建设的J集团分三期投入130亿元巨资对这一区域进行了大规模开发，对于区域内原有居民采取就地安置方式，安置采用货币化补偿和房屋面积补偿两种形式。这些迁居人口中有一部分是以蔬菜种植为业的农民，也有一些是城市上班族。

2006年前后，开发建设和动迁安置工作基本结束，S街道在整个SJ地区设置居委会进行管理，CY社区居委会主要管理回迁安置区，辖区面积0.196平方公里，共2304户、6000余人。尽管回迁安置工作早已结束，但围绕回迁问题展开的讨论、纠纷乃至诉讼一直是SJ地区的重要议题之一。

（二）生计适应：食利化、低就业与内向化

就业与生计上的适应是最基础的社会再适应维度，政策性迁居安置可能会改变迁居者原有的生计模式，需要他们以新的方式来生存发展。关于这一方面，2010年零点公司在有关部门的委托下对"大望京村"（著名的城中村）拆迁安置后的情况做过系统调查分析。结果表明，拆迁安置一方面改

---

① 三定：定性、定量、定向；三限：限户、限价、限交易；三结合：定向安置与征地拆迁相结合、销售价格与征地补偿及产权制度改革相结合、定向安置政策与农村拆迁安置政策相结合。

变了他们的生计模式，但同时使得他们的资产得到巨大增值。就前者来说，拆迁前73%的村民有房屋出租，每户出租房的总建筑面积平均为252.4平方米，拆迁后村民不得不另择他业，尽管在村镇的安排下村民拥有固定职业的比例从5.7%提高到30.3%，但仍有54.6%的村民认为就业前景不很乐观。就后者来说，在拆迁中选择货币补偿的最高补偿达到1200万元，在扣除购房款后，每户平均拿到了近80万元的现金补偿；选择定向安置补偿的平均每户获得回迁房2.28套，平均面积达到187平方米①。

但是，大望京村的调查是拆迁安置完成后不久展开的，迁居对生计影响的持续效应没有被很好地揭示出来。我们在LX和SJ对回迁户的调查显示，在完成拆迁安置后相当一段时间内，政策性迁居人员呈现出食利化、低就业和职业内向化三个方面特点，研究表明此类群体在绝对财富层面生计适应良好，但更多依靠非后致性因素取得。

第一是食利化。按照马克思的经典界定，食利阶层是那些靠着利息、房租等非劳动手段取得收入的群体。虽然许多城中村、棚户区的业主在拆迁前可能就已经是靠收房租生活的食利阶层（如大望京村村民），但LX和SJ两地居民在迁居前却没有这样的条件。R镇的五个村原本属于比较偏远的农村地区，农业收入、外出务工构成了人们迁居前的主要收入来源，SJ地区虽然离繁华的中关村不远，但彼时（21世纪初）租房需求还远没有现在这么旺盛。迁居之后，房子成为迁居者们最重要的资源。LX的居民在本小区内平均拥有住房2.4套，随着这一地区逐渐成为顺义新城的核心地带，住房价值攀升，租房成为居民的重要收入来源。根据统计，目前LX二区、三区、四区共有流动人口3072人，占到户籍人口的三分之一，83%被调查的户籍人口表示有出租住房方面的收入。从出租形式上看多为整租，两居室住房出租价格约3000~4000元。SJ地区的回迁户居住资源也比较丰富，根据对197名当地居民的调查，该地区居民拆迁后获得的居住面积和拆迁款可购得

---

① 北京零点指标信息咨询有限责任公司：《大望京村城乡一体化建设调查报告》，2010年12月。

的居住面积之和达到200.78平方米,考虑到回迁房面积基本上在100平方米以内,这意味着一个回迁家庭在本地区平均有两套住房。与地处郊区的LX地区不同,SJ地区周边教育资源、就业资源极为丰富,租房价格很高,单间出租价格达到2000~3000元。在我们调查的回迁户中,36%的表示正在出租或曾经出租。为了获得更高利益,一些回迁户甚至另择价格便宜之处购房,将SJ地区的住房完全用于出租。

第二是低就业。由于有较为稳定的房租收入,且目前回迁户人口中中老年比例较高,迁居群体拥有固定职业者比例不高。对LX地区的调查发现,有稳定收入工作的仅占23.9%,适龄劳动力(18~59岁)有稳定收入的也只占32.7%。对SJ地区的调查则显示,回迁户适龄劳动力的就业率显著低于本地区的商品房住户(70%)、租房户(87.5%),为60%。此外,在这些实现了就业的群体中,还有相当一部分(LX为15%,SJ为7.1%)是临时就业或兼职人员。

第三是职业内向化。对于那些实现了就业的迁居群体来说,就业的内向化也比较突出。这就是说,回迁人员似乎更倾向于在社区内部就业而不是到更为广阔的市场中去。LX地区的被访者中从事社会组织及公益性工作的占到23.1%,SJ地区的比例更达到42.9%。通过访谈了解到,高比例的"社会组织及公益性工作"从业有几种情况:第一种情况是在居委会承担一些工作,SJ地区的居干工作人员中,来自回迁户的比例较高,因为他们对该地区比较熟悉,同时也乐于担任此类工作;第二种情况是从事社区内的园林绿化、维修维护、保安保洁等方面的工作,这种情况在LX地区比较多,这类工作主要是街道或居委会安排的;第三种情况是在当地一些社会组织工作,但名义上是社会组织,实际上还是服务于社区。可见,社区不仅成为迁居群体的居住空间,也成为他们的生计空间。

由于有租房收入托底,加上街道、社区等在各类社会保障方面予以支持,尽管迁居群体就业率不高,但生活状况还是不错的。有的还通过房产交易积累了大量资产,实现了社会阶层的跃迁。但总体上,这些成绩更多还是通过拆迁本身积累的资本实现的,通过自身后天努力实现的"后致性"成

就不多，这也影响到他们对自身经济地位的认知。以 SJ 地区为例，在问及自己的经济水平在社会中所处的位置时，37.5% 的认为是中下等，25% 的认为是下等。这就是说，SJ 地区的回迁居民中超过 60% 认为自己的经济地位是较低的，尽管根据调查他们 2017 年的平均收入达到 89285.7 元，远高于同年全市人均可支配收入（57230 元）。

（三）空间适应：迁居易、从矩难

不论是什么样的迁居都涉及空间组织形式的变迁。LX 地区回迁群体在迁居前的居住地是乡村样态，SJ 地区则以老旧楼房、平房为主，迁居以后居住环境美观了、基础设施完善了，但也对居民们的行为提出了更多约束。从调查的结果看，尽管已经过去十余年时间，但居民们并未按照管理者所期望的那样使用空间，而是将原有的生活经验与习惯嵌入新的空间之中。

方便导向的空间使用逻辑在这类社区的居民生活中占据重要位置。对于居民们来说，一些空间设置如果不能方便生活则可能"遭殃"。LX 的门禁事件是一个典型的例子。LX 的三个居住区原则上都是封闭式小区，在小区建成之初没有安装门禁设施。2017 年 LX 三个居住区居委会成立后，为了提高小区的安全性，在小区的出入口都安装了门禁，居民们通过刷卡进入。但令人意想不到的是，门禁安装后不久就遭到了破坏。究竟是谁破坏的门禁早已无从查找，但小区门禁也的确给居民们带来了一些不便：我们在与居委会干部的访谈中了解到，由于社区内缺乏活动场地，居民们经常到小区外面健身，但许多居民经常忘带卡，门禁处还常常没有人值班（因为小区居民常年拖欠物业费），给出入带来了很多麻烦。直到我们调研结束（2018 年 6 月），该小区还没有重新安装门禁。

基于方便导向的空间逻辑，公共空间的无序化成为管理者们头疼的问题。首先表现在楼道垃圾清理方面。在屋外堆积杂物是一些回迁居民的生活习惯，这不仅导致楼道空间秩序混乱，还可能引发消防事故，LX 居委会多次要求居民配合清理。这一工作推动了很长时间但始终成效不大，直到该社区发生了一起火灾事故才让人们稍有警醒。但当我们向居民询问"对于居委会和街道共同进行的楼道清理工作"的看法时，完全赞同的仅54.5%，在反对的声音中，多数居民认为"尽管这样挺好，但不太习惯"（占总人数的33%）。SJ的回迁社区也面临同样的问题，因为小区内部的脏乱差，该地区租房和二手房价格都要比商品房小区的便宜不少。其次是对公共活动空间的无序使用。LX的居民善于利用空间来满足娱乐需求，人们利用公共空间聊天、打麻将、下象棋、唱歌，这一方面丰富了人们的娱乐生活，但另一方面也会影响其他居民休息，出现垃圾遍地、不文明现象（如光膀子）较多等情况。为了引导居民有序使用活动空间，居委会在街道的支持下建立了规模可观的公共活动中心，但由于种种因素，公共活动中心至今门可罗雀。

居民们喜欢按照自身方便的逻辑使用空间，对居委会/街道的管理不太关心，对市场化的管理模式更是不买账。SJ地区回迁安置房小区自建成就开始推进物业管理，但效果不太好。调查显示，直到现在仍然有18.2%的回迁户不交物业费，缴费金额平均每个月152元，而商品房住户每个月缴纳292元。更重要的是，回迁户居民对物业意见非常大，70.37%的回迁户对物业很不满意或不太满意，相对应的商品房小区的物业满意率为60.63%。LX地区则更加极端，小区建成后曾有三年由地方政府帮助居民购买物业服务的缓冲期，缓冲期结束后居民始终缺乏缴费意愿，物业服务质量也每况愈下，经历了近10年，今天物业公司也没能从居民手中收到物业费，W街道不得不年年托底。

可以看出，迁居群体不愿意依照既有规则来对新的空间关系加以适应，而更希望依照自己的生活逻辑来对空间加以重组利用，这种重组往往与治理的逻辑相冲突，从而诱发了一系列的冲突矛盾。

（四）关系适应：内卷化与"外斥化"

与跨地域的迁移不同，域内政策性迁居人口常常呈现出群体迁移特点，往往会保留一定规模的社会关系，这赋予了他们在新的空间背景下展开社会交往的复杂特点：一方面继续加强与原有社会网络的交往，另一方面对其他群体（比如购房者、租房者）似乎更加排斥。

我们通过调查发现，不论是LX还是SJ的政策性迁居群体与邻里关系的亲密程度都比较高。在问及与邻居之间关系的熟悉程度时，LX的受访者中31.3%选择了"很熟悉"，57.8%选择了"比较熟悉"，两者之和达到89.2%。82.4%的被访者认为回迁小区的矛盾要比商品房小区小。实际上，LX社区中的人们在公共空间中的肆意交往互动虽然有的不太符合管理者的规范，却很生动地反映了居民们关系的密切程度。SJ的回迁户受访者中认为邻里之间很熟悉的有52.73%，相比较而言，购房者邻里之间很熟悉的仅占32.81%。可以说，单纯从关系适应的绝对程度上看，域内政策性迁居群体处于比较良好的水平。

但前述关系主要是"强关系"，这些关系的建立依赖于社会成员之间高频率的接触和互动。除此之外，我们还有必要考察他们的"弱关系"情况如何，特别是与其他居住群体之间的关系如何。我们在SJ调查了购房群体、租房群体和回迁户群体手机中本社区联系人的数量，发现购房群体平均17.81个，租房群体24.97个，而回迁群体仅为12.83个。我们还进一步考察了回迁户对租房户、购房户群体在"同住一个小区""共享小区公共资源""共同参加社区活动""共同参加小区管理事务""成为朋友"五个方面的态度。结果如表1所示。

表1 回迁户对租房户和购房户的交往排斥

单位：%

对象	交往	愿意	不愿意
与购房户	同住一个小区	10.90	39.10
与租房户		27.30	34.10
与购房户	共享小区公共资源	8.70	50
与租房户		20.50	38.60
与购房户	共同参加社区活动	8.70	56.50
与租房户		15.90	45.50
与购房户	共同参加小区管理事务	13	52.20
与租房户		18.20	43.20
与购房户	成为朋友	8.70	58.70
与租房户		15.50	45.50

数据来源：根据SJ社区问卷调查获得。

从分析结果可以看出，回迁户与租房户和购房户的交往意愿都很低，不交往意愿则比较高，这说明他们对外部群体有比较强烈的排斥情绪，表现在现实生活中，就是不同居住群体彼此之间的敌意与冲突。

（五）文化适应：身份认同的内在张力

心理或文化层面的适应是社会再适应的较高层面，这一适应至少包含两个身份认同维度：第一个维度是对作为社区成员这一身份的认同度；第二个则是对更为广泛意义上的城市市民这一身份的认同度。通过调查表明，域内迁居群体在这两种认同上存在一定的张力：LX 的受访者表现出很明显的高社区认同与低城市认同，而 SJ 的受访者既表现出较高的社区认同，也对其他居住群体表现出较强的疏离感。

LX 的迁居人员以前均为村民，而且是异地搬迁，但经过长达十年的磨合后，大部分居民对本社区已经积累了比较深厚的感情。当我们询问"对于新社区的归属感"时，65.4% 的被访者选择"有强烈归属感"，还有 20.5% 的认为"有一定归属感，但不如原村"，选择"没有归属感"的只占 2.6%，选择"说不好"的占 11.5%。居民对社区归属感的一个重要表现是对社区事务的积极参与，从调查来看，52.3% 的被访者参与过社区事务讨论、42.5% 的被访者参与过社区投票、72.7% 的被访者参与过社区志愿活动，这些都说明社区成员的参与是比较积极的。

与较高的社区归属感不同的是，LX 迁居人员的市民身份认同相对较弱。当被问及认为自己属于城市人还是农村人时，32.6% 选择了"城市人"，22% 选择了"农村人"，还有 22.1% 选择了"处于两者边缘"，23.3% 选择"说不清"。可见，相当一部分居民在"乡村"和"城市"两个身份标签之间徘徊不定，出现角色认同的模糊化。

SL 的回迁人员比较复杂，相当部分本身就是城市户籍，对他们来说不存在"城市人"还是"农村人"的困境。与 LX 一样，SL 的回迁户社区归属感比其他几类居住群体强。我们询问了租房户、商品房住户和回迁户"如何理解小区的定位"，并给出了"工作之余的休息场所""价值巨大的商

品房区""业主共享的公共空间""家园边界的自然延伸"四个选项，回迁户中有46%选择了"家园边界的自然延伸"，远高于商品房住户的32.52%和租房户的11.76%。但正如上文谈到的，回迁户群体对其他居住群体表现出很低的交往意愿和较高的隔离意愿（见表1），这说明他们没有将其他群体也放在"市民"的身份框架中加以把握。

三 促进政策性迁居人口社会再适应的对策建议

从上文的讨论中可以看出，北京市内政策性迁居群体的社会再适应不能简单用"适应"还是"不适应"来回答，而是具有高度复杂性。在生计、空间、关系和文化心理等方面，他们都在某一些维度上适应良好，而在另一些维度上存在不足。进一步观察其存在不足的社会再适应维度可以发现，制度设计中存在针对性不足、优化不到位等问题，不同群体的利益格局日益复杂以及迁居群体自身能力的短板是主要原因。从这些角度出发做出有效的制度设计，才能够更好地促进政策性迁居群体实现社会再适应，真正实现其对美好生活的向往。

（一）以能力建设应对身份焦虑

在生计适应方面，政策性迁居人口对"政策红利"（如住房资源、职业介绍等）比较依赖，这既是其适应新生活的重要策略，同时也可能形成路径依赖，表现在实际生活中，就是食利化比例较大、固定职业比例相对较低，固定职业的获得更多依赖政府支持。在比较纯粹的"村转居"社区中（比如在LX地区），这种情况似乎更加突出，即使在完成迁居后很多年的今天，这种生计模式依然延续了下来。正是因为这种情况，社会舆论对部分拆迁群体有污名倾向，比如"拆二代"成为人们热衷讨论的负面形象，在调查中也发现一些政策性迁居人员也有某种自我否定的情绪。更为重要的是，一旦政策性迁居群体将"政策红利"看作主要的生活机会来源，随着时间的推移，政策红利势必逐渐消失，这容易激发这一群体的相对剥夺感和不公正感。事实表明，让政策性迁居人口从"拆迁户""拆二代"这样带有一定负面倾向的身份中走出来，而不是简单地为他们提供一份工作，我们在迁居性社区建设中必须充分考虑，其问题的关键还是在迁居群体的能力建设方面。

在一般意义上，政策性迁居群体的能力建设至少涉及三个层面：意愿、禀赋与资源。在意愿层面上，并不是所有的迁居人员都愿意提升自我、外出工作。调查显示，尽管LX地区的就业率不高，但参加过社区组织的就业培训的仅占18.8%，这既有该地区就业培训组织不够到位、有效性不够强的原因，也与迁居人员参与意愿较低有关系。实事求是地说，要人为推动这一群体提升能力和就业意愿很难通过一两次宣传达到良好的效果，在做相关工作时必须注意时机与策略。首先是时机，随着迁居时间的延长，虽然有一部分迁居群体通过住房投资等形式获得了较高收入，但大部分人会进入收入增长瓶颈期，与地区内的其他居住群体（如购房户和部分租房户）相比出现差距，此时他们会有比较强烈的改变现状的意愿，这是需要抓住的时机。其次是策略，街道、社区在做此类工作时常常从完成区域内就业指标角度出发，容易诱发逆反心理，不利于工作的有效推进，还是要立足迁居群体自身做工作，更有助于其能力提升与就业愿意的进一步增强。

在禀赋层面上，主要是通过链接教育资源提升个人人力资本，增强其利用已有资源实现自我提升的能力，尤其要注重创业能力的提升。既有研究已经表明，拆迁事件虽然不会直接影响创业倾向，但起到正向调节作用。[1] 零点公司在"大望京村"拆迁的调查中也发现，21%的迁居人员希望"自我创业"，这在各种就业意向中是最高的。[2] 迁居群体因为政策性原因通常有一定的资本积累，这些积累对于创业无疑是重要的，但创业的成功还需要更多个人禀赋。这方面的政策支持主要包括自我效能提升和知识信息支持两个维度。在自我效能提升维度上，主要是帮助他们克服一些心理障碍，优化创

---

[1] 林嵩、刘青、李培馨：《拆迁事件会提升农民的创业倾向吗？——基于289个样本的实证研究》，《管理评论》2016年第12期。

[2] 北京零点指标信息咨询有限责任公司：《大望京村城乡一体化建设调查报告》，2010年12月。

业环境；在知识信息支持维度上，主要是通过创业课程来进行政策解读、领域性知识提升和专业技能培训，这一工作仅仅由社区来做是不够的，关键还是要链接更多有效的外部资源。

在资源层面上，主要是向迁居群体提供就业创业信息、链接就业创业资源、提供拓展自身资源的平台。一些街道、社区驻区单位资源非常丰富，可充分将这些资源利用起来，引导企业与迁居人员形成良性互动。对于可用资源不多的区域来说（特别是城郊地区），则需要将"引进来"和"走出去"结合起来，避免过度依赖社区内部就业。

（二）以机制创新化解空间矛盾

迁居群体按照自己的生活经验将新的居住空间"再组织化"，形成了独特的"回迁社区"空间生态，也给这类社区的治理带来了难题。面对这一问题，尤其要避免用一套简单的"素质"话语来加以概括，把一切问题归咎于迁居群体的素质问题，姑且不论这一归因的正确性，对于解决问题也没有帮助。更可取的做法是通过制度的创新帮助迁居群体建立符合他们生活期望的空间秩序规则，以从根本上克服各类空间矛盾。

首先，要形成符合公众需求的空间营造制度。迁居群体对于公共空间的依赖程度和利用程度较高，虽然容易产生一些问题，但这意味着他们有更强的公共参与潜力，但这种潜力被激发的关键在于真正针对公共需求进行设计。LX地区的调查显示居民们最需要的公共服务里面，选择"休闲设施供给"的达到59.6%，但与此同时，使用了社区休闲设施的比例仅为43.8%。一方面是高需求度，一方面是低参与率，问题的关键在于居民需要的是可以下棋打牌、聊天健身的场所，社区却建设了书画、茶艺、图书馆、消防安全教育等功能的空间场所，居民们要实现自己的休闲目标，只好占据那些原本用于其他功能的空间场所了。因此，决不能简单用"高雅与否"决定空间营造的方向，更关键的是居民真实的需求点。因此，在空间营造的过程中，居民的广泛参与就变得至关重要。

其次，要努力以自治促自管，提升居民维护社区秩序的主动性。回迁小区的脏乱差一直为人们诟病，小区内的门禁问题、停车问题常常不能妥善处理。这背后反映的问题是社区成员没有把自己当作社区主体，积极参与到小区的建设中。然而在前述讨论中已经指出，回迁社区的居民对社区归属感、认同感其实要比商品房小区居民来得高，更高于社区内的租房者，这就是说他们更有条件被组织和动员起来去提升社区环境和品质。之所以更有利的条件却没有产生良性结果，固然跟迁居居民原有的生活习惯有关，但更重要的是居民没有建立起真正的自治感，一些迁居者把社区环境治理理解为有关部门需要完成的任务，甚至还会以配合与不配合为条件与街道、社区进行博弈。[1] 所以，破解问题的关键还是要居民觉得自己能决定小区的一些事情，而不是被动的服从者。

最后，要以居民的组织性为抓手，形成更符合回迁社区特点的物业治理机制。由于市场化的原则在很多回迁社区中没有形成共识（在老旧小区中问题同样如此），近年来推动的物业市场化改革在此类社区中问题颇多，居民与物业之间的矛盾频发，而且双方都认为是利益受损群体，基层政府只好无限托底，防止各类事件的发生。实际上，只有把居民组织起来形成一个共同体去直面市场主体，决定物业公司的入驻资质，监督物业的作为，并为物业服务付费才能解决问题。这种形式的居民组织如何实现，始终是一个难题。一些老旧小区曾尝试通过建立停车自管会，并以此为主体进行市场招标决定停车管理企业及其价格，取得了一定效果，这种模式可以在回迁社区中推行。

（三）以增进共识缓和群体对立

政策性迁居群体在关系适应方面面临着与其他居住群体的彼此排斥与冲突，这一情况尤其在回迁户、商品房住户混杂的地区比较严重。为什么不同居住群体之间会有如此强烈的相互排斥情绪，这背后既有认知方面的原因，

---

[1] 例如，LX 地区居民相当一部分尚未获得住房产权证，当居委会要对楼道垃圾进行清理时，一些居民就以夺下"房本"为条件来"要挟"居委会。但实际上居委会并不能决定房本的问题，于是居民和社区就这样围绕垃圾清理问题多次拉锯。

也有切实的利益之争。例如在 SJ 地区，回迁户既不满于商品房住户"入侵"了他们世代居住的家园，也对管理者/物业将更好的服务、更多的保障提供给了商品房住户颇有微词；相对应的，商品房住户一方面将回迁户看作"不劳而获"者，在心理上矮化他们，另一方面对于回迁户与他们享受同样的公共服务资源而感到不满。在这种情况下，心理上的区隔可能最终形成物理上的区隔，并撕裂社会群体之间的和谐态势。[①] 促进不同居住群体之间的互动交往、增加群体之间的共识成为一个非常紧迫的问题。

一是促进彼此之间的交流与理解。回迁户呈现出较高的内部交往倾向和较低的外部交往倾向，这在促进回迁户内部关系熟悉化的同时，也在更大范围内造成了社区的陌生化和割裂化。这就需要基层管理者构建一些适合不同居住群体共同参与的社区活动，促进社区成员之间的互动和交流。从实践看，有两类活动在促进社区成员交流中发挥了比较好的作用，一是亲子类活动，通过孩子的社区参与将家长们"拉"在一起实现交流；二是兴趣类活动，尤其是一些针对性比较强的文化体育类活动能够把"粉丝"们联系起来。这些活动的出发点，是要让人们淡化关于居住群体的角色体验，强化容易产生共识的其他角色。此外，推动回迁户与其他居住群体公同参与和解决公共事务，一起讨论人们关心的社区问题，也是加深沟通、增进共识的渠道。

二是在社会管理中必须坚持公平公正的基本原则，不能有所偏颇。居住群体围绕公共服务之间的利益冲突有的可以通过一些制度性手段缓和，还有的则很难从根本上解决。管理者要注意的是，不能在已经出现种种问题的基础上再添加新问题、造就新矛盾。例如，有社区在没有充分征求居民意见的情况下利用靠近回迁户住宅的空间修建停车设施，而停车设施的使用者多为商品房住户；还有社区在营造公共空间时更多考虑购房者的需求，不太考虑对回迁户或租房户的影响，这类可能在一般社区引发"邻避运动"的事件，

[①] 陈光裕、徐琴：《租、住区隔：城市中的二元社区及其生成——以产权为视角的个案研究》，《学海》2014 年第 6 期。

在回迁户和购房户彼此存在对立情绪的条件下就更容易诱发冲突了。

必须强调的是，随着中国社会经济的发展，空间区隔在一定范围内出现并不奇怪，管理者既要避免强行融合的过激政策，也不能过分退缩，任由不同居住群体间的区隔不断扩大，而要从实际情况出发，以较为稳妥的形式化解不同居住群体之间的矛盾，促成群体间的共识、共情、共感。

（四）以制度优化促进文化认同

在文化心理层面上，政策性迁居群体尤其是"乡—城"转化的迁居群体表现出较慢的城市文化适应过程。LX地区的居民有相当一部分在迁居10年后依然认为自己是"村民"。导致这一问题的原因是多维的。一方面，实实在在的利益问题影响了居民的"市民化"心理转变。我们询问了居民不愿意把户口从原村迁往W街道的原因，53%的居民是因为住房产权证没有落实，迁户口缺乏安全感；34.2%的居民是因为原有集体土地还有收益。这表明新的居住条件无法给予原有环境所具备的制度性保障，这会降低人们的心理认同感。另一方面，也与长期以来政策施为中无意间营造的"市民文化"与"乡民文化"的对立有关。由管理者主导的"市民文化"对居住者提出了一系列要求但后者难以实现，因而许多住户感到自己不是"合格"的市民，并逐渐认同了这一观点。这两方面问题的解决，都有赖制度保障的进一步优化。

一方面，要针对迁居群体关心的切身利益问题做出有效的制度调适，确保不同居住空间保障的有效衔接。对于LX的居民来说，房产证问题是根本性的利益问题，因为回迁房只有有了房产证，才能够上市交易。但自迁居到LX至今10年，大部分居民仍然没有房产证，这让大家有一种"受骗了"的感觉。很大程度上讲，房产证问题是LX居民各种情绪、各种矛盾的主要原因。此外，原有集体土地收益也没有以比较合理的方式完成结算，以至于一拖再拖。这些因素都让迁居居民不得不依然与原来的生活空间保持着剪不断、理还乱的关系，始终不能完全形成市民身份认同。因此，管理者只有把这些居民极为关心的利益问题解决了，才能为他们的"市民化"提供一个

基本保障。

另一方面，则要优化治理模式，淡化社区中的"乡—城"文化对立。LX社区的管理者对居民们基于乡土社会传统的一些生活习惯与娱乐方式不尽认可，如居民们下棋打牌被贴上了不雅的标签，书法、画画则被认为是"文明"的。管理者还通过"文明社区建设"等形式帮助居民"移风易俗"。但实际上恰恰是这些"移风易俗"强化了居民们对所谓"市民"标准的排斥，反而阻碍了其文化认同的形成。因此，在开展此类社区治理中要注意处理这类敏感情绪的手段，充分鼓励居民们的传统文化，营造社区新文化，积极促进居民们的认同转化。

四　结语

随着城市更新与城市建设的不断展开，域内政策性迁居现象在包括北京在内的中国城市中正变得日益普遍。这些因为政策性原因失去了原有家园进行迁居的群体可能被异地安置，也可能就地回迁，但居住的空间组织形式一定发生了变化。对于他们来说，新的环境要如何适应？这是我们试图讨论的主要问题。本研究以两个政策性迁居的居住空间为例，从生计适应、空间适应、关系适应和文化适应四个方面探讨了北京政策性迁居人口再适应的主要特点。在生计适应方面，此类群体绝对财富数量不低但比较依赖政策因素带来的红利，在此之外的经济成就不高，因而容易产生较低的自我经济地位评价。在空间适应方面，他们能够从自己的需要出发对新的空间加以建构，但这种建构常常与管理者所期望的制度性设置产生冲突。在关系适应方面，他们一方面继续保持着良好的邻里关系，另一方面在处理新接触的弱关系时则持排斥、抵触心态。在文化适应方面，他们对自我社区身份认同较强，但对更为广泛的市民身份认同则比较模糊或淡漠。由此，我们提出了以能力建设应对身份焦虑、以机制创新化解空间矛盾、以增进共识缓和群体对立、以制度优化促进文化认同的四方面适应促进策略。

要强调的是，作为社会迅猛变迁过程的产物，大量政策性迁居群体面临的最重要的适应还是"接纳自我"与"接纳他人"的问题。"接纳自我"意味着对"拆迁户"这一身份理性看待,既不为其迷失,也不为其焦虑,继续平和生活;"接纳他人"意味着与其他社会成员之间逐渐"去隔离化",强化"市民"身份,淡化居住群体差异。要实现上述目标,不仅需要迁居者自身持续的努力,还需要社会管理者的大力支持,这些努力和支持都将变成中国更高水平的城镇化发展之动力,从而推动"人的城镇化"之最终实现。

B.8
北京市养老服务供给现状分析
——兼论三类养老服务组织的比较

张精桥 马小红*

摘 要： 本报告通过分析《2016年北京市居家养老相关服务设施摸底普查》数据，简述了北京市养老服务设施的服务供给情况，并进一步对三类养老服务组织进行比较，研究发现：公办养老机构成立时间早、规模大、盈亏状况也比较乐观，服务的老人数量不多；养老社会服务机构在数量上占据绝对优势，服务的老人数量多，但规模普遍较小、经营状况不佳；养老服务企业成立较晚、规模较小，发展差距较大。在文献整理和数据分析的基础上，本报告提出，北京市养老服务组织体系应该积极引入社会资本，由三类养老服务组织共同承担、合理分工、优势互补，发挥各自特色，促进养老服务社会化发展。

关键词： 养老服务供给 养老服务组织 公办养老机构 养老服务企业

---

* 张精桥，中共北京市委党校社会学教研部，硕士研究生，主要研究方向：人口流动，老龄化；马小红，博士，中共北京市委党校（北京行政学院）北京市市情研究中心，主任，研究方向：人口与社会发展，北京人口问题。

引 言

我国从2000年步入老龄化国家行列以来，人口老龄化程度逐年加剧，北京市的老龄化程度更是位居全国前列。截至2018年末，北京市常住人口中65岁及以上的老年人有241.4万人，占总人口的11.2%[①]。户籍人口的老龄化更为严重，至2017年底北京市65岁及以上户籍老年人有223万人，占户籍总人口的16.4%[②]。此外，老龄化的加剧还表现为高龄老人、空巢老人和失能老人不断增多等。

老龄化步伐的加快，对养老服务供给的数量、内容和质量等方面都提出了挑战。面对不断扩大的养老服务供给需求，对北京市养老服务的供给情况进行梳理十分必要。本报告利用北京市民政局2016~2017年居家养老服务设施普查成果，对北京市相关养老服务设施的情况进行描述，在此基础上，进一步分析比较三类养老服务组织。

一 北京市养老服务供给的基本情况

本部分使用2016~2017年进行的北京市居家养老相关服务设施摸底普查的相关数据和总结成果，相关部分详情可见《北京市居家养老设施状况分析》一书。该普查的重点是摸清街道乡镇和社区层面现有的养老设施底数，以及现有设施的服务功能和利用状况。因此，本次普查基本涵盖了北京市所有的街道乡镇、社区和小区，共获得了北京市330个街道（乡镇）、6789个社区（居委会和村委会）以及16515个小区的数据。

[①] 本数据来源于北京市统计局、国家统计局北京调查总队2019年3月20日发布的《北京市2017年国民经济和社会发展统计公报》。

[②] 本数据来源于北京市统计局、国家统计局北京调查总队2018年发布的《北京统计年鉴（2018）》。

(一)养老设施的规模和分布

调查显示,北京市共4104处养老相关服务设施,包括街道(乡镇)层级495处和社区所属设施3609处。设施数量最多的是海淀、房山和朝阳三区,三个区养老助残设施占到了全市总量的1/3以上,养老助残设施最少的是石景山区,街道乡镇和社区合计共有51处养老助残设施,只占全市总量的1.2%(见表1)。

从城市功能分区来看,四大功能区的养老相关设施覆盖情况差异较大,拥有设施的街道乡镇比例和平均每个街道乡镇设施的数量从首都功能核心区到生态涵养区依次递减,拥有设施的社区比例和平均每个社区拥有的设施数量也呈现类似的变化,但生态涵养区高于城市发展新区(见表1)。

表1 北京市养老服务设施分布情况

单位:处,%

区域	设施总量	街道乡镇层面			社区层面		
		数量	具有设施的街道乡镇比例	平均每个街道乡镇设施数量	数量	具有设施的社区比例	平均每个社区设施数量
首都核心功能区	487	93	93.8	2.91	394	67.4	0.89
东城	142	34	88.2	2.00	108	50.3	0.59
西城	345	59	100.0	3.93	286	79.5	1.10
城市功能拓展区	1335	196	76.2	1.94	1139	46.7	0.68
朝阳	452	94	79.1	2.19	358	46.6	0.68
海淀	545	41	71.4	1.46	504	54.5	0.79
丰台	287	48	71.4	2.29	239	44.0	0.64
石景山	51	13	88.9	1.44	38	20.1	0.26
城市发展新区	1277	148	65.8	1.33	1129	31.2	0.39
通州	107	12	60.0	0.80	95	15.1	0.16
顺义	285	20	56.0	0.80	265	44.3	0.50
大兴	282	50	77.3	2.27	232	26.6	0.34
昌平	128	17	52.4	0.81	111	16.4	0.22
房山	475	49	78.8	1.75	426	54.0	0.73
生态涵养区	1005	58	47.7	0.67	947	42.6	0.54
门头沟	184	7	46.2	0.54	177	44.0	0.59
怀柔	149	9	35.3	0.53	140	38.1	0.44

续表

区域	设施总量	街道乡镇层面			社区层面		
		数量	具有设施的街道乡镇比例	平均每个街道乡镇设施数量	数量	具有设施的社区比例	平均每个社区设施数量
平谷	266	15	77.8	0.83	251	59.2	0.82
密云	280	16	30.0	0.81	264	50.1	0.64
延庆	126	11	50.0	0.61	115	25.8	0.27
合计	4104	495	67.0	1.50	3609	40.4	0.53

资料来源：北京市2016~2017年居家养老服务设施普查，若无特别说明，下同。

从街道乡镇层面来看，养老相关设施在各区的覆盖面差异很大，西城区的每一个街道都有自己的养老助残服务设施；东城、朝阳、海淀、丰台、石景山、大兴和平谷有超过70%的街道乡镇都有养老助残服务设施，而密云、怀柔、门头沟不足50%的街道乡镇有养老助残服务设施。在数量方面，东城、西城、朝阳、丰台和大兴平均每个街道乡镇设施数超过2个，其中西城近4个，这可能跟城区经济比较发达、养老助残设施建设起步比较早、各类设施均比较完善有关。而通州、顺义、昌平、门头沟、怀柔、平谷、密云和延庆各区不超过1个。

从社区层面来看，养老助残设施在社区层面的覆盖比例为40%，即有60%的社区没有任何养老相关设施。覆盖比例最高的是西城区（79.5%），其次是平谷、海淀、房山、东城和密云几个区，均超过50%，比例较低的是通州、昌平、石景山和大兴区，均未超过三成，甚至通州仅为15%。从数量来看，仅西城区达到平均每个社区有1个养老相关服务设施的水准。

（二）养老设施的服务供给情况

从服务项目来看，可以发现在这些设施中，具备文体娱乐功能的设施最多，占到全部养老助残设施的3/4，这说明北京市老年人对文体娱乐的需求较高，而街道社区层面所提供的这方面服务也是最多的，这也是比较容易实现和达到的功能；其次是具备法律援助、心理慰藉、健康指导和陪伴聊天功能的设施比例也较高，均超过30%。如果把文体娱乐、法律援助、心理慰藉、健康指导和陪伴聊天看作"软服务"的话，那么日间照料、康复护理、陪伴就医、现场就餐和上门送餐、家政服务和代购代买等，在居家养老层面就属于满足老年人基本生活需求的"硬服务"，在这方面提供日间照料服务的设施有1054处，占比最高，为29.4%，其他各项占比多为10%~20%。很明显，在这些设施中，提供"软服务"的比例比提供"硬服务"的比例要高得多（见表2）。然而，居住在家的老年人更需要的是"硬服务"，因为"软服务"并不能提供居家老人的基本生活需求服务。

实际上不同类型设施所提供的服务内容会有一定的差异，然而那些设施比较完善或服务条件比较好的设施所能提供的服务内容也会比较多；相反，能够提供服务的项目少或服务内容比较单一的设施，往往也是服务条件比较差、服务人员相对不足的设施。在3569处有效应答的设施中，在给定的19项服务功能里，有11.6%的养老助残设施无任何一项服务功能（见表2），即它们给老年人提供不了任何服务。在这些设施中，只能够提供一项服务的占全部设施的四分之一；能够提供两项服务的占全部设施的13.6%。这样看来，北京市全部街道乡镇和社区层面的养老助残设施中超过50%只能提供不超过两项的服务。随着服务项数的增加，设施数也迅速减少。能够提供10项以上服务的设施占全部设施的不到十分之一。

表2 北京市养老服务设施服务项目

单位：处，%

提供服务项目情况			提供服务数量情况		
服务项目	提供服务设施数	比例	服务项数	设施数量	比例
日间照料	1054	29.4	0	414	11.6
短期托养	315	8.8	1	916	25.7
长期托养	268	7.5	2	486	13.6
现场就餐	705	19.6	3	357	10.0
上门送餐	391	10.9	4	270	7.6
现场助浴	315	8.8	5	210	5.9
上门助浴	157	4.4	6	168	4.7
法律援助	1431	39.9	7	161	4.5
心理慰藉	1314	36.7	8	110	3.1

续表

服务项目	提供服务项目情况		提供服务数量情况		
	提供服务设施数	比例	服务项数	设施数量	比例
文体娱乐	2707	75.4	9	62	1.7
康复护理	694	19.4	10	63	1.8
辅具租赁	552	15.4	11	63	1.8
家政服务	346	9.7	12	63	1.8
代购代买	395	11.0	13	27	0.8
代收快递	507	14.1	14	43	1.2
陪伴聊天	1117	31.2	15	41	1.1
陪伴就医	501	14.0	16	36	1.0
健康指导	1166	32.5	17	24	0.7
呼叫服务	474	13.2	18	33	0.9
其他	148	4.4	19	22	0.6

二 三类养老服务组织的比较分析

单方面依靠家庭或政府难以满足老年人对养老服务的需求已经成为事实，家庭养老为主向社会养老为主转变成为大趋势，机构养老在社会化养老服务体系中具有重要地位。承担机构养老的各类养老服务组织的不同性质决定了它们在养老服务供给中也具有不同的地位和作用，同时它们在发展中也面临着不同的问题。快速的老龄化和扩大的社会化养老需求对养老服务组织的发展提出了更高的要求，而对养老服务组织的分类比较研究，有助于厘清各类养老服务组织，对于理顺政府部门的管理思路，引导养老服务组织的规范化、专业化和多元化发展，促进养老服务社会化发展具有重要作用。

（一）相关研究回顾

1. 养老服务组织的概念和分类

对养老服务组织进行明确定义的文献不多，此概念还较为模糊，有必要对此进行清晰的界定。简单来说，养老服务组织是提供养老服务的组织。但

它与养老社会组织（即民办非养老组织）的界定有明显区别，也不完全等同于养老机构的定义，它的内涵明显比二者更广[①]。结合研究的需要，本报告采用李芳（2015）对养老服务组织的定义：养老服务组织是社会化养老服务的主体，是为老人提供集中居住、膳食供应、生活照顾、医疗护理、康复保健、紧急救援、精神慰藉、文化娱乐等专门服务或综合服务的组织。

随着养老服务需求扩大和社会化养老发展，养老服务组织发展出不同类型。在李芳（2015）的文章中，详细地探讨了养老服务组织的分类问题，提出了四种分类方式。基于对研究问题和数据的考量，本报告借用其第二种分类方式，即根据不同的法人类型，将养老服务组织分为事业单位（亦称公办养老机构）、民办非企业（2016年后改称社会服务机构[②]，下称养老社会服务机构）和工商企业（即民办养老机构，下称养老服务企业）。

2. 公办养老机构

公办养老机构作为最早的养老服务组织，诞生在20世纪50年代，起初由政府主办，对社会上无依无靠、孤寡病残老人进行救济，以保障其基本生存生活。随后，在经济体制改革的带动和影响下，公办养老机构也开始面向社会开放，接收社会上自费入住的老年人，由此也引发了诸多问题。例如，程启智等（2016）指出公办养老机构存在总量供给不足、区域分布不均、种类搭配不合理、行业发展环境恶化、内部改善动力缺失等一系列问题。

关于公办养老机构的现状和问题，现有的研究已经很充分。有少数文献是进行定量分析的，其他都是以一个或几个案例来说明公办养老机构的发展现状和面临的困境，如段江平（2013）在他的研究中以佛山市南海区敬老院为例对我国公办养老机构的发展做了详细分析。

3. 养老社会服务机构

过去我们熟知的民办非企业，是指企业事业单位、社会团体和其他社会

[①] 由于明确界定为养老服务组织的文献较少，因此本文较多文献为养老机构的相关文献。
[②] 据2017年3月15日第十二届全国人民代表大会第五次会议通过，2017年10月1日正式施行的《中华人民共和国民法总则》第八十七条【非营利法人定义与类型】，非营利法人包括事业单位、社会团体、基金会、社会服务机构等。

力量以及公民个人，利用非国有资产举办的从事非营利性社会服务活动的社会组织[①]。本报告中的养老社会服务机构[②]特指在民政部门社团办注册登记的提供养老服务的民办非企业单位。

关于养老社会服务机构的研究也很充足，大都是从现状、问题、对策等角度来谈的。如朱冬梅（2013）指出了社会组织在提供养老服务过程中面临的困境：社会组织在管理中存在问题、多数社会组织面临资金不足的困境，此外，社会组织自身制度不健全、管理不规范、社会组织人力资源管理与开发不足也严重制约了社会组织发展。

当然，养老社会服务机构在养老服务供给上也有一定的优势，如洪蓓蓓（2017）指出了社会组织在养老服务供给中的优势：提供服务的种类更加多样、整合资源的能力更强、对于养老服务的宣传力度更大。

4. 养老服务企业

这类养老服务组织是指由私人部门投资兴办的养老机构，以营利为目的而提供的经营性养老服务，在工商部门注册登记为"民办企业单位"，属于营利性养老机构（王莉莉，2014）。

关于这类养老服务组织的研究也比较多，随着社会经济的发展和养老服务需求的增加，养老服务企业在养老服务供给中承担了重要职责，但也面临着诸多问题。如关信平等（2012）在文章中指出目前我国城市民办养老机构在发展中存在的问题有：养老服务供应数量不足与有效需求不足同时存在、不同所有制机构之间存在不均衡问题和不良的循环模式。

有不少研究是从供给—需求的角度来谈的，原因在于养老服务企业处于市场竞争环境中，因此需要考虑老年人及其家庭对机构养老的需求，也提出了很多影响老年人选择养老机构的因素，如除了经济条件之外，受教育程度、职业状况、年龄、户籍性质和家庭结构等都会产生不同程度的影响（姜向群等，2011）。

[①] 引自1998年10月25日起实施的《民办非企业单位登记管理暂行条例》。
[②] 2016年9月1日起正式实行的《慈善法》将"民办非企业单位"更名为"社会服务机构"，因此本文为顺应时代需要，将以往所称"民办非养老机构"改称"养老社会服务机构"。

最后，从养老服务企业的作用来看，它作为我国社会化养老服务体系的重要组成部分，在应对我国人口老龄化、满足老年人多元化养老服务需求、弱化政府养老服务压力等方面有着重要的促进作用（黄闯，2016）。

因为公办和民办养老机构存在极大的差异性，所以公办养老机构和养老服务企业常常被作为比较对象来一起研究。例如，李璐（2014）通过对比浙江省某县一家公办养老服务机构和一家民办养老服务机构的经办过程和收支情况，指出公办机构与民办机构在市场上同等竞争，但生存环境却差别很大，也制约着民办养老机构的生存和可持续发展。

还有不少的研究从理论上探讨政府、市场和社会的角色定位。例如，陈友华等（2016）指出养老服务机构存在诸多问题的根源在于未能厘清政府、社会、市场三者间的关系与责任边界，公办和民办养老机构角色定位不准。

总的来看，关于三类养老服务组织的比较研究还不多，即使有，大多也是关于公办和民办两类养老机构的比较，因此，本报告对北京市三类养老服务组织进行比较研究是一个很好的创新点。

此外，从数据的利用上看，已有的不少研究主要仍在理论或个案研究的层次上，缺乏数据的支撑，尤其是全面普查数据的支撑；而本研究利用数据的优势能很好地弥补这个缺憾。

（二）数据分析结果

本报告重点在于分析三类养老服务组织的差异，因此，笔者首先从两个数据库（2016～2017年进行的北京市居家养老相关服务设施摸底普查项目的子项目"独立开展养老服务的社会组织和企业普查"以及养老机构调查[①]）中提取出了本报告的研究对象，并划分出前文所定义的三类研究对象，再依据文

[①] 其中"独立开展养老服务的社会组织和企业普查"子项目以为老年人提供必要的生活服务、满足其物质生活和精神生活的基本需求的社会组织和工商企业为普查对象，共收集到270份问卷，另外，养老机构调查收集到460份问卷。由于提供入住型养老服务的组织同时填了两份问卷，其中有75份为重复收集数据，因此剔除了在养老机构问卷中收集到的这些数据，总计得到630份有效数据。

献和问卷,整理出三类养老服务组织的比较指标内容,根据数据对三类养老服务组织在比较指标下的差异进行分析,最后进行一些相关的讨论。

1. 社会资本介入机构养老晚,但数量后来居上

从数量上看,截至2016年9月,北京市养老社会服务机构的数量最多,有383家,占63.6%;公办养老机构其次,共有162家,占26.9%;养老服务企业最少,只有57家,只占9.5%(见图1)。

从注册和成立的时间来看,三类养老服务组织有显著差异(卡方值为258.00,p<0.001)。公办养老机构成立时间普遍较早,60%以上在2000年以前成立,2011年以后成立的只有一成左右。养老社会服务机构和养老服务企业成立的时间普遍较晚,只有大约1/3的养老社会服务机构在2010年以前成立,尤其在2014年以后达到了一个成立高潮,有四成以上的养老社会服务机构在2014~2016年成立。同样的,有近90%的养老服务企业在2011年以后成立。

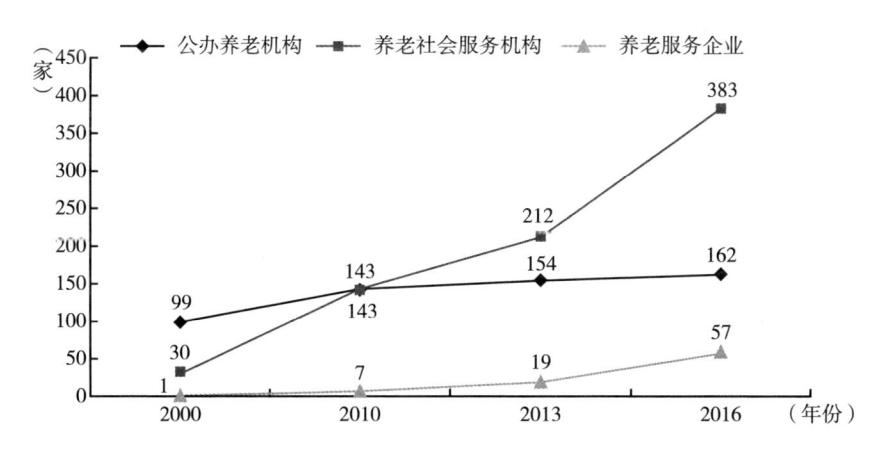

图1 北京市三类养老服务组织数量及成立时间比较

2. 公办养老机构在资产和规模上优势巨大

无论是从总建筑面积还是从建筑数量或者床位数量来看,公办养老机构都远远强于养老社会服务机构和养老服务企业,养老社会服务机构也略强于养老服务企业。从房屋产权归属来看,公办养老机构的房屋自有率和无偿提

供使用的比例也远高于养老社会服务机构和养老服务企业。可见，公办养老机构在规模上具有极大的优势（见表3）。

表3　北京市三类养老服务组织资产和规模比较

	公办	民办非	企业	总计
总建筑面积:有效样本(家)	162	379	56	597
中位数(平方米)	2600	1841	1153	2000
建筑数量:有效样本(家)	161	378	56	590
中位数(栋)	2	1	1	2
固定资产估值:有效样本(家)	156	366	52	574
中位数(万元)	365	179.5	191.5	233
床位数:有效样本(家)	162	322	44	528
中位数(张)	56	32	13	40
房屋产权归属:				
自有	40.5%	20.5%	10.7%	24.9%
租用	27.2%	49.2%	62.5%	44.6%
无偿提供使用	29.1%	25.8%	21.4%	26.3%

3. 社会办养老服务组织在享受优惠政策上略显不足

总体来看，公办养老机构享受的补贴和减免政策明显优于养老社会服务机构和养老服务企业，特别是补贴政策，三者的差异巨大。在补贴政策方面，除运营补贴外，其他三项补贴养老服务企业明显优于养老社会服务机构，甚至是公办养老机构，可能是养老服务企业在前期受到政府有关政策的鼓励，享受了很多优惠的补贴政策。但从减免政策看，养老服务企业又明显不如养老社会服务机构，与公办养老机构的差距更大（见图2）。

4. 社会办养老服务组织经营状况差于公办养老机构，但投资回收周期明显略短

从养老服务组织的经营状况来看，三类养老服务组织有着显著差异（卡方值为22.73，p=0.001）。从盈亏状况看，亏损的养老社会服务机构和养老服务企业都达到近七成，而公办养老机构亏损的不到六成（见图3），公办养老机构的经营状况明显好于养老社会服务机构和养老服务企业，养老社会服务机构和养老服务企业的盈亏状况差异不大，这种情况可能与公办养老机构的资金

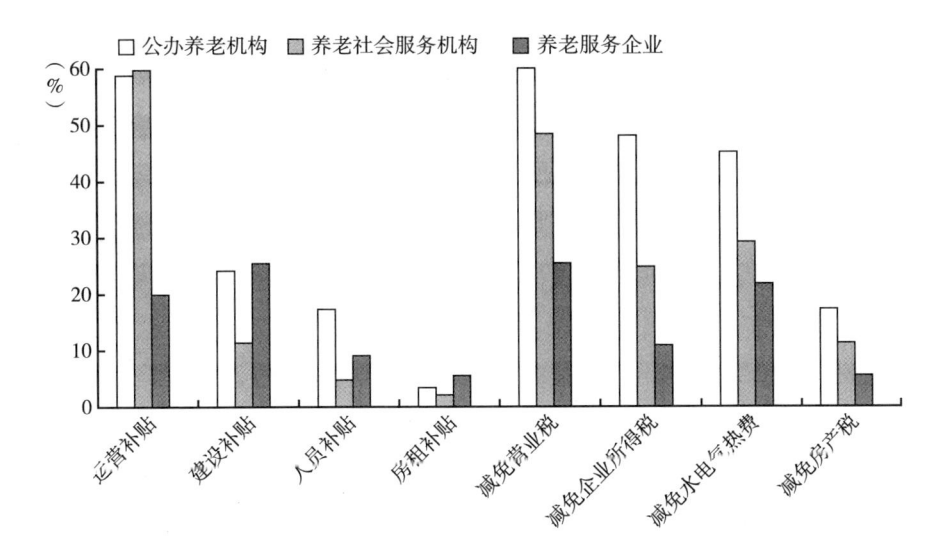

图 2　北京市三类养老服务组织享受补贴与减免政策比较

来源较为稳定有关。从投资回收周期来看，近一半的养老服务企业和养老社会服务机构认为 10 年内能收回投资，而公办养老机构认为 10 年内能收回投资的不足三成（见图 4）。这与养老服务企业所具备的企业经营逐利性理念有关。

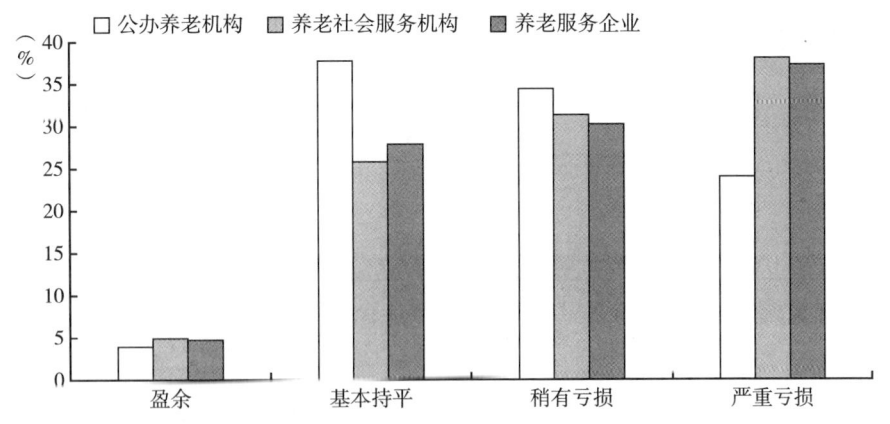

图 3　北京市三类养老服务组织盈亏状况比较

5. 社会办养老服务组织"硬设施"拥有率高于公办养老机构

由图 5，我们可以看出，三类组织的服务设施拥有情况有一定差异，阅

151

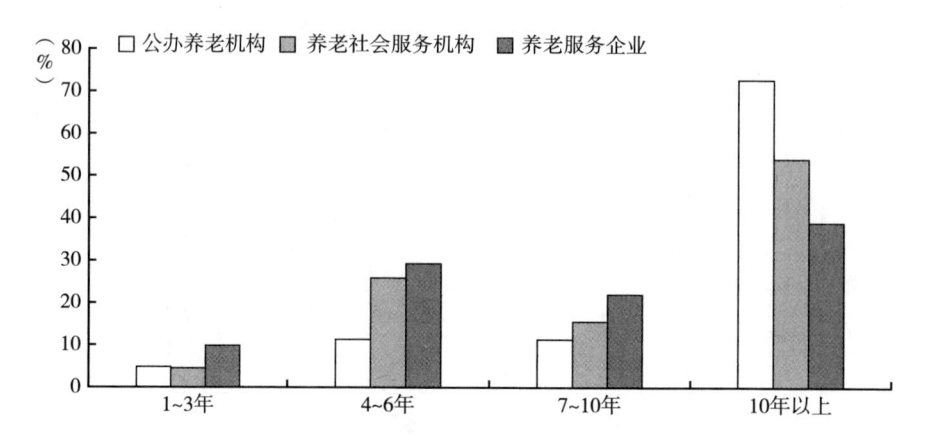

图4 北京市三类养老服务组织投资回收周期比较

览室、棋牌室等文体娱乐设施覆盖较全，但医务室、心理咨询室等"硬设施"的拥有率不高。养老服务企业的医务室和心理咨询室的拥有率略高于公办养老机构和养老社会服务机构。

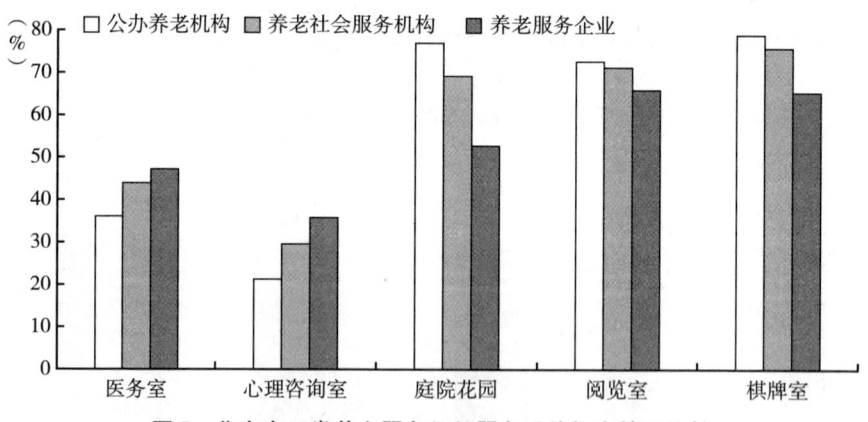

图5 北京市三类养老服务组织服务设施拥有情况比较

6. 社会办养老服务组织服务覆盖明显不足

公办养老机构的服务项目覆盖情况明显要比养老社会服务机构和养老服务企业好（见图6）。一方面可能是由于养老社会服务机构受限于规模等各方面原因，而公办养老机构成立较早，已经具有较成熟的规模和服务体系；

另一方面也可能是由于有些养老社会服务机构和养老服务企业提供的是单一性质的专业化服务，因此服务覆盖的广度可能不够。

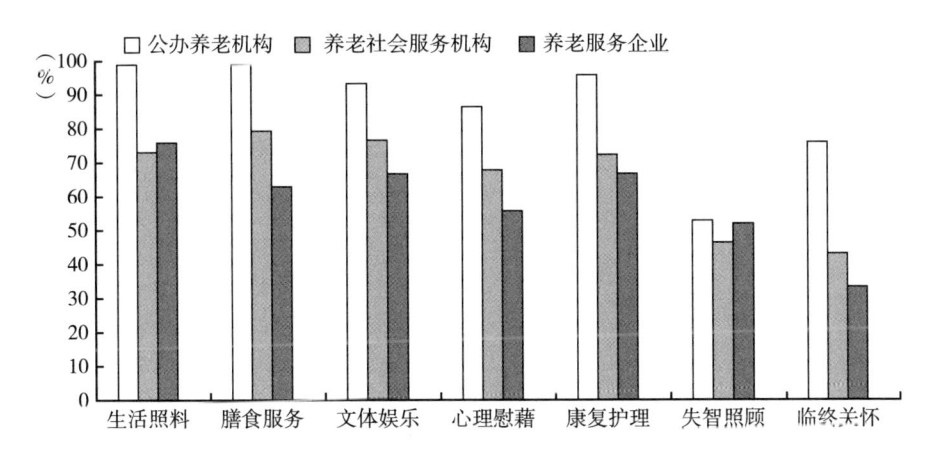

图6　北京市三类养老服务组织服务项目覆盖比较

7. 养老服务企业人才优势大，员工总数和专业人才多

从员工总数来看，养老服务企业的员工总数是公办养老机构和养老社会服务机构的两倍；在拥有专业资格证人数方面，养老服务企业也远远高于另外两者（见图7）。

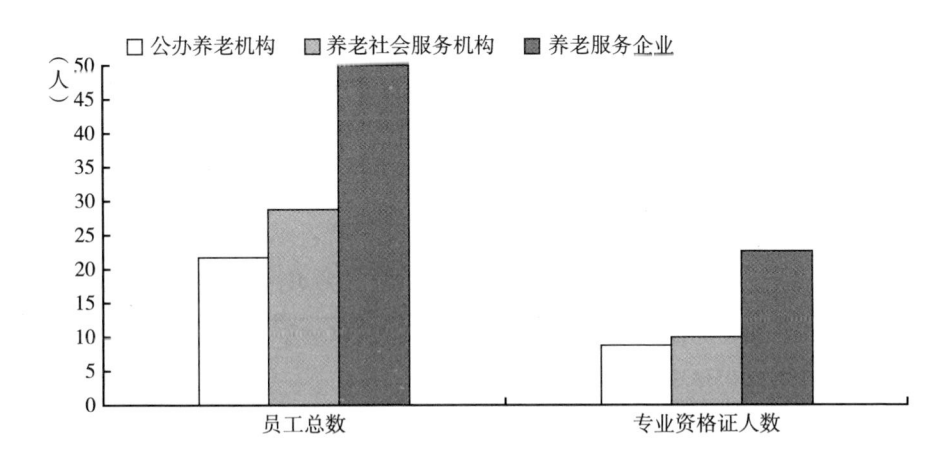

图7　北京市三类养老服务组织平均人员数量情况

8. 社会办养老服务组织服务更多老人，但在老人类型上没有显著差异

从服务老人总数来看，社会办养老服务组织明显多于公办养老机构，这与公办养老机构进入门槛较高及公办养老机构的逐步改革有关。养老社会服务机构和养老服务企业的规模虽然逊于公办养老机构，但服务的老人数量很多，是公办养老机构的两倍多。相反，公办养老机构发展早、规模较大，但服务的老人数量并不多。

从服务老人的类型来看，三类组织的差异并不大。可见，三类养老服务组织在承接不同老人的养老服务上分工还不够明确。

三 结论与讨论

（一）主要结论

本研究在数据分析的基础上，得出了若干结论。具体如下。

第一，近几年来，养老服务组织的数量不断增多，特别是养老社会服务机构和养老服务企业，尤其是2013年以后，是这两类组织成立的一个高峰期。一部分原因可能是政府政策支持力度的加大，政府购买服务的大量增加，以及社会资本的大量涌入，更多的是养老服务社会化的大趋势使然。

第二，从服务对象的角度来看，三类养老服务组织在数量上虽然有显著差异，特别是养老社会服务机构服务老人的数量明显多于公办养老机构和养老服务企业。但从老年人的类型来看，三者并没有显著的差异，这显然与三类养老服务组织在功能和地位上的定位不明有关。

第三，从北京市公办养老机构的数据来看，公办养老机构的成立时间早、规模大、经营状况也比较乐观，服务的老人数量不多。可以看出，公办养老机构仍然是提供养老服务的主体力量。

第四，养老社会服务机构在数量上占据绝对优势，且近几年有加速增长的趋势，养老社会服务机构服务的老人数量多，但养老社会服务机构的规模普遍较小、经营状况不佳。说明养老社会服务机构发挥着不可替代的作用，但很多方面仍与公办养老机构有很大差距。

第五，养老服务企业方面，养老服务企业的成立时间普遍较晚，且规模普遍较小，各类情况也都与其他两类组织有差距，特别是不同养老服务企业之间发展差距较大。因此目前来看，养老服务企业的发展还有很长一段路要走。

（二）问题讨论

在上述结论的前提下，结合有关文献和一些访谈的实例经验，对三类养老服务组织的发展进行一些讨论，具体如下。

第一，在政策角度，不是制定更多的养老政策，而是对现有养老政策进行必要的梳理和完善，并努力促使养老政策的落实。我们在访问一家国际养老公寓的负责人时，他说道："政策上没有衔接性，国务院、北京市委市政府这几方面没有做成一系列的政策标准；应建立对应养老产业链的养老政策体系。"另一家养老服务有限公司的负责人也强调"一些好的政策条文，就是落不了地"。从对政策的梳理中也可以看出，无论是国家，还是北京市层面都出台了大量的政策，但政策的落实、评估等工作没有落到实处，在具体到每一类、每一家养老服务组织的时候政策往往就收效甚微了。

第二，公办养老机构到底要不要改革？应该怎么改革？民营化改革是一个方向，而且一系列的条件已经具备；但目前来看，改革效果似乎并不明显。从前文的数据中也可以看出，公办养老机构依然在养老服务组织体系中占据优势地位。公办养老机构在政府财政包揽下的发展给养老服务事业的发展人为创造了一个不公平的竞争环境。近年来，有不少观点提倡：政府应该从养老服务直接提供领域逐渐退出，改由政府通过服务外包的形式向社会提供基本养老服务（陈友华等，2016），也就是逐渐兴起的政府购买服务。如章晓懿（2012）从上海市实践出发分析了政府购买养老服务中政府与民间组织合作的典型模式及其运行特点，探讨了政府购买养老服务合作模式的未来发展方向。政府购买服务还有很长的路要走，但公办养老机构的改革已经箭在弦上。从上文的数据分析来看，公办养老机构的

数量较多，而且规模较大，在养老服务供给上具有一定的优势，如果直接退出养老服务供给至少在目前不是一个很好的选择，或许可以采取一个折中的办法。使现有的公办养老机构不再对外接受所有老年人入住，而只针对弱势老年人提供服务，真正发挥托底保障作用，加强对入住老年人的资格审查。此外，公办养老机构的市场化改革也要同步进行，减少养老服务的直接供给。

第三，如何改变养老社会服务机构的依赖状态？因为养老社会服务机构的资金大部分或全部来自政府，所以大多数养老社会服务机构都依赖政府，这种依赖关系同时也制约了养老社会服务机构的发展。但是，养老社会服务机构的发展，又离不开政府的支持，尤其是政策方向的支持，包括完善政府常态化购买养老服务机制、加强对参与养老服务社会组织的政策扶持、加大对社会公众的宣传动员等（洪蓓蓓，2017）。除了政策的支持，养老社会服务机构也应该谋求自身的发展路径，找准定位，加强内部管理。我们也可以看到有一些养老社会服务机构发展得不错，但由于自身性质所限，其造血能力不足，也难以获得持续的发展。这一部分实力较强，有盈利前景，可以增强自身造血能力的养老社会服务机构在未来的发展中，应该以改变依赖状态为导向，增强自身造血能力，特别是要在政策上找到一个突破口，能够在经营上有更多的自主权。

第四，如何促进养老服务企业的发展？由于各种政策的限制，发展定位不明晰，一些企业的经营者还不敢进入养老服务行业中来。虽然出台了很多政策鼓励民间资本进入养老服务行业，但效果不明显，这从组织的数量上也可以看出。在我们的访谈中，一家养老服务中心的负责人说道："新院批不下来许可证，我们是租赁房屋集体建设用地，没有房产证，消防部门不能给我们出具手续，工商注册又不许可，让我们写整改报告，不许再收老人，现在的老人也将被送走"。面对这样的困境，有学者建议营造公办与民办养老机构公平竞争的环境（陈友华等，2016）。要改变民办养老机构的弱势化地位，需要在政府给予民办养老机构充分赋权的基础上，改革养老机构发展的双轨制，弱化公办养老机构的权势化运行（黄闯，2016）。我们要让民间资本能进来,敢进来,做下去,发展好,这样才能充分发挥养老服务企业的优势。

综上所述,三类养老服务组织都发挥着重要作用,养老服务组织体系的构建离不开三类养老服务组织的任意一方,养老服务的更好配置需要依赖三方的更好合作。为促进社会化养老服务发展,构建合理的养老服务组织结构势在必行。

参考文献

[1] 李芳:《我国养老服务组织的分类管理》,《中国海洋大学学报》(社会科学版) 2015 年第 6 期,第 88~93 页。

[2] 程启智、罗飞:《中国公办养老机构改革改制路径选择》,《河北经贸大学学报》2016 年第 2 期,第 48~52 页。

[3] 段江平:《人口老龄化背景下我国公办养老机构的发展研究——以佛山市南海区敬老院为例》,华中师范大学硕士学位论文,2013。

[4] 朱冬梅:《养老服务需求多元化视角下的社会组织建设》,《山东社会科学》2013 年第 4 期,第 48~51 页。

[5] 洪蓓蓓:《政府引导社会组织参与养老服务问题研究》,南京大学硕士学位论文,2017。

[6] 工莉莉:《中国城市地区机构养老服务业发展分析》,《人口学刊》2014 年第 4 期,第 83~92 页。

[7] 关信平、赵婷婷:《当前城市民办养老服务机构发展中的问题及相关政策分析》,《西北大学学报》(哲学社会科学版) 2012 年第 5 期,第 52~56 页。

[8] 姜向群、丁志宏、秦艳艳:《影响我国养老机构发展的多因素分析》,《人口与经济》2011 年第 4 期,第 58~63+69 页。

[9] 黄闯:《民办养老服务机构运行:自我发展与支持体系》,《重庆社会科学》2016 年第 2 期,第 66~72 页。

[10] 李璐:《养老服务机构的道路选择——公办、民办养老服务机构生存状况对比分析》,《中国机构改革与管理》2014 年第 Z1 期,第 86~89 页。

[11] 陈友华、艾波、苗国:《养老机构发展:问题与反思》,《河海大学学报》(哲学社会科学版) 2016 年第 6 期,第 75~79+93+96 页。

[12] 孙红玉:《我国公办养老机构民营化改革的内涵、理论依据及完善对策》,

《理论月刊》2017 年第 5 期，第 144~149 页。
［13］章晓懿：《政府购买养老服务模式研究：基于与民间组织合作的视角》，《中国行政管理》2012 年第 12 期，第 48~51 页。
［14］邹波、于建明、龙玉其：《政策视角下的我国养老服务体系研究》，《中国民政》2017 年第 21 期，第 39~42 页。

B.9
北京市社会资本参与养老服务的回报机制分析

李诗洋[*]

摘　要： 随着中国人口老龄化的到来，养老问题已经成为政府和社会共同关注的重大民生工程。要有效解决养老问题，仅靠政府的力量是远远不够的，必须大力引入社会资本参与养老服务产业。北京市响应国家政策，积极引入各类社会资本参与各项养老服务项目，本报告在对此进行大量调研的基础上，总结了北京市近年来社会资本参与养老服务产业的回报收益情况，指出目前社会资本参与养老服务产业的运作均处于较低收益率的状态，深入分析了投资低回报率的成因，并针对养老服务产业今后的可持续发展，从商业模式探索、资本化支持、融资政策制定、养老金融产品开发等角度提出了相关的对策建议。

关键词： 社会资本　养老服务收益率　盈利模式　养老金融

改革开放四十多年来，经济快速发展令中国成长为全球第二大经济体，但与此同时，随着人口平均预期寿命的延长和出生率的降低，中国也早早步入了老龄化社会，经济增长的人口红利随之减弱。由于历史人口基数较大，

---

[*] 李诗洋，经济学博士，北京市委党校经济学教研部副教授，硕士生导师，主要研究方向：资本市场、社会信用体系建设、金融风险与金融安全、金融科技等。

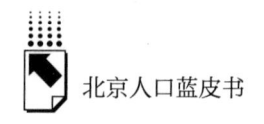

中国的人均国民生产总值尚处于世界中等水平，同欧洲经济发达国家相比，我们是未富先老，经济应对能力明显不足。随着近年来人口老龄化的加深和扩大，政府提供的公共养老服务体系已经远不能满足庞大的老龄化群体的需求，亟须引入社会资本，扩大养老服务产品的供给服务，保障中国养老服务体系的持续有序发展。

作为首都，北京市在经济社会稳定快速发展的同时迎来了人口老龄化，老龄人口的规模日益增大，养老服务需求与供给之间的供需矛盾越来越大。为解决这一难题，北京市响应国家政策，积极引入各类社会资本参与首都的养老服务事业，但近几年的实践效果不尽如人意，根本原因是社会资本参与养老服务市场缺乏有效的回报机制。

一 北京市社会资本参与养老服务回报收益情况

针对首都的养老需求和养老服务市场形势，北京市明确提出了"社会养老保障体系更加完善、社会养老服务体系丰富多样、老龄社会管理体系共建共享、老龄政策法规体系更加完备"的发展目标[①]，出台了一系列有关促进养老服务业发展、放开养老服务市场的政策和实施意见，鼓励支持各类市场主体进入养老服务和产品供给市场，并给予各项优惠措施。据统计，北京市养老机构中有78%的事业单位得到政府补贴，民营非企业养老机构有88%得到了政府补贴，企业养老机构有52%得到了支持[②]。但是在具体实践中，北京市的各类社会资本参与养老服务获得的投资回报却不容乐观。

（一）公办养老服务机构的回报收益分析

北京市已经运营的社会资本参与养老服务的项目整体投资回报收益率较低，

---

① 该发展目标及具体内容详见《北京市"十三五"时期老龄事业发展规划》（京政发〔2016〕59号）。
② 该项统计数据来源于北京大学人口所乔晓春教授于2019年4月19日在第11届清华老龄产业高端论坛上公布的专项调研数据。

水平参差不齐。公立的养老机构获得投资回报的周期较长,利润相对较低,基本处于亏损状态。一般来说,公立养老机构的土地为划拨用地,不需缴纳费用;建设费用由政府出资,建设成本一般难以收回;对老年人的收费也较低廉,一般只能覆盖养老机构半时的运营费用。以 2017 年的调查数据[①]为例,超过 1/3 的公立养老机构一直处于亏损状态,接近一半的养老机构的运营状况为收支基本平衡;仅有 15% 左右的养老机构有所盈利。就投资回报的周期来看,超过 40% 的公立养老机构表示,各项投资的预期回收周期基本在 10 年以上。

(二)社会办养老服务机构的回报收益分析

在私立养老机构中,单纯的仅提供养老功能的养老社区目前仍缺乏可行的盈利模式,大多数处于亏损状态。部分能够实现盈利的养老社区,基本是以各式各样的其他收入来补贴养老社区的损失,如商品房开发收入、配套商业收入、医疗收入等。

从参与社会养老服务各类项目的企业收益情况看,一方面,以保险公司、金融机构和大型国企为代表的社会资本参与的养老产业 PPP 项目基本能够维持盈利状态,这些大型 PPP 项目因涉及养老院、养老地产等房地产运营,投资收益率基本在 8%~10% 之间,其中民营资本组成的中国民生投资股份有限公司在参与养老产业 PPP 项目中获得的投资回报率最高,在 15% 以上,基本能够满足股权结构对于收益率的要求。另一方面,大批以中小企业和民营非营利组织为代表的社会资本参与的养老产业项目则基本处于亏损状态或者勉强维持生存。而这些中小型社会资本涉足的养老产业项目多为社区养老、居家养老、养老辅具、适老化改造等,虽然单个项目规模不大,但是数量众多,且是当前北京市养老市场最需要的养老形式。

综合来看,北京市社会资本参与养老服务的市场回报率整体处于偏低状态,甚至经营呈亏损状态,可持续经营的商业化模式还没有形成。

---

① 数据来源于 2018 年北京市委党校智库校级重点项目"支持社会资本参与养老服务的体制机制研究"的调研资料。

二 北京市社会资本参与养老服务回报率低的成因分析

北京市社会资本参与养老服务之所以还没有形成正常的市场回报机制，大致有以下几个原因。

（一）养老市场处于发育阶段，可盈利时期还未到来

从经济学的角度看，任何一个产业都有自己的生命周期，其在初级阶段的盈利性相对比较差，养老产业也不例外。从国际经验和统计数据来看，一个国家的养老产业要经历初始阶段、发展阶段、成熟阶段和变化阶段，而初始阶段和发展阶段的盈利性都比较差。以美国的养老服务产业发展为例，从1950年至1990年，其养老服务产业在初始阶段和发展阶段经历了40年的时间，之后才进入可盈利的成熟阶段（见图1）。

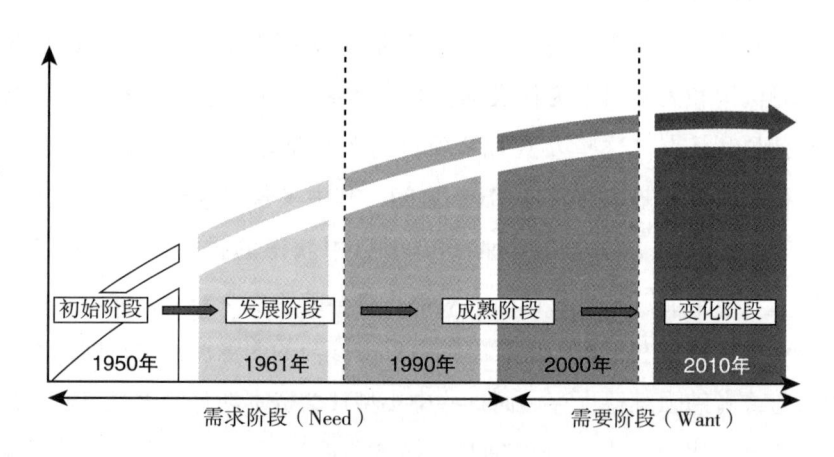

图1 美国养老服务产业发展阶段

注：图中年份为每一阶段的起始时间。
资料来源：美国普查局国际项目中心国际数据库。

从中、美养老服务产业发展阶段的比较来看，第一阶段（1950～1990年）产业形成期雷同，这一阶段进入的社会资本本来就难以获得期望中的市场回报率。结合图1和图2可以看出，美国1990～2010年的发展时期与

中国2020年之后的老龄化程度接近，借鉴美国的市场成熟期，预期中国的养老服务产业10年后才能进入全面盈利阶段，这受到中国的经济发展水平、个人的收入水平和养老理念等因素的影响。中国家庭养老的观念随着世代交替而变化与发展，养老消费的需求也随之改变。具体而言，中国大婴儿潮（1962～1975年出生，3.66亿人）目前正值40～50岁，这波婴儿潮即将在未来10年逐步退休。中国大婴儿潮在未来10年会带动老年经济的兴起，这部分老年人的消费观、生活形态将从根本上影响养老服务产业发展。

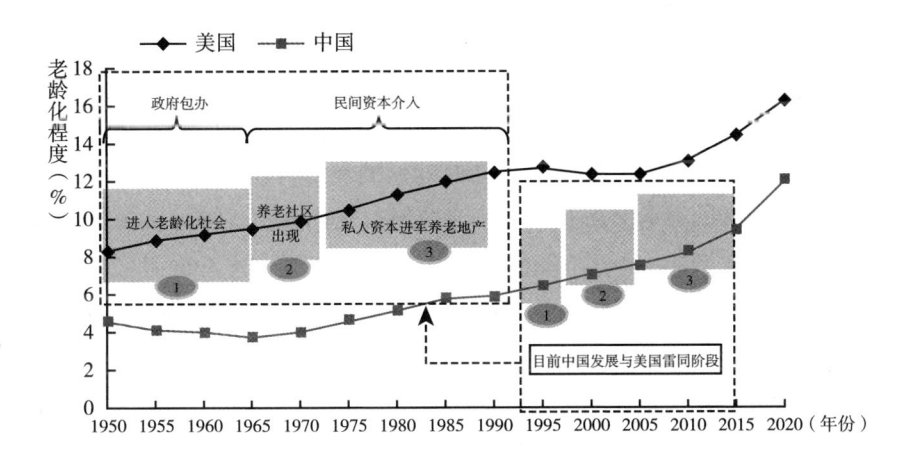

图2 中、美养老服务产业发展阶段比较

资料来源：中国第一至第六次人口普查资料；美国普查局国际项目中心国际数据库。

（二）行业运作模式单一，缺乏商业可持续性

在发达国家，商业化运作的养老机构普遍具有一定的盈利能力，从而使养老机构可以得到长期的发展。例如，美国的商业养老机构年均回报率可以达到5%～8%，运营较好的综合养老社区收益率甚至可以达到10%以上。在美国，一般来说，私立型养老服务机构提供的硬件条件是最好的，各项养老服务设施档次高，提供的养老服务范围广泛，当然收费水平也是最高的。这类机构都能实现盈利，原因在于其运营方式的多样化和资本化。以美国养老

地产商 HCP 公司为例，该公司广泛多元化的投资组合包括在美国 39 个州的 633 个物业。HCP 的投资经营模式被称为"五五商业模式"，其将自身的养老社区物业、生命科学物业、医疗办公楼、医院和熟练护理物业五大类物业按出售—回购、合资、开发、夹层投资和 REITs 五种不同的投资经营模式来划分。HCP 的主要盈利来源包括传统持有性物业收入、物业开发收入和房地产金融三块。传统持有性物业收入包括各类物业的租金收入、为客户提供各类服务的收入和所持有的物业增值收入等。房地产金融收入包括房贷收入和贷款收入两类。

而我国的养老服务产业则基本均处于亏损状态。主要原因固然是入住率太低，建设费用太高，但是养老服务行业运作模式单一也是另一重要原因。目前，北京市的各类养老服务机构，无论高端低端，除了利用养老社区配套的商业地产的收益补贴养老设施本身的费用外，尚无可行的盈利模式。

同时，我国的养老服务产业缺乏养老金融资本的支持。虽然养老服务金融或者更高层次的养老金融被视为未来金融行业的蓝海，能为金融行业带来新的业务机会和利润来源，但我国目前金融机构提供养老金融服务尚有较高的门槛，同时养老服务金融难以带来较好的回报，可持续盈利的商业模式有待发掘。例如，养老金融领域的审批和牌照制度就限制了很多金融机构和民间资本进入市场的能力。

（三）养老群体需求量大，但支付能力不足

调研数据显示，随着北京市人口老龄化的加深，老龄人口对于社会化养老的方式逐步接纳，养老产业需求直线上升，但与此同时，老龄人口对于付费养老的支付意愿又比较低，支付能力不足。这一方面受制于传统的家庭养老文化理念，另一方面是因为老龄人口收入水平较低，养老金储备不足。

目前已经步入老年的人口，大部分收入水平较差，没有相关的养老支付能力。以完全不能自理的老人为例，目前北京市公立养老机构对此类老人的平均收费水平是 3700 元/月，但是一床难求；社会办养老服务机构中，一般民营非企业养老机构对此类老人的收费水平是 4500 元/月，入住情况基本已达到饱和状态；还有一些高档养老机构，床位充足，随时可以入住，但是收

费标准则达到9800元/月。而目前北京市老年人包含养老金在内的收入平均水平是4000元左右，70%的老年人收入低于5000元，80%的老年人收入低于6000元，90%的老年人收入低于8000元，收入水平无法满足自由入住养老机构养老的需求[①]。

即使一小部分收入水平较高的老人，其大部分资金也是存入银行，而没有做养老理财和养老金融等相关资产的配置，导致其养老支付能力也较低。另外还有一部分老人资产水平较高，但缺乏现金流，尤其是北京的老龄人口，大多有房产等价值较高的不动产，但是由于相关养老金融产品的缺乏，这些资产的变现能力较差。因此，整体而言，老龄人口缺乏可支配的现金流，支付意愿和支付能力均不足，希望社会提供低成本低收费的养老服务，这就导致养老服务质量和费用的两难选择，而社会资本的市场化收益率水平也难以实现。

（四）从事养老服务企业自身发展受限，缺乏持续经营动力

目前，北京市从事养老服务行业的组织在身份上有两种，一种是工商注册的企业，另一种是在民政部注册的民办非企业组织。对于很多在2019年之前注册成立的中小企业来说，在创业之初，大多选择了民办非企业组织的身份，因为只有后者可以享受相关的税收、房租、水电费等政策优惠；但是在企业经营的中后期，根据相关条例规定，民办非企业的身份也限制了其他股权和投资者的进入，阻碍了企业持续经营和发展壮大之路。

另外，北京市目前从事养老服务行业的企业也大多是中小微企业，它们也普遍面临中小企业融资难的问题。同时，由于养老服务行业目前归属不明，无法明确被划入高新技术企业或者高精尖行业，这些企业也无法享受北京市为中小企业融资制定的系列政策，如中关村的科技金融政策等，这就加大了这一行业企业的融资难度；加之市场还未形成可盈利的商业模式，导致养老服务行业的企业举步维艰，生存困难，缺乏持续经营的动力。

---

① 数据来源于2018年北京市委党校智库校级重点项目"支持社会资本参与养老服务的体制机制研究"的调研资料。

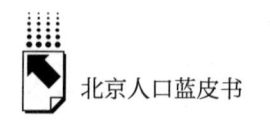

三 提高社会资本参与养老服务回报收益的对策分析

（一）加大对养老服务产业的资本化支撑，推进商业模式的多元化

从国际经验来看，当一国的养老服务行业趋于成熟之后，资本介入的程度越来越高，行业的盈利模式也变得多元化。资本运作开始成为这一行业的重要盈利来源之一，并且养老行业资本运营的方式也包罗万象，从传统的银行贷款、政府机构融资、REITs到私募基金，涉及的环节从初期投资、开发建设、运营转移到并购重组，已经形成完整的上下游产业链。

目前，中国现有的金融体系能够向养老服务产业提供的融资模式包括政府补贴、银行贷款、政策性金融、产业基金、债券等，从实践中看，目前养老服务体系的各项融资政策均存在不足，需要从根本上加以改善。下一步，应从制度上考虑进一步放开金融业进入养老服务业的门槛，允许民营资本的介入，逐步形成由政府、社会保障资金、各类金融机构共同参与投资、建设、开发、运营的养老服务行业运作模式。具体而言，北京市可以考虑从以下几个方面着手。

1. 制定政策，加大金融机构的信贷支持力度

目前，就全国范围来说，传统的银行信贷对养老服务企业的融资仍处于起步阶段，在实践中还存在许多政策上的制约。例如，商业银行的信贷政策审核核心是受信企业的资产抵押价值或者能否取得担保，而北京市目前从事养老服务行业的企业大多是中小微企业，大都具有轻资产、无担保、无信用积累的特点，不符合传统的银行信贷要求。这就迫切要求商业银行针对养老服务企业的特点，专门开发定制的信贷产品。例如，2013年国务院出台《关于加快发展养老服务业的若干意见》后，一些省份的地方政府出台了配套文件，通过政策设定了当地商业银行对养老服务企业的授信额度及年贷款总量要求等。北京市可以借鉴这些配套措施，率先在市属三家商业银行——华夏银行、北京银行、北京农商行展开试点，针对提供养老服务的中小型企业出台相关的信贷优惠政策，在试点成功的基础上，可以考虑与驻京的部分股份制银行合作，扩大开展该项业务。

2. 充分发挥政策性金融的支撑作用

对于中国这样的发展中国家来说，在养老服务产业发展的初期，政策性金融是支持养老产业发展的中坚力量。但是这种特殊的融资手段，必须严格按照国家法规限定的业务范围和经营对象提供资金，一般只有大型的公立养老机构才有资格获取，覆盖面非常有限，无法惠及大部分养老服务企业。对此，北京市应该充分利用金融总部城市的政策性优势，为本市的养老服务产业争取最大的政策倾斜。例如，北京市政府应充分利用地域优势，与国家开发银行、亚洲开发银行中国总部、世界银行中国总部等建立业务关系，将养老服务产业列为北京的民生基础设施规划，争取这三家政策性银行的优惠性贷款。

3. 探索债券市场等直接融资方式

北京市应充分利用发行债券这一养老服务产业发展的新途径。2015年4月，国家发改委制定《养老产业专项债券发行指引》，利用债券市场支持养老服务企业发展，相关债券发行在2016年初正式得到批复。近期出台的《国务院关于落实〈政府工作报告〉重点工作部门分工的意见》（国办发〔2019〕8号）更是明确指出要扩大养老服务产业相关企业债券发行规模。北京市在这方面有天然优势，可以借助首都建设区域多层次资本市场的优势，抓住债券市场建设的契机，发行北京养老服务行业的专属债券，如生活照料业专项债券、康复护理专项债券、康复辅助器具专项债券等。养老服务业发行的各类债券可以放宽担保抵押范围，并根据企业资金回流情况和预期收益等综合考虑，灵活设置债券的利率和期限。对于一些回收期限较长（10年以上）的养老服务产业项目的建设和经营，北京可以尝试为养老服务机构发行可续期债券，如可以参考目前国内发行永续债[①]的办法，允许养老

---

① 永续债是没有明确的到期日，或者期限非常长（一般超过30年）的债券，投资者不能在一个确定的时间点得到本金，但是可以定期获取利息。我国《公司法》第七章明确指出"公司债券，是指公司依照法定程序发行、约定在一定期限还本付息的有价证券。因此，永续债兼具债券与股票的性质。

服务行业也发行类似的永续债。我国已发行上市的永续债的发行主体主要集中在基建、交通、能源、房地产等行业，且主要为国有企业，除证券公司发行的永续次级债外，永续债债项信用级别普遍与主体评级保持一致，主要处于AA+和AAA级，建议首先在从事养老服务业务的大型国有机构试点永续债，如具备上述相当资质的国有保险公司，在试点成功的基础上，将这种可续期债券逐步推广到民营和社会资本参与的养老服务机构中去。

4. 推动房地产投资信托基金在北京启动与发展

房地产投资信托基金①（REITs，Real Estate Investment Trusts）是资产证券化的一种金融创新。在有着健全社会保障制度的国家里，养老基金是其中最重要的机构投资者，其投资盈利能力关系到一国养老资金的正常给付和社会福利水平的高低，备受各国政府关注。特别是近十年来，随着全球人口的不断增加和老龄化程度的持续加剧，如何让养老资金增值已经成为世界性的重大经济课题。房地产投资信托基金就在这种情形下应运而生，因为这种基金主要投资于房地产领域，具备良好的流动性，同时租金收入又保证了收益的稳定性，即这种基金同时具备了股票和固定收益类债券的优点，故而受到养老资金的欢迎。因为大部分房地产投资信托基金都对养老金投资实施了一定的激励机制，目前REITs已经成为全球养老基金投资中除股票和债券外占比最高的金融工具。但是中国目前尚没有出现真正的REITs，仅有所谓的"准REITs"或"类REITs"，究其原因，与中国金融市场的一些特点有关，如金融融商环境恶劣、投资刚性兑付、相关税收法律缺失、投资回报率低等。在这种情况下，北京市可以借助中关村科技金融创新的政策优势，先行出台相关规章政策，吸引养老REITs在北京落地运作，并鼓励养老金参与投资，这不仅有助于推动北京市养老基础设施的建设和发展，也有利于拓宽养老金投资渠道，提升养老服务机构中社会资本的投资收益率。

5. 政府设立养老产业引导基金

随着中国近年来对私募股权投资基金和风险投资基金的政策放开和大力

---

① 房地产投资信托基金是一种以发行收益凭证的方式汇集特定多数投资者的资金，由专门投资机构进行房地产投资经营管理，并将投资综合收益按比例分配给投资者的一种信托基金。

扶持，关注养老服务产业的私募股权投资基金数量和金额都在不断增加，但是由于中国养老服务业起步晚，受到产业发展水平、企业发展阶段等因素限制，这类基金对养老服务企业远未发挥实质性的融资支持作用。在这种情况下，北京市可以考虑设立养老产业引导基金，充分发挥政府资金在其中的引导作用，养老产业引导基金作为将公共责任与市场化运作机制相结合的一种创新，可以发掘社会资金的杠杆放大效应，撬动更多的社会资本，进而提高公共资金在养老产业中的运用效率。考虑到在当前防范化解重大金融风险的背景下，地方政府用于设立养老产业引导基金的资金来源受限，北京市可以借助中关村产业引导基金的力量，在政策上鼓励中关村的产业基金向养老服务领域倾斜。

（二）加大养老金融产品的开发使用，提高养老支付能力

为解决养老服务产品的成本—收益不对称问题，一方面，北京市要加大对社会化养老的理念宣传，解决老龄人口的支付意愿问题；另一方面，也要加大开发各项养老金融产品，增强老龄人口的收入收益性和资产变现性，提高其养老支付能力。

在中国金融市场逐步完善的背景下，养老金融产品也不断创新，呈现多元化的趋势，但是传统理财方式仍为老人选择的主流。有近 1/3 的老龄人口选择了银行存款或银行理财，值得注意的是，《中国养老金融调查报告（2017）》[①] 的数据显示，有 30.3% 的调查对象在养老理财和其他金融消费过程中有上当受骗的经历，且部分调查对象上当受骗的金额还相对较高。这就造成老龄人口在进行养老投资决策时首选产品安全稳定性，收益率不是第一位的。因此，传统的商业银行等金融机构以其良好的信誉成为养老理财的首选。

近几年，商业养老保险产品、股票、基金虽然也正在逐步受到老龄人口

---

① 中国养老金融 50 人论坛和中国家庭金融调查与研究中心共同发起"中国养老金融调查"项目，该项目参与机构还包括中国人民大学社会保障研究所、天弘基金、兴业银行、建信养老金管理有限责任公司等 CAFF50 成员机构。

的青睐，但是所占比例并不大，另外一些新兴的资本市场产品虽然收益率较高，但在老龄人口中并没有市场。因此，下一步，政府应该鼓励金融机构开发新的养老金融产品，如老年储蓄投资理财产品、老年融资、证券化产权、老年地产倒按揭、长期护理保险等，同时需要加大对于金融风险的防控，加大对于老龄人口养老投资的宣传，提高养老投资的收益率。

例如，为解决北京市老龄人口"重资产、轻现金流"的特点，应该鼓励"以房养老"模式，即住房反抵押贷款的实施。住房反抵押贷款是以房养老的最主要方式，其核心思路是持有房产的老年人，将房屋产权抵押给银行、保险公司等机构，由相应的金融机构根据房屋价值、房主年龄和预期寿命及未来折旧增值等因素进行综合评估，对老年人房屋的价值做出判断，老年人则可以定期从该机构取得一定数额养老金或者接受老年公寓的服务，直到老年人去世后该机构才能获取房屋的产权并进行相应的处置。从实践情况来看，早在2014年保监会就发布了《关于开展老年人住房反向抵押养老保险试点的指导意见》，并选择了北京、上海、广州和武汉4个城市作为试点，倡导拥有独立产权房的60岁以上老年人选择住房反向抵押养老保险的"以房养老"方式来获取养老资金，提高老年生活的质量。但当时在北京市经过半年试点，仅有不到10位老人通过该方式入住养老服务中心，最终由于传统养老观念、遗产动机、纯商业模式缺乏公信力等系列原因，参与者均放弃离开。2018年，老年人住房反向抵押养老保险——"以房养老"保险开始正式推向全国，这种金融创新产品让不少老年人的晚年生活水平得到较大幅度提高。但是其在北京市的开展情况仍然不乐观，大部分老人对此兴趣不高，另有部分老人更是陷入了打着"以房养老"旗号的金融骗局。目前，北京市养老市场上存在不少打着"以房养老"旗号从事金融诈骗的行为，给不少投资者带来较大损失。例如，目前有很多非正规保险公司以及民间非法吸储的金融机构打着"以房养老"保险的名义，承诺给予13%以上的年投资回报率，吸引老人办理所谓的住房反向抵押养老保险，事实上就是拿老人的房子做了抵押贷款，然后公司拿着贷款做了其他投资或者直接"跑路"。受到高息利益诱惑，一些老人未经儿女同意就办理了这种住房抵押，目前北京市涉及类似情况的受骗者有800多人。当非法金融机构最终资金链断裂、无钱兑付到期的投资款时，除了资本会上门找老人追债，部分受骗者的房屋还面临被拍卖的风险。为此，国务院办公厅印发《关于推进养老服务发展的意见》，要求严惩养老消费和服务领域的销售欺诈、非法集资等违法现象。

从国外经验来看，公众的支持和认同、政府的参与和法律保障、成熟的产业形态、多样化的产品设计等都是住房反抵押贷款这一以房养老业务发展的重要保障，值得北京市借鉴，今后需要在相关政策配套建设、实施监管、制度交易环境等方面加以完善，推动住房反向抵押养老这一模式在北京推广。为解决这一问题，下一步，北京市要落实《关于推进养老服务发展的意见》精神，加强老年人消费权益保护和养老服务领域非法集资整治工作，加大联合执法力度，组织开展对老年人产品和服务消费领域侵权行为的专项整治行动，严厉查处向老年人欺诈销售各类产品和服务的违法行为。另外，北京市相关部门要做好宣传教育活动，如由北京市地方金融监督管理局、北京市宣传部牵头，号召各街道社区开展养老金融知识宣传教育活动，提升老年人对养老服务领域金融欺诈销售的认知和分辨能力。北京市打击非法集资和非法证券经营活动协调小组要制定相关政策，鼓励发动群众积极举报养老服务领域非法活动的线索，对涉嫌非法集资和养老诈骗的行为做到及时发现、打早打小、应急处置、刑事打击。

（三）借助相关政策，加大对养老服务企业的融资支持

1.制定相关政策，实现各类机构的同等待遇

政府首先要做的，是保证从事养老服务的社会机构在政策方面享受同等待遇。根据《国务院关于落实〈政府工作报告〉重点工作部门分工的意见》（国办发〔2019〕8号，以下简称《意见》）要求，"养老服务机构符合现行政策规定条件的，可享受小微企业等财税优惠政策"，要"落实各项行政事业性收费减免政策，落实养老服务机构用电、用水、用气、用热享受居民价格政策，不得以土地、房屋性质等为理由拒绝执行相关价格政策"。对此，

北京市应响应《意见》要求，率先试点出台相关的减税降费措施。例如，在税收方面，工商类企业与民办非营利性养老机构一样，享受相同的政策待遇，即在所得税、土地增值税、土地使用税、房产税、车船税、城市维护建设税、教育费附加等方面均给予相应的减免政策。此外，养老机构在资产重组过程中涉及的不动产、土地使用权转让，不征收增值税。同时，在用电、用水、用气、用热价格等政策方面，工商类企业与民办非营利性养老机构也享受同等的优惠待遇。这样可以从源头上解决大部分中小型养老服务企业为了享受相关的税收和费用减免政策而选择注册为民办非企业的做法，保证养老服务产业的正常企业化市场经营。对于已经注册为民办非企业的养老服务机构，可以出台相关政策允许其转制，以解决其在融资以及股权分红等方面受到限制的难题。

2.明确定位养老服务企业，享受政策倾斜

目前，北京市对于养老服务业的定位不清，导致养老服务企业无法享受中关村科技金融、科委的资金支持、文化金融政策等现有的融资政策。建议将养老服务行业归入高端服务业，在政策上"搭便车"，享受到相关政策优惠。

一是借助中关村科技企业信用体系，完善北京市养老服务行业的企业信用，发展信用融资。国办发〔2019〕8号文件要求，要"加快推进养老服务领域社会信用体系建设，2019年6月底前，建立健全失信联合惩戒机制，对存在严重失信行为的养老服务机构（含养老机构、居家社区养老服务机构，以及经营范围和组织章程中包含养老服务内容的其他企业、事业单位和社会组织）及人员实施联合惩戒。养老服务机构行政许可、行政处罚、抽查检查结果等信息按经营性质分别通过全国信用信息共享平台、国家企业信用信息公示系统记于其名下并依法公示"[①]。下一步，北京市可以借着贯彻落实《意见》精神的东风，加速建设北京养老行业信用数据库，建议由行业协会牵头，遵照北京市经信委的标准，建立北京市养老服务企业信用信息

---

① 详见《国务院关于落实〈政府工作报告〉重点工作部门分工的意见》（国办发〔2019〕8号）。

数据库，推动统一、完备、全覆盖和一体化的征信平台建设。同时，加强信用制度建设和体制机制创新，实现以信用促融资、以融资促发展。

二是借助科技金融的知识产权投融资体系，促进智能化养老项目融资。在符合现行规定的条件下，鼓励银行、保险等金融机构的知识产权融资服务专营机构，对涉及人工智能、物联网、云计算、大数据等新一代信息技术和智能硬件在养老服务领域深度应用的、技术含量较高的养老项目，开发知识产权质押贷款、知识产权融资集合资金信托计划等直接融资产品。

三是借助创业投资体系，加大对养老服务企业的初期资金支持。要大力培育养老服务行业的天使投资人，加大宣传、政策引导，鼓励境内外个人对养老服务行业开展天使投资业务。例如，政府可以采取阶段参股、跟进投资、风险补偿等多种方式，鼓励创业投资资金投向养老服务领域的初创期科技企业。同时，在鼓励民间资本参与养老服务方面，可在资金、土地、人才引进等方面给予政策支持，以降低其运营成本。

四是借助多层次资本市场，支持养老服务企业做强做大。鼓励北京市养老服务行业的中小企业积极参与新三板市场、北京四板市场、五板市场等多层次资本市场的挂牌融资，支持符合条件的优秀企业发行上市，支持养老服务企业利用资本市场进行兼并重组。鼓励北京四板市场为养老服务中小企业发行债务融资工具开具绿色通道，简化审批手续，完善信用增进服务。养老服务中小企业要允分利用股权投资基金、北京区域股权交易市场、中证报价系统等多层次资本市场通过股权、债权融资。

五是争取科技金融的信贷支持政策。北京市要鼓励商业银行的中小企业信贷专营部门增加对养老服务企业的融资服务，鼓励小额贷款公司开展对养老服务企业的信贷试点工作。探索信用贷款、知识产权质押贷款、信用保险、股权质押贷款等各类金融创新工具在养老服务企业的试点。

3. 政府搭建金融机构与养老服务企业的融资交流平台

一是搭建北京市金融机构与养老服务企业间的交流平台。建议由地方金融监督管理局牵头，在对本市金融机构进行系统梳理和分类的基础上，搭建金融机构与养老服务企业的信息交流平台，引导养老服务市场与本市商业银

行、保险、基金、信托、PE等金融机构对接，实现项目的融资。

二是为养老服务企业搭建与多层次资本市场的交流平台。建议北京市构建一个在地方政府有关部门、主办券商和潜在挂牌企业之间顺畅沟通和交流的平台，由相关业务主管部门（如地方金融监督管理局）主持，定期举行沟通交际活动、搭建在线的沟通互动平台等，定期邀请已挂牌企业、券商、专家交流企业挂牌经验和方法，或组织养老服务企业到股转系统企业参观，可以给予养老服务企业更直接的关于新三板和四板市场、报价系统的认识，以便企业做出融资方式的正确选择。通过这样一个交流平台，提供挂牌服务的主办券商和政府部门决策者能够随时获悉养老服务企业的最直接的融资需求。

三是开展养老服务企业资本市场融资培训工作。北京市政府出台相关政策，将培训作为一项常态工作，由金融局牵头，组织有关部门定期对养老服务企业数量较为集中的区县进行多层次资本市场融资的培训，介绍不同层级的资本市场基本情况及业务流程，帮助养老服务企业利用多层次资本市场发展壮大。

（四）引入PPP综合责任险，提高财政补贴效率

公私合营的BOT或者PPP模式是大型养老服务产业项目中较多采用的一种方式，但在过去，这种养老产业PPP项目主要依靠政府方提供的免费或相对便宜的划拨或公益用地维持运营，建成之后的收益来源以使用者付费为主，项目对社会资本方的吸引力有待进一步增强。

值得注意的是，在当前防范化解系统性金融风险的形势下，地方政府的债务规模压缩，资金来源相比之前大为减少。尤其是2017年底发布的《关于进一步规范地方政府举债融资行为的通知》（财预〔2017〕50号），对各地各级政府举债融资模式进一步规范，明确要求地方政府对于PPP项目"不担保、不回购、不兜底"，允许地方政府以单独出资或与社会资本共同出资方式设立各类投资基金，依法实行规范的市场化运作，但不得以借贷资金出资设立各类投资基金，严禁地方政府利用PPP、政府出资的各类投资基

金等方式违法违规变相举债。在这种形势下，北京市政府可用于PPP项目直接补贴的资金数量明显减少，同时过度依靠财政补贴的方式也使PPP项目的商业可持续性降低。

为提高政府与社会资本合作的养老服务项目的运营效率，缓解政府财政的支出压力，建议北京市政府引入PPP综合责任险。PPP综合责任险是指当项目公司未按约定投保时，由政府方自行购买保险，此时投保人为政府方。建设期发生的工伤保险费及工程保险费将最终由政府方承担。项目公司应始终作为被保险人之一，在保险事故发生后享有保险金请求权，根据合同约定的不同，政府方或政府指定机构也可作为被保险人。即PPP项目的财政资金由以往的直接补贴变为购买综合责任险，以帮助购买保险的方式鼓励企业合理运营，加大财政补贴的精准使用和杠杆撬动作用。

通常情况下，项目风险的合理分配及转移是PPP项目合同的主线，而PPP项目中购买综合责任保险并维持其效力是转移风险和嫁接社会资本的重要一环。PPP项目合作期内，各方购买并维持保险的责任分工、各方在保险中的角色分配、应购买的合理保险种类、保险覆盖的项目范围、保险获得的风险等都是与保险最终和项目风险密切相关的问题。将单纯的政府出资改为购买一份综合责任险，可以在保证不增加债务的前提下促进养老服务产业发展，同时也能有效缓解政府财政的支出压力。

四 结语

养老服务作为准公共产品，养老服务产业从属性上看是适合社会资本投资参与的，但在中国当前的社会发展阶段，受经济增长水平、个人收入、养老观念等的影响，社会资本参与养老服务的投资回报率相对较低，全面可盈利的模式还未实现。因此，当下金融体系迫切需要进行养老金融创新，开发多样化的养老金融服务产品，拓宽养老服务企业的融资渠道，解决养老服务行业供需双方的资金短缺问题。同时，政府应根据养老服务市场的变化随时更新调整相关政策细则，减少行业限制，加大对养老服务企业的经营支持。

相信随着北京市人口老龄化规模的逐步扩大，以及养老服务金融市场的逐步完善，社会资本参与养老服务产业将大有可为。

参考文献

［1］郭晓蓓：《商业银行加强养老金融服务的建议》，《中国国情国力》2019年第2期，第14～17页。

［2］黄茉莉：《养老金融产品风险防范视角下的老年金融教育》，《时代金融》2018年第30期，第230～231页。

［3］王朝州：《浅析养老金融在中国的发展》，《时代金融》2018年第35期，第35～37页。

［4］孙博：《"以房养老"的现状与挑战》，《中国人力资源社会保障》2019年第3期，第54页。

［5］张晟：《关于我国老龄化趋势下养老金融发展的思考》，《现代金融》2018年第11期，第40～41页。

［6］朱麒：《养老金融消费中的风险》，《大众理财顾问》2018年第10期，第42页。

［7］中国养老金融50人论坛　金融支持养老产业发展研讨会：《养老金融月度资讯》，2018年11月1日～11月30日。

B.10 社会资本参与养老服务的支持政策研究

张航空*

摘　要： 本报告首先对国家层面社会资本参与养老服务的财政政策、税收政策、补贴政策、金融政策、从业人员与人才政策、土地政策、其他优惠政策与支持政策进行梳理。其次，对北京市社会资本进入养老服务行业支持政策进行梳理，主要涉及推进养老服务机构建设和促进养老服务机构运营的支持政策、提升养老服务质量的支持政策、养老服务机构开展辐射服务的支持政策、规避养老服务机构风险的支持政策、提升养老服务人才质量的支持政策以及其他支持政策。再次，梳理了其他省份社会资本进入养老服务行业支持政策的典型经验与做法，包括进一步明确水、电、气、热价格执行办法，出台鼓励政策引导大学生从事养老行业，出台激励政策优待养老行业从业人员，给予养老机构和养老项目贷款支持和贷款贴息，给予养老机构建设补贴和运营补贴，实施"以奖代补"制度，结余可以一定程度的提取，产（股）权份额可以转让、继承、赠予，设立养老产业投资基金。最后，对完善北京市社会资本进入养老服务行业支持政策提出了建议。

关键词： 社会资本　养老服务　支持政策

---

* 张航空，博士，中国人民大学社会与人口学院老年学研究所副教授，研究方向：社会老年学。

2000年以来国家以及各部委出台的500余项老龄政策文件中涉及社会资本参与养老服务的支持政策文件共有47项；各省份层面政策文件共有1400余项，其中涉及社会资本参与养老服务的支持政策文件共有144项。本报告首先对47项政策文件进行梳理，从财政政策、税收政策、补贴政策、金融政策、从业人员与人才政策、土地政策、其他优惠政策与支持政策等7个方面展开。接着对北京市社会资本参与养老服务的支持政策进行梳理，然后对于除了北京市以外的30个省份的政策文件进行梳理，对30个省份的典型做法与经验进行分析，最后对北京市社会资本参与养老服务支持政策进行展望。

一 国家层面社会资本参与养老服务的支持政策

（一）财政政策

在财政投入方面，2000年发布的《中共中央国务院关于加强老龄工作的决定》中提到"各级财政部门要加大对老龄事业的资金投入，主要用于老年社会保障、老年福利与服务设施建设以及老年教育、人才培训、科学研究等。要将老年福利事业经费纳入财政预算"。2011年发布的《国务院办公厅关于印发社会养老服务体系建设规划（2011~2015年）的通知》进一步提出"地方各级政府要切实履行基本公共服务职能，强化在社会养老服务体系建设中的支出责任，安排财政性专项资金，支持公益性养老服务设施建设"。除了各级财政和地方财政的投入，在一些文件中还提到了其他财政投入，如《关于鼓励和引导民间资本进入养老服务领域的实施意见》提及"中央专项补助资金"、《关于鼓励民间资本参与养老服务业发展的实施意见》提到"建立产业基金""中央基建投资"。

在彩票公益金方面，2000年发布的《中共中央国务院关于加强老龄工作的决定》中提到"在国家发行的彩票收益中，要有一定比例用于对老龄事业的投入"，2011年发布的《国务院办公厅关于印发社会养老服务体系建设规划（2011~2015年）的通知》提出"民政部本级福利彩票公益金及地方各级彩票公益金要增加资金投入，优先保障社会养老服务体系建设"，后来的政策文件进一步明确了福利彩票公益金的投入比例。2012年发布的《关于鼓励和引导民间资本进入养老服务领域的实施意见》提出"各级民政部门福利彩票公益金每年留存部分要按不低于50%的比例用于社会养老服务体系建设"，2013年发布的《国务院关于加快发展养老服务业的若干意见》进一步提出"民政部本级彩票公益金和地方各级政府用于社会福利事业的彩票公益金，要将50%以上的资金用于支持发展养老服务业"。《关于鼓励民间资本参与养老服务业发展的实施意见》除了要求"要将50%以上的资金用于支持发展养老服务业"，还要求"随老年人口的增加逐步提高投入比例"，"支持民办养老服务发展的资金不得低于30%"。关于体育彩票公益金，在《关于加快推进健康与养老服务工程建设的通知》中提到"加大福利彩票和体育彩票公益金对养老和体育健身设施建设的支持力度"。

在财政投入方面，2017年发布的《关于运用政府和社会资本合作模式支持养老服务业发展的实施意见》提出了进一步的改进建议，应该"优化资金使用方式，推动财政资金支持重点从生产要素环节向终端服务环节转移，从补建设向补运营转变"。

（二）税收政策

从2000年以来国家层面的文件中涉及社会资本参与养老服务的税收政策来看，主要包括：①企业所得税；②自用房产、土地、车船的房产税；③城镇土地使用税；④车船使用税；⑤营业税；⑥行政事业性收费（国土资源部门收取的土地复垦费、土地闲置费、耕地开垦费、土地登记费；住房城乡建设部门收取的房屋登记费、白蚁防治费；人防部门收取的防空地下室易地建设费；各省、自治区、直辖市人民政府及其财政、价格主管部门按照管理权限批准设立的涉及养老和医疗机构建设的行政事业性收费）；⑦增值税；⑧耕地占用税；⑨土地年租金或土地收益差价。

关于土地年租金或土地收益差价，相关规定比较复杂。2016年发布的《关于支持整合改造闲置社会资源发展养老服务的通知》规定"改造利用现有闲置厂房、社区用房等兴办养老服务设施，符合《划拨用地目录》且连续经营一年以上的，五年内可不增收土地年租金或土地收益差价，土地使用性质也可暂不作变更。在符合规划的前提下，已建成的住宅小区内增加养老服务设施建筑面积的，可不增收土地价款"。

除了针对从事老龄产业的组织和机构有税收优惠，向这些组织和机构捐赠的企业和个人，可以享受相关的所得税税前扣除政策。对企事业单位、社会团体以及个人通过公益性社会团体或者县级以上人民政府及其部门，用于《中华人民共和国公益事业捐赠法》规定的公益事业的捐赠，符合相关规定的不超过年度利润总额12%的部分，准予扣除。

（三）补贴政策

关于老龄产业的补贴政策，主要包括两个方面，一个是建设补贴，一个是运营补贴。考虑到中国各个省份的差异，不管是建设补贴还是运营补贴都没有规定具体的金额。从政策文件的规定来看，关于补贴政策有以下几个比较明显的变化。

第一，"补人头"还是"补床头"？2005年发布的《关于支持社会力量兴办社会福利机构的意见》规定"对于正式开业的社会办福利机构，可以按床位数和实际收养人数给予一定的运营补贴"，2012年发布的《关于鼓励和引导民间资本进入养老服务领域的实施意见》基本理念与之前的政策一脉相承，这个文件规定"对民间资本举办的非营利性养老机构或服务设施提供养老服务，根据其投资额、建设规模、床位数、入住率和覆盖社区数、入户服务老人数等因素，给予一定的建设补贴或运营补贴"。直到2017年发布的《关于加快推进养老服务业放管服改革的通知》才对补贴到底是"补人头"还是"补床头"进行调整，这一文件规定"各地养老服务机构运营补贴发放方式应逐步由'补砖头''补床头'向'补人头'转变，依据实际服务老年人数量发放补贴"。

第二，补贴什么样的养老机构？从各种文件的规定来看，补贴的对象包括"社会办福利机构""非营利性社会办养老机构""经营性养老机构"。从这些政策文件来看，政策文件规定的补贴对象发生了变化，补贴的对象从开始的部分养老机构扩展到全部的养老机构。

第三，"补人头"应该一视同仁吗？几乎所有的文件在谈到运营补贴的时候都没有提到是一视同仁还是有一定的差异，只有2017年发布的《关于加快推进养老服务业放管服改革的通知》提出"对服务失能老年人的补贴标准应予以适当倾斜"。从一些地方的实践来看，有些省份在2017年以前就对养老机构收住不同健康程度的老年人给予不同的运营补贴。

（四）金融政策

实行贷款与贷款贴息方面的支持。2000年发布的《中共中央 国务院关于加强老龄工作的决定》以及后续的相关政策文件均提到了加大贷款支持力度，但是真正对贷款做出具体规定的是2012年发布的《关于贯彻落实〈支持社会养老服务体系建设规划合作协议〉共同推进社会养老服务体系建设的意见》，这个文件明确提出要开展中长期贷款，在试点阶段，开发银行每年提供不少于100亿元人民币的专项贷款规模，并根据整体工作推动情况及具体项目实际进展及时安排。2016年发布的《关于开发性金融支持社会养老服务体系建设的实施意见》对申请国家开发银行贷款支持的养老项目的贷款做出进一步的说明：贷款利率按照国家开发银行贷款定价模型进行测算；贷款期限根据项目偿债能力分析确定，最长不超过15年，宽限期应不超过项目建设期，且一般不超过3年。2016年发布的《关于金融支持养老服务业加快发展的指导意见》提出：加快创新养老服务业贷款方式，鼓励银行业金融机构向设立养老服务机构的企业或个人发放贷款；对符合条件的个人投资设立小型养老服务机构，或招用员工比例达到政策要求的小微养老服务企业，积极利用创业担保贷款政策给予支持；对建设周期长、现金流稳定的养老服务项目，鼓励银行业金融机构适当延长贷款期限，灵活采取循环贷款、年审制、分期分段式等多种还款方式；拓宽养

老服务业贷款抵押担保范围，鼓励银行业金融机构探索以养老服务机构有偿取得的土地使用权、产权明晰的房产等固定资产为抵押，提供信贷支持；鼓励银行业金融机构积极开展应收账款、动产、知识产权、股权等抵质押贷款创新，满足养老服务企业多样化融资需求；有条件的地区在风险可控、不改变养老机构性质和用途的前提下，可探索养老服务机构其他资产抵押贷款的可行模式。除了给予贷款以外，还有贷款贴息。《国务院办公厅关于印发社会养老服务体系建设规划（2011~2015年）的通知》提出"补助贴息"、《国务院关于加快发展养老服务业的若干意见》提出"财政贴息""贷款贴息"。

发行养老产业专项债券。2015年国家发展改革委办公厅发布了《养老产业专项债券发行指引》，在这个政策文件中提到"支持专门为老年人提供生活照料、康复护理等服务的营利性或非营利性养老项目发行养老产业专项债券，用于建设养老服务设施设备和提供养老服务"。

探索政府和社会资本合作（PPP）的投融资模式。2015年发布的《关于推进医疗卫生与养老服务相结合的指导意见》首先提出"探索政府和社会资本合作（PPP）的投融资模式"，2017年发布的《关于运用政府和社会资本合作模式支持养老服务业发展的实施意见》进一步提出"鼓励金融机构通过债权、股权、设立养老服务产业基金等多种方式，支持养老领域PPP项目。积极支持社保资金、保险资金等用于收益稳定、回收期长的养老服务PPP项目。充分发挥中国PPP基金的引导带动作用，积极支持养老服务PPP项目"。2016年发布的《关于金融支持养老服务业加快发展的指导意见》提出"鼓励银行、证券等金融机构创新适合PPP项目的融资机制"。

推动符合条件的养老服务企业上市融资。《关于金融支持养老服务业加快发展的指导意见》明确提出：支持处于成熟期、经营较为稳定的养老服务企业在主板市场上市；支持符合条件的已上市的养老服务企业通过发行股份等再融资方式进行并购和重组；探索建立民政部门与证券监管部门的项目信息合作机制，加强中小养老服务企业的培育、筛选和储备，支持符合条件的中小养老服务企业在中小板、创业板、全国中小企业股份转让系统上市融资；探索利用各类区域性股权交易市场，为非上市养老服务企业提供股份转让渠道。

支持养老服务业通过债券市场融资。《关于金融支持养老服务业加快发展的指导意见》明确提出：支持处于成熟期的优质养老服务企业通过发行企业债、公司债、非金融企业债务融资工具等方式融资；鼓励中小养老服务企业发行中小企业集合票据、集合债券、中小企业私募债，积极发挥各类担保增信机构作用，为中小养老服务企业发债提供增信支持；对运作比较成熟、未来现金流稳定的养老服务项目，可以项目资产的未来现金流、收益权等为基础，探索发行项目收益票据、资产支持证券等产品；支持符合条件的金融机构通过发行金融债、信贷资产支持证券等方式，募集资金重点用于支持小微养老服务企业发展。

多元资金支持养老服务业发展。《关于金融支持养老服务业加快发展的指导意见》明确提出：鼓励金融机构通过基金模式，探索运用股权投资、夹层投资、股东借款等多种形式，加大对养老服务企业、机构和项目的融资支持；鼓励有条件的地区探索建立养老产业投资引导基金，通过阶段参股、跟进投资等方式，引导和带动社会资本加大对养老服务业的投入；鼓励风险投资基金、私募股权基金等积极投资处于初创阶段、市场前景广阔的养老服务企业。

发展服务居民养老的专业化金融产品。《关于金融支持养老服务业加快发展的指导意见》明确提出：鼓励银行、证券、信托、基金、保险等各类金融机构针对不同年龄群体的养老保障需求，积极开发可提供长期稳定收益、符合养老跨生命周期需求的差异化金融产品；大力发展养老型基金产品，鼓励个人通过各类专业化金融产品投资增加财产性收入，提高自我养老保障能力；加快老年医疗、健身、娱乐、旅游等领域消费信贷、信托产品创新。鼓励银行业金融机构探索住房反向抵押贷款业务；鼓励金融机构积极探索代际养老、预防式养老、第三方付费养老等养老模式和产品，提高居民养老财富储备和养老服务支付能力。

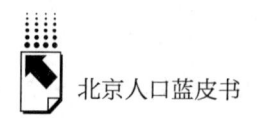

（五）从业人员与人才政策

养老服务业人才培养政策涉及什么学校来培养、开设什么样的课程、培养什么层次的人才等内容。首先，在什么学校来培养方面，2000年发布的《中共中央 国务院关于加强老龄工作的决定》提出的是普通院校，2001年发布的《国务院关于印发中国老龄事业发展"十五"计划纲要的通知》提出的是综合性大学，2006年发布的《关于加快发展养老服务业意见》规定除了高等院校，中等职业学校也可以开设相关的课程，2011年的《国务院关于印发中国老龄事业发展"十二五"规划的通知》进一步放宽到普通高校和职业学校。2014年发布的《关于加快推进养老服务业人才培养的意见》提到了大力加强养老服务从业人员继续教育，进一步把学校扩展到相关职业院校、开放大学和本科院校。其次，在开设哪些课程方面，不同的文件中提及了不同的课程，从这些文件的规定来看，在课程方面，早期的文件更偏重理论知识，后期的政策文件注意到仅仅关注理论知识的不足，开始涉及实操的内容。再次，从人才的培养层次来看，不同的政策文件提及了从专科到本科，从本科到博士阶段的教育。

针对从业人员与人才的优惠政策包括以下几个方面。①对符合条件的居家养老服务人员，实施相应的就业再就业扶持政策；②对符合条件的参加养老护理职业培训和职业技能鉴定的从业人员按规定给予相关补贴；③将养老护理员纳入企业新型学徒制试点和城市积分落户政策范围。

构建从业人员职业上升通道。2013年发布的《关于开展养老服务业综合改革试点工作的通知》首次提到"畅通职业发展通道"，2015年发布的《关于鼓励民间资本参与养老服务业发展的实施意见》明确提出"完善职业技能等级与养老服务人员薪酬待遇挂钩机制"。2014年的《关于加快推进健康与养老服务工程建设的通知》提出要"建立人才充分有序流动的机制，各类机构工作人员在职称评定、科研立项、技能鉴定、职业培训等方面享受同等待遇。推进和规范医师多点执业"。

鼓励从业人员参加培训。2006年发布的《关于加快发展养老服务业意见》首次提到要"加强教育培训,提高养老服务人员素质"。2011年发布的《国务院办公厅关于印发社会养老服务体系建设规划(2011~2015年)的通知》重点提到了培训的问题,强调"加强养老服务职业教育培训,有计划地在高等院校和中等职业学校增设养老服务相关专业和课程,开辟养老服务培训基地","加强养老服务专业培训教材开发,强化师资队伍建设","推行养老护理员职业资格考试认证制度,五年内全面实现持证上岗","完善培训政策和方法,加强养老护理员职业技能培训"。

制定优惠政策鼓励大学生从事养老服务业。《关于开展养老服务业综合改革试点工作的通知》提到"重点支持应届毕业生进入养老服务企业和机构就业","制定优惠政策,鼓励大专院校对口专业毕业生从事养老服务工作"。《关于加快推进养老服务业人才培养的意见》提到"相关职业院校、本科院校要加强就业指导和就业服务,鼓励养老服务相关专业的高校和中等职业学校毕业生到养老机构就业;有关部门要将符合条件的高校和中等职业学校毕业生纳入现行就业服务和就业政策扶持范围,按规定落实相关优惠政策"。

(六)土地政策

养老服务设施供地政策。2015年发布的《养老服务设施用地指导意见》对于养老服务设施的用地做出了详细规定,明确了养老服务设施用地包括哪些,以及不同情况下土地的供地方式。①非营利性养老服务机构的养老服务设施用地可采取划拨方式供地。②民间资本举办的非营利性养老服务机构变更为营利性养老服务机构的,其养老服务设施用地应该办理协议出让(租赁)土地手续,补缴土地出让金(租金)。③营利性养老服务设施用地,应当以租赁、出让等有偿方式供应,原则上以租赁方式为主。④在符合规划的前提下,在已建成的住宅小区内增加非营利性养老服务设施建筑面积的,可不增收土地价款。若后续调整为营利性养老服务设施的,应补缴相应土地价款。⑤民间资本举办的非营利性养老机构与政府举办的养老机构可以依法使用农民集体所有的土地。

养老服务设施用地其他优惠政策。①实施地价优惠和土地出让金优惠。《关于支持社会力量兴办社会福利机构的意见》提出"按照法律、法规规定应当采用有偿方式供地的,在地价上要适当给予优惠;属出让土地的,土地出让金收取标准应当适当降低"。②土地供应纳入规划和计划。《国务院关于加快发展养老服务业的若干意见》提出"完善土地供应政策。各地要将各类养老服务设施建设用地纳入城镇土地利用总体规划和年度用地计划"。③增加养老服务用地。《国务院关于加快发展养老服务业的若干意见》提出"可将闲置的公益性用地调整为养老服务用地"。④鼓励闲置土地和存量用地调整为养老服务用地。《养老服务设施用地指导意见》提出"企事业单位、个人对城镇现有空闲的厂房、学校、社区用房等进行改造和利用,兴办养老服务机构,经规划批准临时改变建筑使用功能从事非营利性养老服务且连续经营一年以上的,五年内可不增收土地年租金或土地收益差价,土地使用性质也可暂不作变更","对营利性养老服务机构利用存量建设用地从事养老设施建设,涉及划拨建设用地使用权出让(租赁)或转让的,在原土地用途符合规划的前提下,可不改变土地用途,允许补缴土地出让金(租金),办理协议出让或租赁手续","在符合规划的前提下,在已建成的住宅小区内增加非营利性养老服务设施建筑面积的,可不增收土地价款,若后续调整为营利性养老服务设施的,应补缴相应土地价款"。

(七)其他优惠政策与支持政策

电费优惠,不同的政策文件规定有一定的差异,有的文件规定"用电按当地最优惠价格收费",还有的文件规定"与居民家庭用电同价";水费优惠,用水按居民生活用水价格收费;电话费优惠,电信业务要给予优惠和优先照顾;用气、用热优惠,与居民家庭用气、用热同价。

其他支持政策主要有:第一,对新建老年服务设施的市政基础设施配套建设费酌情给予减免,降低征地和拆迁补偿费;第二,社会办福利机构所办医疗机构已取得执业许可证并申请城镇职工基本医疗保险定点医疗机构的,可以根据相关部门的有关规定,经审查合格后纳入城镇职工基本医疗保险定点范围;第三,将老龄产业列入国家扶持行业目录;第四,鼓励地方和企业针对老年旅游推出经济实惠的旅游产品和优惠措施。

二 北京市社会资本进入养老服务行业支持政策

与国家以及各部委层面的政策文件有所不同,北京市在鼓励社会资本进入养老服务行业方面的政策文件更为具体,政策文件的数量有20多项,内容主要涉及以下几个方面。

(一)推进养老服务机构建设和促进养老服务机构运营的支持政策

养老服务机构主要包括养老机构、养老照料中心、托老所和社区养老服务驿站。

针对养老机构的建设补贴和运营补贴。一直以来,北京市持续对养老机构的建设和运营实施补贴且根据情况和需要提升补贴水平。具体来看,2008年发布的《关于加快养老服务机构发展的意见》规定,对每张床位给予8000~16000元一次性建设资金补贴,收住1名老年人每月给予100~200元补贴。2009年发布的《关于社会力量兴办社会福利机构运营资助办法》根据收住的老年人健康情况给予不同的补贴,对生活自理的老年人给予150元/(人·月)的资助,对生活不能完全自理的老年人给予200元/(人·月)的资助,对会员制老年人给予100元/(人·月)的资助。2011年北京市又对运营补贴标准进行调整,当年发布了《关于调整社会力量兴办社会福利机构运营资助标准的通知》,资助标准为生活自理老年人200元/(人·月),生活不能完全自理老年人300元/(人·月),会员制老年人200元/(人·月)。2013年发布的《关于加快本市养老机构建设实施办法的通知》进一步提高建设补贴和运营补贴标准,建设补贴向具有养护功能的养老机构倾斜,补贴标准提升到每张养老床位2.5万元,普通功能的养老床位2万元/张,收住生活自理老年人和生活不能完全自理老年人的运营补贴分别增加到300

元/（人·月）和500元/（人·月）。2014年发布的《社会力量兴办非营利性社会福利机构运营资助办法》明确了会员制老年人运营补贴标准为300元/（人·月）。2018年发布的《北京市养老机构运营补贴管理办法》根据老年人的自理状况、残疾等级，养老机构服务质量星级评定、信用状况、医疗服务能力等情况综合设定，对收住生活自理老年人的养老机构给予补贴100元/（人·月），对收住失能老年人的给予600元/（人·月），对收住失智老年人的给予700元/（人·月）。养老机构被评为二星的，在之前的基础上每床每月增加补贴50元，三星的增加100元，四星和五星的均增加150元。如果养老机构一年内、三年内和五年内没有失信信息记录，可以在之前的基础上每床每月分别增加补贴50元、100元和150元。养老机构设置医务室、护理站等医疗机构或引入医疗分支机构的，可以在之前的基础上每床每月增加补贴50元。

针对托老所的运营补贴。2009年发布的《北京市市民居家养老（助残）服务（"九养"）办法》中提出要建设托老所；2013年发布的《关于给予社会办托老所全托型床位运营补贴有关事项的通知》规定托老所的补贴标准为300元/（床·月）；2014年发布的《社会办全托型托老所床位补贴办法（暂行）》规定，收住生活自理老年人和生活不能完全自理的老年人的补贴标准分别为300元/（床·月）和500元/（床·月）。

针对养老照料中心的建设补贴和运营补贴。2014年发布的《北京市2014年街（乡、镇）养老照料中心建设工作方案》规定养老照料中心扶持政策包括建设补助和运营补贴，建设补助中针对新建设项目和改扩建项目给予了不同的补助。具体来看，新建设项目如果采取选址新建方式设立和利用其他现有设施改造，则每增加一张床位补助2万元，封顶线为300万元。改扩建项目方面，现有养老机构采取扩建方式的，增加一张床位补助2万元，封顶线为300万元，依托现有养老机构的中心进行改造的，改造费的50%由政府资助，封顶线为150万元。对养老照料中心开展功能辐射需要购置设备的，购置设备总额的50%由政府资助，封顶线为150万元。运营补贴标准根据收住的老年人身体状况有所不同，收住生活自理老年人和生活不能完全自理老年人的运营补贴分别为300元/（人·月）和500元/（人·月）。2017年发布的《北京市街道（乡镇）养老照料中心建设资助和运营管理办法》基本延续了2014年的政策，与2014年不同的是，在配置设备项目方面进行了补充，对养老照料中心配置一般大额设备的单项补助设置了封顶线，上限为10万元，单独规划配置电梯上限为20万元。同时，进一步明确补助范围和叠加政策，建设补助上限为450万元。

针对社区养老服务驿站的建设补贴与运营补贴。2016年发布的《关于开展社区养老服务驿站建设的意见》规定，市级资金按照每个驿站30万元标准拨付年度资金总额。2018年发布的《北京市社区养老服务驿站运营扶持办法》规定社区养老服务驿站的运营补贴包括服务流量补贴、托养流量补贴、连锁运营补贴。其中，服务流量补贴与社区养老服务驿站收费流量总和挂钩，服务流量补贴按照不低于服务总收入50%的比例予以资助，农村幸福晚年驿站以及经政府同意、运营方利用自有设施或租赁设施用于社区养老服务驿站建设运营的，按照实际服务流量补贴的1.5倍予以资助；托养流量补贴方面，日间托养不低于15元/（人·天），短期全托不低于30元/（人·天），农村幸福晚年驿站全托照料不低于1000元/（人·月）；连锁运营补贴与连锁机构的数量挂钩，每增加1家社区养老服务驿站给予不低于5万元的一次性补贴。

（二）提升养老服务质量的支持政策

为了提升养老服务的质量和规范化建设，北京市在2011年针对养老（助残）餐桌和托老（残）所的规范化建设给予支持，根据当年发布的《关于2011年养老（助残）餐桌和托老（残）所规范化建设单位奖励资金使用有关事项的通知》，2011年奖励资金总额达到5200万元，每个试点单位平均5.2万元。

同样是在2011年，北京市发布了《关于开展养老服务机构星级评定以奖代补工作的通知》，在这个政策文件中，北京市对养老服务机构的服务质量进行星级评定，根据星级进行奖励，一星级、二星级、三星级、四星级和五星级的奖励标准分别为2万元、4万元、8万元、16万元和32万元。

2015年北京市发布《关于2015年开展养老助餐服务体系试点建设工作的通知》，在这个文件中，针对社会力量参与养老助餐服务给予支持，补贴的项目包括装修改造、配餐设备、智能餐柜、膳食研发。

（三）养老服务机构开展辐射服务的支持政策

2015年北京市发布了《关于支持养老照料中心和养老机构完善社区居家养老服务功能的通知》，鼓励养老照料中心和养老机构开展短期照料服务、助餐服务、助洁服务、助浴服务、助医服务、精神关怀服务、教育培训服务、志愿服务、信息管理服务、拓展服务等十项服务，每开展一项服务给予20万元补助，累计不超过200万元。

（四）规避养老服务机构风险的支持政策

为了帮助养老服务机构规避风险，北京市在2012年出台了《关于推行养老服务机构综合责任保险的意见》，在这个文件中鼓励养老服务机构参加综合责任保险，保费的80%由财政承担，养老服务机构承担保费的20%。2014年保费标准提高以后，财政与养老服务机构承担的比例并未发生变化。与此同时，在2014年发布的《关于进一步做好养老机构综合责任保险有关事项的通知》中，对保险责任及范围做出了调整。

（五）提升养老服务人才质量的支持政策

2017年北京市出台《关于加强养老服务人才队伍建设的意见》，在这个意见中明确提出努力打造一支规模适度、结构合理、素质优良、尊老敬业的养老服务人才队伍，进一步提升养老服务人才的社会地位，措施包括依法保障劳动权益、提高薪酬待遇水平、完善激励评价机制。

（六）其他支持政策

2017年北京市发布《关于全面放开养老服务市场进一步促进养老服务业发展的实施意见》，在这个意见中，提出了进一步放宽准入条件、优化市场环境、完善土地支持政策、完善财政和税费支持政策、加大融资信贷支持等原则性规定。

三 社会资本进入养老服务行业支持政策的典型经验与做法

（一）进一步明确水、电、气、热价格执行办法

在实行阶梯价格制度方面，2014年河南省发布《关于认真落实国家鼓励类服务业和养老机构用水、用电、用气、用热价格政策的通知》，明确规定：已实行阶梯价格制度且明确合表居民用户价格的，养老机构用水、用电、用气、用热价格按合表居民用户价格执行；未明确合表居民用户价格的，按居民生活第一级价格执行。未实行阶梯价格制度的，均按现行居民生活类价格执行。

在分表计量方面，广东省在2014年发布的《关于进一步落实广东省人民政府加快社会养老服务事业发展意见的价格优惠政策的通知》中，对于相关政策执行过程中存在的问题给出了明确说法。第一，在用水、用气方面，如果没有进行分表计量，应该为养老服务机构设置计量分表，以便准确计量相应费用。对个别合署办公且无法安装分表的养老服务机构，可根据广东省用水定额及养老服务机构床位进行核定。第二，在用电方面，养老服务机构用电执行居民合表用户电价，实行分表计量。对未进行分表计量的养老服务机构应尽快进行分表计量改造，暂时不具备改造条件的，可按比例计算电费。例如租赁物业的养老服务机构可以过去一年用电量占租赁业主用电量的比例，或经营面积占租赁业主面积的比例，作为分摊用电量的系数，以此推算用电量；该部分用电量执行所在价区的居民合表用户电价，其他用电量仍按租赁业主用电原分类执行。

（二）出台鼓励政策引导大学生从事养老行业

支持学校开设养老服务相关专业。从全国各省份的政策文件来看，虽然

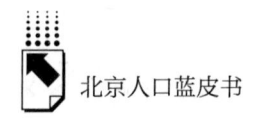

有不少的省份均提到支持学校开设养老服务相关专业和课程，但是，真正专门出台文件的只有山东省。2014年山东省发布了《关于对院校设立养老服务专业补助资金申请审批的公告》，在这个政策文件中明确"经教育或人力资源社会保障部门批准设立养老服务专业、连续招生两年以上、能够开展正常教学的高等院校、中等职业学校、技工院校"可以申请补助。2014年发布的《山东省人民政府关于加快发展养老服务业的意见》明确指出，"从2014年起连续3年，完成招生计划要求、连续独立招生和开展正常教学的高等院校、中等职业学校和技工院校，完成招生计划要求、连续独立招生和开展正常教学的，省财政给予100万元的一次性奖励，每年奖励名额不少于6所"。

对从事养老行业的毕业生在经济上给予奖励。各地为了鼓励毕业生从事养老事业，出台了很多的政策，在经济上给予奖励，各地的条件不太一样，主要包括以下两个方面。①助学贷款和学费补偿。安徽的政策规定，对大中专毕业生在养老机构从事养老护理工作满3年以上的，给予一定比例的助学贷款代偿和学费补偿。甘肃的政策规定，对与社会办养老机构签订5年以上正式劳动合同且在岗工作满一年的人员，按学制给予逐年返还全额学费。②一次性入职奖励/补助。安徽规定，对工作满4年并取得相应职业资格证书的人员，给予一次性奖励。江苏规定，对在省内连续从事养老护理岗位工作满5年的高等院校、中等职业学校毕业生，由县级以上地方财政给予一次性入职奖励。辽宁规定，从2015年起，对老年服务与管理、老年护理等专业方向的毕业生进入非营利性养老服务机构就业满5年的，省、市、县级财政给予一次性入职奖补。宁夏规定，对与符合条件的养老服务机构签订5年以上劳动合同、实际工作满3年的，一次性给予6000元补助。河北规定，毕业生与养老机构签订5年以上劳动合同、从业满2年，省级财政一次性给予2000元补助；从业3年以上，取得职业资格证书后，省级财政给予一次性补助3000元。山东2016年的文件规定，本科生、专科生与养老机构签订5年以上劳动合同，实际工作满3年后可分别获得2万元和1.5万元一次性补助。

需要注意的是，在一次性奖补方面，出台相关规定的省份基本上都是在某一个政策文件中提及这个事情，基本的条件包括签订若干年的合同、工作若干年，有的省份明确了什么专业或什么专业方向的毕业生，还有的省份体现了本科生与专科生的差异。在一次性奖补方面值得其他省份学习的是浙江，浙江在2013年出台了《浙江省老年服务与管理类专业毕业学生入职奖补办法》，这个文件到期以后，浙江又在2017年出台了《关于"十三五"期间延续老年服务与管理类专业毕业学生入职奖补办法的通知》。两个文件明确了奖补对象的条件和奖补标准（见表1）。

表1 浙江省老年服务与管理类专业毕业学生入职奖补办法

奖补对象的条件	奖补标准	入职要求
(1)专业对口：①中职(6个专业)：老年人服务与管理、家政服务与管理、护理、中医护理、中医康复保健、康复技术。②高职(4个专业)：护理(老年护理方向)、护理、康复治疗技术、家政服务与管理。③本科(2个专业)：护理学、康复治疗学。	(1)高等院校毕业生奖补费：本科40000元，专科(高职)26000元。	(1)入职的养老服务机构应当经有关职能部门批准设立，具有独立法人资格。
(2)持有人力社保部门颁发的养老护理职业资格证书。	(2)中等职业技术学校毕业生奖补费21000元。	(2)"入职奖补"学生必须与养老服务机构签订就业服务协议，服务期限不少于5年。
(3)直接从事老年服务与管理工作。		(3)"入职奖补"学生服务期限内，养老服务机构要按规定为其办理各类社会保险。

其他鼓励性政策。从各地的政策文件来看，主要集中在以下几个方面。①相关补贴。安徽规定对从事养老服务的就业困难群体和大专院校对口毕业生，按规定给予岗位补贴和社会保险补贴；上海规定为养老护理类相关专业的学生提供生活补贴。②创业资助和政策支持。广东规定对在校及毕业5年内的普通高等学校、职业学校、技工院校学生，可给予一次性创业资助；江西规定鼓励高校毕业生创办养老机构，按规定给予就业创业政策支持。③免费培养和学费减免。上海规定继续开展养老服务相关护理类专业中职生免费培养，为养老护理类相关专业的学生提供学费减免。

（三）出台激励政策优待养老行业从业人员

对持有相关职业资格证书的给予一次性补贴。广西规定对取得国家养老护理员初级工、中级工、高级工、技师职业资格证书，并在养老机构护理岗位连续从业两年以上的人员，分别给予每人500元、1000元、2000元、3000元的一次性从业奖励。江苏对于养老护理员有同样的一次性补贴。山东规定对取得国家养老护理员技师、高级工职业资格证书后，在符合条件的养老机构护理岗位连续从业2年以上的人员，分别给予每人2000元、1500元的一次性补助。

对参加相关培训的给予补贴。山东规定省政府有关部门组织开展高级养老护理员和养老机构管理人员培训，省财政按每人2000元补助。天津根据取得证书的级别不同，给予不同额度的培训补贴，2007年天津出台文件规定，对取得"养老护理员""家政服务员"初级职业资格证书的，由各区县民政部门给予每人200元的一次性培训补贴，对取得"养老护理员""家政服务员"中级职业资格证书的，再给予每人100元的一次性培训补贴。

给予特殊岗位津贴。内蒙古规定对于初级、中级、高级养老护理员给予每人每月300元、500元、900元的特殊岗位津贴。

免费培训贫困地区农村转移劳动力并向养老机构输送。山西出台专门的文件对于深度贫困县的农村转移劳动力进行养老护理岗位免费培训，2017年共为10个深度贫困县免费培训养老护理员2000名。对培训合格并取得护理员资格证的农村转移劳动力，山西省民政厅委托山西省老年公寓向全省养老机构及北京、上海等城市养老机构推荐并输送。

给予工资待遇优惠。河北规定养老护理职业培训和职业技能鉴定证书与省人力资源社会保障厅颁发的机关事业单位工勤人员技能等级证书相衔接，公办养老机构持有证书人员享受与机关事业单位工勤人员同等的工资待遇。

优先申请公共租赁住房。甘肃规定获得初级以上资格证书的养老护理员（含外地户籍），在本省养老机构累计服务时间满3年，且满足当地政府确定的住房保障条件的，可优先向养老机构所在地申请公共租赁住房。广东也有类似的规定。

落户时适当倾斜。广东规定将养老护理从业人员纳入紧缺职业目录，在积分制入户方面给予倾斜。江苏规定应当将养老护理员和养老服务人员纳入企业新型学徒制试点和城市积分、准入落户政策范围。上海规定对于所学专业属于本市紧缺急需专业目录且工作岗位与所学专业一致的养老护理人员，在申办《上海市居住证》积分时，可以按照规定予以加分。

鼓励养老机构招收有证书的养老护理员、有相关技能的专技人员。这一政策主要是上海出台的，上海鼓励非营利性养老机构招用持证的养老护理员并给予相应的奖励。根据上海市最新的政策，对招用持有养老护理员初级、中级、高级等级证书的护理员，与之签订劳动合同并缴纳社会保险的社区养老服务机构，分别按持证人数乘以本市上年度最低工资20%、30%、50%的标准给予奖补。对招用医护、康复、社会工作等专技人员，与之签订劳动合同并缴纳社会保险的社区养老服务机构，则按专技人员数乘以该市上年度最低工资50%的标准给予奖补。

其他优惠政策。广东规定对养老护理员的子女入学给予倾斜政策，上海规定积极推荐养老护理员优秀代表参加敬老爱老模范人物、劳动模范、三八红旗手、优秀农民工等评选活动。

（四）给予养老机构和养老项目贷款支持和贷款贴息

在国家层面的指导性政策文件出台以后，各省根据各自的情况对养老机构和养老项目的贷款支持和贷款贴息做出了规定。当然，各个省份对于相关的养老机构必须具备的条件做出了要求，从表2可以看到，一些省份的政策基本上都是相同的。从各地的贷款封顶额度来看，大多是200万元，海南和天津的封顶额度相对低一些，只有50万元，需要注意的是海南的政策是2012年出台的，天津的政策是2007年出台的。相对而言，海南的封顶额度确实低了点，天津由于政策出台较早，封顶额度比后来出台政策的其他省份低。从各省贷款的期限来看，大多是2年以内，只有黑龙江是3年，云南没有做出规定。

表2 部分省份对养老机构和养老项目的贷款支持政策

省份	条件	封顶额度	期限
贵州	当年新招用符合相关要求的人员数达到机构现有在职职工总数的30%（超过100人的机构达到15%）以上，并签订1年以上期限劳动合同	200万元	2年
河南、黑龙江、湖北	当年新招用符合相关要求的人员（高校毕业生、登记失业人员、就业困难人员、复员转业退役军人）数达到机构现有在职职工总数的30%（超过100人的机构达到15%）以上，并签订1年以上期限劳动合同	200万元	2年
辽宁、浙江	招用毕业2年以内高校毕业生、登记失业人员、就业困难人员、城镇复退军人等符合小额担保贷款条件的人员达到机构在职职工总数20%（超过100人的机构达到10%）以上，并签订1年以上期限劳动合同的民办养老服务机构	200万元	2年
海南、天津	持续经营2年以上、设置床位200张以上且符合劳动密集型小企业规定的非营利性养老服务机构，每新吸纳1名护理人员，给予2万元额度的贷款担保	50万元	2年
黑龙江	社会力量利用自有资金和信贷资金投资兴办的，取得相应经营资质为老年人提供机构照料以及社区和居家养老服务项目的机构和企业	项目贷款单户金额不超过200万元、流动资金贷款单户金额不超过50万元	3年
云南	有创业意愿的人员创办养老服务机构	自主创办不超过10万元，合伙创办不超过50万元，符合条件的小微养老服务企业不超过200万元	没有规定

在贷款贴息方面，对这些养老机构和养老项目贷款的利息，各省都会给予相应的补贴，基本上是中国人民银行公布的同期限贷款基准利率的50%贴息。还有一些省份给出了其他的方案，如安徽规定省财政对社会养老机构贷款贴息补助所需经费，按照当年同期三年期贷款基准利率的20%予以一次性补助。江西在2016年发布的《关于金融支持养老服

务业加快发展的实施意见》中规定将养老服务贷款对象的年龄放宽到70周岁，贷款期限延长为15~30年，并实行优惠利率。山西在2015年专门发布了《全省扶持养老服务业发展财政贴息暂行办法》，在这个文件中明确了贴息项目，分别是养老基本建设项目和社区养老服务项目。其中，养老基本建设项目新建项目贷款金额在200万元（含）以上，改扩建项目贷款在50万元（含）以上，社区养老服务项目贷款金额在10万元（含）以上。

（五）给予养老机构建设补贴和运营补贴

关于养老机构的建设补贴和运营补贴，各省由于经济状况的不同，金额差异较大，而且，随着时间的推移，各省的补贴金额也在不断调整。总的来看，有以下几个方面的内容值得注意。

养老机构领取建设补贴和运营补贴需要满足一定的条件。从各省份的规定来看，各省之间的条件有一定的差异，综合各省份的条件，主要包括以下几个方面。①依法登记成立。经县级以上民政部门许可依法登记成立，专门为老年人提供集中居住和照料服务。②运行和管理符合国家《养老机构基本规范》的相关标准。③服务规范。有老人入住名册、时间和入住协议，双方的责任和义务明确，管理制度健全并公示上墙。④财务核算规范，财务制度健全，账目清晰。⑤主动接受民政部门管理，无严重责任事故与重大服务纠纷，服务对象满意率不低于90%。⑥机构信息进入相关系统。河北早期的政策规定养老机构开业后要及时登录"河北省养老服务信息系统"，按要求填写建设详细信息，后期规定机构信息要录入"全国养老院业务管理系统"。⑦已经投入运营。一般要求已经连续运营6个月并继续经营，有些省份要求已经运营1年。⑧床位数量。床位要达到一定的数量，早期的政策规定要求在50张以上，后来由于2013年《养老机构设立许可办法》的公布，有些省份把床位数量要求下调到10张以上。还有省份在核定床位的时候，按建筑面积每42平方米为一张床位的标准计算。2014年天津发布《关于调整养老机构补贴标准的通知》，规定养老

机构新建、改扩建平均每张床位建筑面积 30 平方米标准。还有省份对房间的面积做出了规定，在整体建筑设计符合国家相关规范的同时，老年人单人间居室使用面积不小于 12 平方米，双人间不小于 14 平方米，三人间不小于 18 平方米。⑨入住老年人具有本省行政区域内户籍。有些省份如北京规定入住的老年人须是具有本市户籍的老年人或投靠具有本市户籍子女的外省份老年人。⑩入住率或者入住老人数量。不同的省份规定有所不同，大多数省份规定入住率要达到 50%，高的达到 60%。河北省 2012 年发布的《关于对养老服务机构实行奖补的意见（试行）》要求年度每月入住老人达到 30 人（含）以上。⑪养老机构用房如果是租用，要求租期在 5 年以上。

建设补贴既有一次性发放的也有分批发放的。从各地的情况来看，一次性发放的居多，也有一些省份分批发放，对分批发放设定了一些限制条件。①建设补贴分批发放并与经营时间挂钩。福建规定建设补贴分 5 年发放，非营利性民办养老机构 5 年内改变用途或部分改变用途的，收回一次性开办补助。还有一些省份规定分 3 年、4 年发放，如贵州和吉林。②建设补贴分批发放同时与入住率和收住老人失能程度挂钩。广西规定建设补贴为一次性补贴，分两次拨付，第一次拨付是在养老机构新增床位收住轻度失能（及以上）老年人的平均收住率达 25% 时，给予 50% 的建设补贴金额，第二次拨付是在平均收住率达 50% 时。③建设补贴一次性发放且只与入住率挂钩。重庆 2012 年发布的《关于扶持发展社会办养老机构的意见》规定，补贴资金在养老机构建成投入使用且入住率达到 50% 后，经核准一次性拨付。2014 年浙江发布的《关于发展民办养老产业的若干意见》规定，护理型民办养老服务机构护理老人入住率达到 60% 后，在一次性床位建设补贴的基础上，按核定床位每张额外增加 2000 元补助。④建设补贴分批发放且部分年份发放与入住率挂钩。陕西的政策规定建设补贴资金分 3 年平均拨付，第 1 年按建设床位拨付，第 2、3 年按床位实际入住数拨付。

建设补贴偏向护理型床位。2016 年山东发布的《关于印发山东省养老服务业转型升级实施方案的通知》规定，加大对护理型（医养结合型）养老机构的扶持力度，在现行养老机构建设补助标准基础上，新建、改扩建护理型养老机构建设标准提高20%。2017年云南发布的《关于支持社会力量发展养老服务业的实施意见》规定，对社会力量自建产权用房兴办的护理型养老机构，护理老人入住率达到60%及以上的，在一次性床位建设补助的基础上，按照核定床位每张额外增加2000元补助；租赁用房、护理老人入住率达到60%及以上的，在一次性床位建设补助的基础上，按照核定床位每张额外增加1000元补助。

同一省份内部不同地区建设补贴不同。山东2012年发布的《关于加快社会养老服务体系建设的意见》规定，对东部、中部、西部地区符合条件的非营利性养老服务机构，用房自建、达到规定数量床位、符合有关部门规定资质条件的，按核定床位分别给予每张床位4500元、5500元、6500元的一次性建设补助。

床位数量不同时，由不同级别财政给予建设补贴。2012年新疆发布的《关于加快推进社会养老服务体系建设的意见》规定，非营利性民办养老服务机构，用房自建并投入使用、床位达到100张以下的，按照核定的床位数由当地财政给予一次性开办补助（具体标准由各地自行确定）。床位达到100张（含）以上的，按照核定的床位数由自治区财政给予每张床位5000元的开办补助（分三年补助）。2013年新疆发布《自治区民办养老机构资助办法》，又对补贴标准做出了调整，根据文件，对2012年10月12日后审批设立，运营6个月以上，入住率达到50%的养老机构，核定床位100张以下的，由当地财政给予一次性开办补助。

少数省份对建设补贴设立封顶线。大部分省份对于建设补贴均没有设封顶限制，只有少数省份明确规定建设补贴的床位数量有上限。湖北规定对新建机构每张床位给予不低于1000元的补助、改造和租赁用房每张床位给予不低于500元的一次性补助（每个机构最高补贴不超过500张床位）。重庆也有类似的规定。

差异化发放运营补贴。虽然大部分省份对于运营补贴实行统一标准的发

放,但是,也有一些省份对于养老机构的运营补贴进行差异化发放,主要有以下几种情况。①运营补贴与床位类型挂钩。根据福建省的政策规定,护理型床位补贴针对非营利性养老机构和营利性养老机构有一定的差异,2018年起非营利性养老机构服务失能老年人的护理型床位运营补贴标准调整为每床2400元/年,对营利性养老机构护理型床位达到30%以上的,以实际入住的失能老年人床位数按上述标准给予床位运营补贴。这种差异性的政策在一定程度上引导营利性养老机构增加护理型床位。②运营补贴与养老机构星级和老年人失能程度挂钩。2016年发布的《广西壮族自治区民办养老机构补贴暂行办法》规定养老机构的运营补贴与养老机构的星级以及收住的老人失能程度有关,星级越高运营补贴越高,收住重度失能老人的运营补贴最高。根据广西的政策文件,五星级的养老机构收住重度失能老人补贴为160元/(人·月),一星级的养老机构收住轻度失能老人补贴只有60元/(人·月)。③运营补贴与收住的老年人失能程度挂钩。一般而言,更多的省份将运营补贴与收住的老年人失能程度挂钩,如湖北省2015年发布的《关于支持社会力量发展养老服务业的实施意见》规定,按收住失能对象每人每年不低于1500元、其他对象每人每年不低于1000元的标准给予补贴。

限定运营补贴发放时间。湖北规定根据实际入住人数按每人每月100元左右的标准发放运营补贴,补贴期限不超过5年。宁夏也有类似的规定。

(六)实施"以奖代补"制度

多个省份实施"以奖代补"制度,不过,各个省份之间又有一定的差异。贵州和山西针对养老机构投资金额达到一定级别后的企业进行奖励。贵州规定对社会力量投资5000万元以上兴办的养老机构,由市、县两级政府结合实际给予一次性奖励。比较而言,山西的规定更为明确。山西对社会力量投资分别在5000万元、1亿元、2亿元以上的养老服务设施,符合建设标准和资质条件、运营1年以上的,分别给予一次性300万元、500万元和1000万元的奖励,市级福利金再给予不低于以上标准30%的奖励。另外,上海也对养老机构实施"以奖代补",主要是指内设医疗机构奖和品牌连锁经营奖。其中，内设医疗机构奖具体为，对于设置护理站、医务室/保健站、卫生所的，给予10万元的一次性奖补；对于设置护理院或者门诊部的，给予50万元的一次性奖补。品牌连锁经营奖指，对连锁经营达2家以上（不含委托管理），且单个机构床位规模50张以上的品牌创始机构，给予一次性奖补15万元。同时，每新增加一家机构，奖补15万元。

（七）规定结余可以一定程度的提取，产（股）权份额可以转让、继承、赠予

一些省份规定社会力量兴办的非营利性养老机构、居家养老服务组织可以提取一定额度的结余，运营5年以后，出资人产（股）权份额可以转让、继承、赠予。甘肃、贵州和辽宁3个省份在相关的政策文件中均规定在扣除举办成本、预留单位发展基金以及提取其他有关费用后，如当年仍有结余，经养老机构决策同意并经审计符合规定的，可以从收支结余中提取一定比例用于奖励举办人。3个省份之间有一定的差异，甘肃和辽宁针对社会办非营利性养老机构、居家养老服务组织，贵州只针对社会办非营利性养老机构。甘肃和辽宁规定提取的结余总额不超过以举办人累积出资额为基数计算的同期银行一年期贷款基准利率2倍利息额。贵州规定对举办人给予一次性奖励和年度奖励，一次性奖励总额不超过举办人累计出资增值部分的10%。年度奖励总额不超过以举办人累计出资额为基数、以同期银行一年期贷款基准利率计算的利息的2倍。另外，3个省份均规定投入运营满5年后，在保证不撤资、不影响法人财产和不改变性质用途的前提下，经养老机构或组织内部决策机构同意，出资人产（股）权份额可以转让、继承、赠予。

（八）设立养老产业投资基金

有3个省份发布了设立养老产业投资基金相关的文件，2016年湖北首先发布了《湖北省养老服务业发展引导基金管理暂行办法》，2017年福建发布了《福建省养老产业投资基金实施方案》，同年湖南发布了《湖南省健康养老服务产业投资基金管理办法》。需要说明的是3个省份的投资基金的投

向有一定的差别。湖北的投资基金主要用于支持省内居家养老、集中养老、社区综合服务等多种形式的，面向基层大众的养老服务业，促进养老服务业加速、融合发展，建立以市场化、商业化方式支持养老服务产业发展的体制机制和有效模式。福建的投资基金主要是用于养老服务基础设施建设项目、养老综合体建设项目、养老产品开发项目、与养老产业相关的其他具有一定成长性的项目。湖南的投资基金投向健康养老及相关产业，重点支持建设居家养老、社区养老服务体系、健康医疗等领域，以培育有竞争力的品牌养老服务企业，发展有活力的中小养老服务企业，研发养老服务产品，推动养老服务与家政、医疗等生活性服务产业融合发展。

四 展望

通过对国家层面、省级层面以及北京市社会资本参与养老服务支持政策进行梳理发现，对于北京市来说，依然有继续改进和完善社会资本参与养老服务支持政策的空间。

（一）社会资本参与养老服务支持政策需要创新与借鉴

从对各省老龄产业支持政策的梳理来看，在以下几个方面，北京市在条件可行的情况下可以借鉴和创新。第一，养老服务机构用水、用电、用气、用热价格按合表居民用户价格执行需要落到实处，这一点可以借鉴河南省和广东省的做法，实行阶梯电价和分表计量；第二，养老服务机构的建设补贴与运营补贴需要与更多的限制条件挂钩，入住率是一个非常重要的限制条件，建设补贴应该有封顶线或者实行分批发放；第三，提升养老服务人才的社会地位与构建上升通道方面需要政策创新，2018年北京市发布了《北京市养老服务人才培养培训补贴实施办法（征求意见稿）》，从这个文件可以看出，北京市对养老服务人才培养培训补贴比其他省份的力度更大、范围更大，但是，对如何提升养老服务人才的社会地位，构建养老服务人才的上升通道依然没有涉及。

（二）加大社会资本参与养老服务支持政策的分解力度

到目前为止，国家层面在很多方面已经出台了原则性支持政策，到了省级层面，需要根据各省份的具体情况出台细化的政策文件。在国家层面出台相关的政策文件以后，北京市分别在2013年发布《北京市人民政府关于加快推进养老服务业发展的意见》、2017年发布《关于全面放开养老服务市场进一步促进养老服务业发展的实施意见》。上述两个文件分别提出了一系列的支持政策，但是依然是原则性的，后续的政策分解缺失，支持政策更多地停留在纸面，没有细化的政策，政策缺少可操作性。建议北京市未来针对综合性政策文件，明确各个部门的任务，对支持政策进行分解。

（三）社会资本参与养老服务支持政策需要真正落地

关于社会资本参与养老服务支持政策已经有很多项，涉及养老服务的方方面面。但是，很多政策过于笼统，在执行层面会遇到很多的问题和困难。以水电气热收费与居民用户同价为例，北京早在2000年发布的《关于加快实现社会福利社会化的意见》中就提出，"对社会福利机构的用电按当地最优惠价格收费，用水按居民生活用水价格收费"。北京市在2017年发布的《关于全面放开养老服务市场进一步促进养老服务业发展的实施意见》中，再次提及"社会资本利用其他用途房产和土地投资建设的养老服务设施，经民政部门按照相关规定认定为养老服务机构的，实行水电气热收费与居民用户同价"。实际上，即使是在国家层面的政策文件中，多项政策文件已提及这一内容。但是，即使到了近20年后的今天，这一政策依然没有完全落地。所以，对于北京市来说，重点是关注已经出台的支持政策是否真正可以落地。

（四）社会资本参与养老服务支持政策需要客观评估

不管是国家层面还是北京市抑或其他省份，在最近几年，针对社会资

本参与养老服务发布了很多的支持政策,有哪些支持政策落地效果较好?有哪些支持政策无法落地?还有哪些支持政策在落地的过程中遇到困难?支持政策应该如何改进?政策实施的效果比政策出台更为重要。只有对政策进行客观的评估并明确未来改进的方向,政策的出台才更有意义和价值。

B.11
国内外社会化养老服务模式研究

宋忠惠 郑 澜*

摘 要： 随着我国人口老龄化程度的加深，传统家庭养老模式已不能满足老年人日益增长的养老服务需求，养老服务社会化逐渐成为社会关注的焦点。多层次的社会养老服务体系在我国初步形成，但仍存在着规范化、精细化和可持续发展等诸多问题。基于此，本报告通过梳理美国、英国、法国、德国、意大利、日本等发达国家较为成熟的社会化养老服务模式，总结北京、上海、广州、深圳四个超大城市社会化养老服务的创新实践，提出我国社会化养老服务应主动对接城市发展战略，优化养老设施布局；建立健全老龄工作相关标准和规范，完善养老服务标准体系；鼓励多元供给，从需求侧出发提供多元化养老服务；营造健康老龄化氛围，探索全民参与的有效实现形式。

关键词： 社会化养老服务 养老服务模式 超大城市

我国于21世纪初正式步入人口老龄化社会，并逐渐呈现老年人口规模大、老化速度快、未富先老等特点。据统计数据显示，截至2018年底，我国65周岁及以上老年人口达16658万人，占总人口的11.9%，比国际老龄

---

* 宋忠惠，中共北京市委党校（北京行政学院）北京市市情研究中心助理研究员，主要研究方向：情报学；郑澜，中共北京市委党校（北京行政学院）北京市市情研究中心助理研究员，主要研究方向：人口学。

化标准多出近5个百分点。面对迅猛增长的人口老龄化发展态势，如何构建合理有效的养老服务体系成为当下不容忽视的议题。

在我国传统社会，养老一直被当作家庭和个人事务，老年人能够"老有所依，老有所养"离不开子女的悉心照料，因此家庭养老长久以来是我国最为重要的养老模式。但是伴随着我国老龄化程度的进一步加深，高龄老人、患病老人和空巢老人显著增加，老年人口抚养比不断上升，社会保障压力持续增大，健康照料和养老服务的需求也呈现多样化和个性化的趋势。传统家庭养老模式已经难以满足老年人日益增长的养老服务需求，因此，我国开始提倡构建社会化养老服务模式。社会化养老服务模式指的是依托社区、养老院、护理院、卫生站等场所，整合政府和社会资源，为老年人提供日常照护、医疗保健、精神慰藉等多方位、专业化的养老服务。当前，以居家养老为基础、社区养老为依托、机构养老为补充的医养结合的多层次养老服务体系在我国初步形成，鼓励社会资本参与养老服务的政策也日益完善。但是不可否认，我国社会化养老服务仍然存在规范化、精细化、可持续化发展等诸多问题。

鉴于此，本报告通过梳理发达国家在社会化养老服务方面的先进经验，总结国内超大城市社会化养老服务模式的创新实践，以期为我国社会化养老服务模式的进一步完善提供参考借鉴。

一 发达国家社会化养老服务的典型经验

"他山之石，可以攻玉"，在欧美及日本等社会保障高度发展的国家，社会养老已经被完整地纳入社会保障体系之中，从硬件的老年住宅、养老机构，到软件配套的养老金制度、养老保险制度等，都给予了老年人足够的保障。这一部分内容对美国、英国、法国、德国、意大利和日本等国家的典型养老服务模式进行了梳理和总结。

（一）美国

早在20世纪40年代，美国就进入了老龄化社会。自2000年以来，美国人口一直处于持续增长的状态，每年约有50万人加入"65大家庭"。2000～2013年，美国65岁及以上老年人口数量增长了29%，而美国的人口总数只增加了12%；老年人口的比重从12.4%上升到14.1%，美国正式进入老龄社会[1]。现在美国65岁及以上老龄人口占总人口的17.4%，是典型的老龄社会。据美国统计局预测，老年人口比重在2030年时将提高到19.3%，届时美国将步入超老龄社会。

作为发达国家（地区）中较早进入老龄化社会的国家，美国人口老龄化呈现进入老龄化社会时间长、人口老龄程度高、高龄老人增加快的特点。美国政府采取多种措施积极应对人口老龄化。

一是制定相应法律法规、方针和政策，设立了管理老龄问题的机构，包括老人问题管理署、政府老龄问题顾问委员会和社会保障总署。先后通过了以养老保险为主体的《社会保障法案》《美国老年人法》和《禁止歧视老年人就业法》，提高了社会保障支出津贴，使老年人的合法权益得到了保障[2]。

二是建立完善的社会养老保障制度，目前已经形成了比较全面的养老保障制度，包括养老保险制度、医疗保险与救助制度等。美国老人在职时按月从本人工资中扣取一定数额的养老金，所在单位再配套一定比例，各州规定不尽相同，为老年人构筑了社会保障安全网。

三是建立完善的老年人服务网络。美国政府在卫生与公众服务部设老龄局和9个区域性办公室，在州设立公共服务部负责老龄工作，在州及以下设老龄代理机构，在社区设立老龄服务中心，形成了自上而下覆盖全国的老龄服务网络。各老龄机构主要承担游说国会制定相关法规，完善老年人保护服务政策和制度，制定和监督实施老年人保护与服务的规划，筹集和划拨老年服务经费，建立和完善老年服务设施等职能[3]。美国的社会力量投资养老服

---

[1] 《美国人口现状及变化趋势》，Techweb，https：//share.america.gov/zh-hans/u-s-population/，2019年11月5日。
[2] 《美国应对人口老龄化的措施与面临挑战》，TechWeb，http：//www.techweb.com.cn/network/hardware/2016-12-21/2458861.shtml，2016年12月21日。
[3] 张恺悌主编《美国养老》，中国社会出版社，2010。

务业相当强劲,社会和市场发挥着举足轻重的作用,目前已经形成了比较完善的社区居家养老服务、专业机构护理和养老社区照顾等多元模式共存的养老服务格局。在已建立的 1000 多所养老服务机构中,政府主办的养老服务机构比重约为 7%,主要解决无子女老年人的养老问题;非营利性养老服务机构比重为 25%~30%,政府向其购买服务并实行税收优惠等扶持政策;营利性的养老服务机构比重则高达 66%[1]。无论哪一种形式的机构,政府均提供资金、技术帮助和给予政策优惠,如免征地税、营业税等;养老机构则接受政府的考核、监督。对营利性的养老机构,政府利用价格杠杆控制它的利润水平不超过 15%[2]。

四是有效发挥非政府组织的作用,大力支持非政府组织参与提供老年照料与服务。美国的多数老年服务中心都是由政府支持下的非政府组织承办的。老年服务中心通过一部分政府拨款、社会捐助、申请基金会与科研经费支持以及向有支付能力的老年人收取房租和餐费等方式,为老年人提供上门送餐、清洁和代理服务、集中照料、医疗护理、精神与心理辅导、老年就业指导与培训等各方面服务[3][4]。

(二)英国

英国是欧洲福利国家中较早进入银发时代的国家,早在 20 世纪 50 年代,英国的人口老龄化程度已达到 15.5%[5]。但伴随着人口老龄化的加剧和福利国家经济的衰退,单纯依靠政府提供的福利服务已经不能满足整个国家的养老服务需求。因此,1979 年英国率先进行了购买养老服务的探索,在养老服务供给中引入竞争机制,使政府角色逐渐从服务提供者向授权者转

---

[1] 王一菲:《美国养老服务业的发展及启示》,《中国社会报》2015 年 3 月 16 日,第 7 版。
[2] 张恺悌主编《美国养老》,中国社会出版社,2010。
[3] 〔美〕Neil、〔美〕Paul Teeerl:《社会福利政策导论》,黄晨熹等译,华东理工大学出版社,2003。
[4] 民政部养老服务体系建设领导小组办公室、全国老龄办养老服务体系建设领导小组办公室主编《国外及港澳台地区养老服务情况汇编》,中国社会出版社,2010。
[5] 王莉莉、吴子攀:《英国社会养老服务建设与管理的经验与借鉴》,《老龄科学研究》2014 年第 2 期。

变,积极鼓励社会组织参与老年照顾服务[1]。其中,"社区照顾"模式是英国探索社会组织参与养老服务的有益实践,并逐渐成为西方发达国家养老服务模式的典型范例。

英国的社区照顾指的是"为年长的、有精神疾病或智力残障的人们提供服务或支持,使他们尽可能独立地生活在他们的家庭或家庭所在的社区"[2]。这一概念最早出现在1987年英国政府颁布的《公众照顾白皮书》中,随后在1990年颁布的《国民健康服务和社区照顾法案》中被列为重要的社会政策,并规定在社区照顾中实行政府购买服务,政府对社会组织拨款的85%用于向其购买公共服务[3]。

英国社区照顾模式主要的特点在于以下几点。一是官办民助的管理运营体系。以政府为主导、以社区为依托,辅以市场化的运作,并由专业机构提供养老服务。二是坚持以人为本的指导理念。按照马斯洛的需求层次理论,社区照顾模式构建了由"生活照料—物质支援—心理支持—整体关怀"逐层递进的全方位的服务内容模式,满足了老年人生理层次和心理层次的需求,提升了服务的质量[4]。三是服务主体的多元化。英国社区照顾的服务主体包括政府、企业、民间组织和志愿者等,特别强调社会参与的力量,如为鼓励青少年参与社区养老服务,甚至将青少年做义工的时长与奖学金相挂钩[5]。四是社区照顾队伍的专业化。英国建立了完善的社会工作人才培养和输送机制,政府和社会组织聘用了大量的社会工作者,确保了养老服务的有效供给。五是科学合理的评估体系。一方面英国社会服务检查委员会建立了质量评价指标体系(PAF)和星级制度,以保证所购买的养老服务的质量;另一方面引入了第三方评估机制,即英国政府购买养老服务的合同由国家志

---

[1] 李长远:《国外社会组织参与居家养老服务的典型经验及借鉴》,《中国海洋大学学报(社会科学版)》2015年第6期。
[2] 田逸娇:《英、美、日三国社区养老服务的经验及启示》,《劳动保障世界(理论版)》2013年第1期。
[3] 许燕:《国外政府购买公共服务范围及特点比较分析》,《价格理论与实践》2015年第2期。
[4] 郑少卿:《英国社区养老给我国的启示》,《中国社会报》2014年1月20日,第4版。
[5] 郭建新:《英国社区照顾的特点与启示》,《中国管理信息化》2016年第19期。

愿组织委员会（NCVO）负责管理，其监督政府和社会组织双方提供服务的全过程，并提出调整建议，以提升养老服务的治理水平[①]。

（三）法国

法国虽然为典型的西方福利国家，但是其养老服务业的发展相对较晚。直至20世纪80年代，随着人口老龄化问题日益凸显，政府开始采取一系列的措施积极推动养老服务的发展。其中，最为创新的举措是发放养老服务券。

为了充分发挥企业在养老服务市场中的作用。2006年法国政府开始推行包括养老服务券在内的预付定值通用服务券，服务券由通过家庭服务管理局认证的实力较强的公司发行。其使用方法是：企业或个人自由购买养老服务券，持券人可以凭券向养老服务的提供商要求获得个性化的服务，养老服务提供商再向养老服务券的发行商进行结算。在这一使用过程中，法国政府给予相关优惠政策，包括给予企业购买养老服务券总额的25%的税收减免等[②]。

除了养老服务券的推广使用，法国政府还采取了一系列的措施以加大对养老服务的支持，包括以下几方面。一是建立了具有选择性的多层次养老保障体系，除了基本养老保险外，公民可以根据自身需求增加补偿养老保险和再补充养老保险这些由互助保险和商业保险组成的险种。二是出台优惠政策引导养老服务市场化，如对为70岁及以上老人提供居家服务的企业，减免其为护工缴纳的社保，并将增值税降为5.5%等。与此同时，通过发放个人化自理补助（APA）鼓励老年人使用企业提供的居家养老服务。三是为保证养老机构的服务质量，法国设立家庭服务管理局审核企业进入养老服务领域，并专门成立医疗福利机构评估署，对养老机构的服务质量进行评估[③]。

[①] 张汝立、陈书洁：《西方发达国家政府购买社会公共服务的经验和教训》，《中国行政管理》2010年第11期。

[②] 杨钊：《法国政府当年是怎样为养老服务业加速的》《中国社会报》2016年12月12日，第7版。

[③] 刘婉娜、胡成：《法国居家养老服务业的发展及启示》，《宏观经济管理》2012年第7期。

（四）德国

20世纪60年代，德国65岁及以上老年人口比例为11.6%，1990年已经增长到14.9%。德国联邦统计局公布的人口统计数据显示，截至2017年底，德国共有1770万65岁及以上的老年人，占总人口的21.4%，老年人口数量在过去20年间增长了36.6%。预计到2050年，德国人口将从现在的8200万下降到7000多万，一半以上的人口将超过50岁，1/3的人口将超过60岁。德国已属于欧洲老龄化程度最高的国家[①]。

在应对人口老龄化的过程中，德国完备的养老保险体系和成熟的长期护理保险制度成为世界上很多国家学习的范例。主要表现在以下两个方面。一是德国养老保障制度完善、体系完备、运行稳健良好。德国是世界上第一个建立现代社会养老保险制度的国家。1889年德国颁布了《老年残疾保险法》，涵盖老年、残疾两个方面的待遇，1891年开始生效；1911年引入遗属待遇并于1914年开始实施。自此，德国养老保险待遇包括养老年金、残疾年金以及遗属年金等方面内容。经过一百多年的发展德国已成为社会保险型养老保障制度的典范，并为世界许多国家所效仿[②]。二是德国率先建立长期护理保险制度应对人口老龄化带来的长期护理需求。该长期护理保险体系共由三个部分组成：其一是社会长期护理保险制度（social long term care insurance，SLTCI），2017年覆盖了86.7%左右的人群；其二是私人长期护理保险制度（private long term care insurance，PLTCI），2017年覆盖了11.3%左右的人群；其三是补充护理保险制度，建立于2013年，有2%～3%的人群参加了补充长期护理保险制度[③]。从建立之初起，德国的社会长期护理保险制度不仅帮助地方政府减轻社会救助财政负担，还通过全社会的互助共济减轻需要长期照护的个人和家庭负担。这一制度意味着国家集权的加

[①] 柴野：《德国老龄化危机社会保障体系》，《光明日报》2003年6月17日。
[②] 李志明：《德国劳资自治型的养老保险制度》，《学习时报》2015年11月10日。
[③] 王萧、马红梅、陈媛等：《国外长期护理保险制度对我国的启示》，《职业与健康》2018年第34期。

强和地方政府在福利国家领域的撤退,并使得社会救助制度回归了制度本源。

据统计,从1995年到2016年,德国65岁及以上的老年人是最主要的护理保险待遇给付群体。在这一全民覆盖的制度下,筹资来自所有参保人缴纳的保险费,而享受待遇的主要是老年人,有效实现了制度的双重功用:一方面,通过全面参保扩大了制度的筹资来源,另一方面,护理风险与年龄紧密相关的特征使得这个制度主要为65岁及以上的老年人提供长期护理的保障。

(五)意大利

意大利国家统计局年度统计资料显示,2017年意大利男性平均寿命为81岁,女性为85岁;劳动者与退休人员所占份额已严重失衡,每100名在职人员,须承担170名退休人员的生活费和社会福利。社会老龄化发展趋势严峻,目前意大利老龄化程度仅次于日本,位居全球第二[1]。面对日益严峻的老龄化形势,自20世纪90年代起,意大利率先启动了养老制度改革,并把老龄化问题视为国家优先政策领域,经过数十年的摸索与实践,形成了一些有效的做法,包括改革养老金制度及社会保障体系、出台灵活的就业市场政策以及提供终身职业培训。

其中,改革养老金制度包括上调退休年龄和停止将养老金与通胀指数挂钩。在《2010年预算法》中,意大利首次规定养老金体系中男性和女性的退休年龄相同,从2012年1月开始在公共部门就业的女性退休年龄将提高到65岁。此外,政府还规定养老金不再与通胀挂钩,依照贡献来衡量公共退休金,这意味着退休工人的实际收入被削减[2]。出台灵活的就业政策主要指意大利《2007年预算法》推出了一项专门针对老年工人的新措施,旨在创立新的就业岗位以减少老年工人退出劳动力市场。但是经验数据表明,意大利在工作相关的健康和安全保障方面表现相当好,这对老年工人而言尤为突出。欧盟统计局2010年的调查数据表明,55~64岁年龄组因疾病或伤残

---

[1] ISTAT: Italy Demographics Profile 2013, http://.indexmundi.com/italy/demographics_profile.html.
[2] 王朝才、刘军民:《意大利养老金制度改革启示》,《经济研究参考》2012年第66期。

而退出劳动力市场的工人比例，意大利远远低于欧盟平均水平，这在意大利中部和南部地区表现尤为突出①。

（六）日本

日本是亚洲第一个步入人口老龄化的国家，也是世界老龄化程度最严重的发达国家。从20世纪70年代，日本就进入了人口老龄化社会，至2017年，日本65岁及以上老年人口的比重已达到27.7%。庞大的老年人口促使日本政府积极探索和创新养老服务模式，提升养老服务的供给能力。一方面在1963年、1982年和2000年先后颁行了《老人福利法》《老人保健法》和《护理保险法》三部法律，构建起完善的居家养老服务的法律制度；另一方面从20世纪90年代以来实施了国家"金色计划三部曲"，逐步推动建成了国家主导下社会和市场广泛参与的福利型养老服务体系②。

其中，护理保险是日本在20世纪90年代兴起的社会养老的新理念，它的出台和实行是日本社会保障制度史上的一次重大变革。日本的护理保险是一种强制加入的全民保险，它规定40岁以上的公民都必须缴纳此项保险费用，并将65岁及以上的老年人划分为1号被保险人，需缴纳的费用直接从养老金中扣除，40岁至64岁的中老年人为2号被保险人，费用附加于医疗保险金内。护理保险的实际负担比例为：中央政府承担25%，都道府县和市町村各承担12.5%，1号被保险人承担17%，2号被保险人承担33%，但具体的操作办法因地制宜，具有一定的灵活性。比如会充分考虑地区的老龄化程度、个人收入和家庭情况等，并且各市町村将根据地方情况每3年进行一次费用调整。被保险人享受护理保险服务前，须提出申请并接受本地区审查委员会对护理级别的判定，然后再向当地地域支援中心提出申请，委托他们为被保险人量身定做一套护理服务计划书，被保险人认同后与之签订合同并开始享受护理服务③。日本的护理保险既很好地将市场竞争机制引入社会

---

① 万云路：《意大利养老保险制度研究及借鉴意义》，《劳动保障世界》2018年第5期。
② 李小兰：《我国民营养老服务业发展研究》，博士学位论文，福建师范大学，2016。
③ 权彤：《战后日本养老社会保障制度变迁研究》，人民出版社，2017，第213页。

福利领域，刺激了民营护理业的发展，又较多地尊重了护理服务提供者与使用者双向选择的权利，有利于服务商提供更加精细化的养老服务方案，取得了良好的社会效应。

同时，日本也是养老服务业和养老服务人才教育的先发国家，建立了完备的养老服务人才培养体系。日本于1987年颁布了《社会福祉士与介护福祉士法》，标志着以福祉士为主力的养老服务专门人才走向正规化和法制化[1]；1988年确立了福祉士资格认证制度，规范了养老服务从业者的资格，保障老年人享有优质、专业的介护服务；1995年开设了和介护、福祉相关的专业，设置了多层次、多渠道的人才培养方式，并逐步建立起从"家访介护员"到"介护员"、到"介护福祉士"再到"介护支援专员"的完整养老介护服务职业体系[2]。另外，日本政府加大对养老服务人才的资金投入，例如2008年从法律上规定提高介护人员工资水平，连续三年投入补助金以改善工资待遇，每月支付2万元的额外奖励给介护福祉士；对介护服务专业学生设立高额助学金，政府承担80%的学费开支，学生毕业从事介护工作达五年则无须返还政府的借款等[3]，这些措施都有利于保障养老服务人才的稳定。

（七）小结

综上所述，欧美以及日本等老龄化程度较高的国家，养老服务市场的繁荣不仅因为有政府的保障性工作，还离不开社会和市场力量的积极参与。在美国，数量庞大的非营利组织和广泛普及的志愿服务事业为老年人提供了丰富多元的养老服务；国内的民间资本也紧密结合其内部经济环境积极涉足养老产业并合理布局。在英国，政府不断出台和完善与养老服务相关的法律法

---

[1] 林杰、陈星玲：《日本养老服务专门人才教育体系探析》，《比较教育研究》2018年第40期。

[2] 曹永红、丁建定：《日本社会养老服务体系发展及介护服务人才培养》，《中国社会工作》2018年第16期。

[3] 曹永红、丁建定：《日本社会养老服务体系发展及介护服务人才培养》，《中国社会工作》2018年第16期。

规，为社会化养老服务提供经费支持和制度保障，并组织专业部门负责养老服务机构的评估、监督和管理工作，保证养老服务机构的管理规范和服务质量。在法国和意大利，政府出台多种优惠政策引导养老服务市场化，而多层次的养老保障体系也惠及更多公民，并为其提供了更多险种选择。在日本，成熟的护理保险制度使得越来越多的非营利组织和私人企业被准许参加到养老服务的提供队列中，日本政府还对民营养老服务机构提供各种扶持，如政策照顾、税收优惠、运营补贴等。

可以看出，各国政府在推进养老服务市场化的过程中均进行了勇敢的尝试和积极的努力，一方面提供资金保障、技术帮助和政策优惠吸引社会力量参与养老服务，另一方面也加强了对社会化养老机构的监管和管理，从而保障养老市场的健康发育和稳定发展。

二 国内超大城市社会化养老服务的探索与创新

改革开放以来，我国养老服务发展的一个核心概念和突出转向就是"社会化"[1]。近年来，随着我国老年人口的增多、老龄化速度的加快，政府日益重视培育社会力量支持养老服务业的发展，出台了许多鼓励社会资本参与养老服务的政策文件，逐步建立起了以居家养老为基础、社区养老为依托、机构养老为补充的社会养老服务体系；同时，养老服务"社会化"的地方实践也在一次次的探索和创新中发展，尤其在老龄化程度日益加深的超大城市，特色的养老服务模式不断涌现。

（一）北京

北京是我国较早进入人口老龄化的城市之一。早在1990年，北京市60周岁及以上的常住老年人口达到109万，占北京市总人口的10.1%，意味

---

[1] 马岚：《改革开放四十年我国社会化养老服务的政策演进和发展趋势》，《重庆社会科学》2018年第12期。

着北京开始进入老龄化社会。至2018年底，60周岁及以上的常住老年人口比例达到16.9%，老龄化程度进一步加深。庞大的老年人口规模和人口老龄化的快速发展，给北京市老龄事业发展带来了极大的挑战。

近些年，在传统家庭养老功能逐步弱化的现实状况下，国家开始积极探索发展社会养老服务体系，并相继出台了一系列建设性政策文件。北京市在国家养老政策的指导下，紧紧把握全国养老发展的大方向，逐步出台和完善多项有关社会养老服务的政策措施。其中，2011年出台的《北京市"十二五"时期老龄事业发展规划》指出要全力打造"9064"养老服务发展战略格局，即做到90%的老年人在社会化服务的协助下实现家庭养老或居家养老，6%的老年人通过政府购买社区照顾服务实现社区养老，4%的老年人通过养老机构养老，这就意味着北京将着力构建政府、家庭和社会合力建设的社会化养老服务体系[1]。在此之后，北京市政府相继颁布了《关于加快推进养老服务业发展的意见》《北京市"十三五"时期老龄事业发展规划》等文件，明确指出将大力支持社会力量进入养老服务领域，加大培育养老服务产业发展。另外，北京市政府还通过颁布《关于北京市市民居家养老（助残）服务（"九养"）办法的通知》、《北京市养老服务设施专项规划（2015~2020年）》、《北京市支持居家养老服务发展十条政策》（"养十条"）等实施方案，逐步推动全市形成以居家养老为基础、社区养老为依托、机构养老为补充、医养相结合的养老服务新格局。

1. 社区居家养老服务模式

在社区和居家养老方面，北京颁布了全国首个居家养老服务的地方性法规《北京市居家养老服务条例》，并以此为基础，积极推进"三边四级"养老服务体系的建设。所谓"三边四级"养老服务体系，指的是在政府主导下，通过构建市级指导、区级统筹、街乡落实、社区参与的四级居家养老服务网络，实现老年人在其周边、身边和床边就近享受居家养老服务。为建设

---

[1] 张琪、张栋等：《北京市"9064"养老格局的适应性研究》，中国劳动社会保障出版社，2014，第28页。

"三边四级"养老服务体系,北京市在居家养老服务的运作模式、服务内容等方面不断探索和创新。具体表现为以下几方面。

一是推行"驿站式"养老服务模式。北京市从2016年开始在全市社区层面开展社区养老服务驿站建设,截至2018年底全市社区养老服务驿站已达到680余家。这些养老服务驿站是根据老年人在全市的空间分布设立,从而确保全市每4～10平方公里内均有一个集日间照料、无障碍出行、老年营养餐配送、医疗护理等服务于一体的小规模多机能的社区养老服务驿站。区别于北京市社区养老照料中心,社区养老驿站更加强调精细化、个性化的养老服务,其所有服务项目都可以实现护理员上门服务,因此也被称为老年人家门口的"服务管家"。另外,从运作层面来看,社区养老服务驿站由政府建设或提供设施,由专业的社会组织或者企业运营,因此"驿站式"的养老服务模式充分发挥了政府、市场和社会三方面的作用,为满足老年人多层次、多样化养老服务需求提供了新思路。

二是建立居家养老助餐服务体系。北京市鼓励大型专业餐饮服务商(中央厨房)利用自身独立的服务网络、科技手段等,通过"餐饮服务商(中央厨房)+社区配送+老年人家庭"方式直接为老年人提供助餐服务[1]。目前,北京市有8个区根据各自特点构建了各具特色的养老助餐服务模式,如西城区以"老字号"餐饮企业和辖区内单位食堂为服务网点形成的老年餐专供网络服务模式、朝阳区"1+43+N"的居家养老助餐服务模式、顺义区"中央厨房+社区助餐点+义工送餐"的服务模式等[2],均为构建老年人满意的养老助餐服务模式做出了有益的探索。

三是提供居家养老医养结合服务。当前北京市超过90%的老年人选择居家养老和社区养老的养老模式,而老年群体愈发呈现"三高"(高龄化、高空巢率、高患慢病率)的趋势,这一现状促使北京市进一步推动社区老年医疗服务体系与社区长期照顾体系的融合发展。北京市主要推行"社区

---

[1] 侯惠荣、高丽华、王峥:《北京居家养老医养结合服务相关问题研究》,《社会政策研究》2017年第5期。

[2] 金可:《北京8区试点建设养老助餐服务体系》,《北京日报》2016年10月18日。

卫生服务中心（站）+康复医院+护理院+三甲医院"与社区养老驿站相结合的模式，以确保基本的医疗健康服务延伸到家。北京市丰台区创新推出了医养结合"363"工程，支持"以医办养、以养办医、医养共办"三种模式，并制定了"整合医疗卫生系统编制、在奖励性绩效工资分配上增加权重、对家庭医生上门服务给予补贴"等六项措施[1]。

2. 机构养老服务模式

在机构养老方面，北京市一方面推动养老机构配置医疗资源和医疗机构内设养老机构，促进医养结合养老服务发展，另一方面鼓励社会资本参与养老服务，涌现出了养老服务的PPP模式。

医养结合方面，从2014年开始，北京市政府要求全市养老机构和养老照料中心通过配套设置、独立设置、协议合作3种方式完善医疗条件，推动医疗和养老资源结合[2]。并且推动建设内嵌于专业医疗机构内部的老年病区、老年科室等，以提高医养结合的专业化程度，构建起养老、照护、康复、临终关怀服务相互衔接的服务模式。医养结合的养老模式破解了传统医养分割的弊病，二者的有机结合使老年人多样化的健康服务需求得到满足。北京市东城区光大汇晨老年公寓是北京首家医养结合型老年公寓，公寓与老年医院隆福医院建立合作，将医院与养老院相结合，以中西医结合的老年康复为特色，为老年人提供了优质、专业的健康照料服务。

养老机构运营模式方面，北京开启了养老服务领域的PPP模式。所谓PPP（Public-Private Partnership）模式即公私合营模式，是指民间资本通过与政府进行融资合作而参与公共基础设施建设的一种项目融资模式。目前，北京养老服务PPP模式的主要运作方式为政府出资、定向购买、契约管理和评估兑现[3]。2017年，由北京市政府和朝阳区政府投资、柏利建设提供代

---

[1] 侯惠荣、高丽华、王峥：《北京居家养老医养结合服务相关问题研究》，《社会政策研究》2017年第5期。
[2] 沈俊：《北京市医养结合养老服务模式分析》，《医学与社会》2018年第3期。
[3] 田明：《我国养老服务"公办民营"模式研究——以北京汇晨老年公寓为例》，硕士毕业论文，华北电力大学，2013，第18页。

建管理服务、乐成养老负责运营的朝阳区恭和养老公寓正式投入运营，标志着北京第一个 PPP 合作模式的医养结合型养老机构的成立。该公寓采用 ROT（改造—运营—移交）PPP 方式，将政府投资建设的养老设施委托给专业社会力量进行运营管理，从而达到了政府、市场、社会组织、老年人多方共赢的局面。

（二）上海

上海是我国最早进入老龄化社会的城市，目前还面临高龄化的压力。截至 2017 年底，上海市 60 岁及以上常住人口达到 539.12 万人，65 岁及以上常住人口达到 345.78 万人，老龄化率（指 65 岁及以上常住人口占全部常住人口的比重）达到 14.3%。按照联合国划分标准，一个国家或地区 65 岁及以上老人占总人口的 7%，即被视为进入老龄化社会，在国内超大城市中上海的老龄化程度是最高的。此外上海市人口老龄化还呈现出户籍老年人口老龄化程度显著偏高、外来老年人口规模持续扩大、80 岁及以上高龄老人增长速度快等特点。有关部门根据当前上海市人口年龄结构、人口机械变动和自然变动情况以及上海城市人口总量规划目标 2500 万人等因素测算，预计在 2030 年左右，上海 65 岁及以上常住老年人口规模将达到历史峰值，约为 480 万人，常住人口老龄化率为 19.2%[1]。

面对人口老龄化和高龄化的双重挑战，上海市政府进行了充分有效的规划。20 世纪 90 年代率先出台《养老机构管理办法》，该办法后上升为地方性法规。2000 年率先实施社区居家养老服务，提出"9073"发展目标，并在全国形成了示范和带头作用，逐步形成了以居家为基础、以社区为依托、以机构为支撑、医养相结合的社会养老服务格局[2]。2008 年在全国率先开始实施"养老机构意外责任险"，2010 年发展成为"上海市养老机构综合责任

---

[1] 上海市地方志办公室编《上海与国内主要城市人口结构比较》，《上海年鉴（2018）》，http://www.shtong.gov.cn/dfz_web/DFZ/Info?idnode=251894&tableName=userobject1a&id=412450。

[2] 聂日明：《上海的"9073"养老模式》，《同舟共进》2018 年第 4 期。

险",由市、区与养老机构三方共同承担保费。2012年发布《上海市养老服务合同示范文本》,两年后作为社会领域的示范项目予以推广。2013年起试行居家医疗护理费用医保支付政策,并在此基础上积极推进长期护理保险制度试点。2014年为贯彻落实《国务院关于加快发展养老服务业的若干意见》(国发〔2013〕35号)要求,深化"9073格局",出台了《关于加快发展养老服务业推进社会养老服务体系建设的实施意见》,全面构建涵盖服务供给、服务保障、政策支撑、需求评估、行业监管"五位一体"的社会养老服务体系,同年发布了我国第一部养老机构地方性法规——《上海市养老机构条例》。2015年出台了《关于完善本市养老基本公共服务的若干意见》和《关于鼓励社会力量参与本市养老服务体系建设的若干意见》,加大公办养老机构改革力度。2016年出台了《关于本市养老服务业企业登记管理的实施意见》,推进养老服务业企业登记便利化;修订了《上海市养老机构服务收费管理办法》,进一步推进养老服务市场的规范化发展;同年5月,新修订《上海市老年人权益保障条例》,成为发展养老服务业的重要法制保障养老服务规范化和标准化建设;出台《社区居家养老服务规范》《老年照护等级评估要求》《养老机构设施与服务要求》《养老机构应用标识规范》等地方标准。2017年,出台了《公建养老服务设施委托社会力量运营的指导意见》和《关于加快推进本市养老护理人员队伍建设的实施意见》,提升养老护理从业人员队伍素质[1]。上海市近些年来在加强养老服务供给侧结构性改革、推动养老服务业的转型升级等方面进行了有益的探索。

一是养老服务供给多元化。上海市依托市、区两级养老设施布局专项规划,连续多年将建设与发展养老床位、社区居家养老服务、老年人日间服务中心等列入市政府实事项目,有效确保全市养老设施总量稳定有效供给,目前已基本形成"居家+社区+机构"的养老服务格局[2]。在居家养老层面建立了以保障高龄、独居、空巢、失能和低收入老人为重点,借助专业化养老

---

[1] 上海市人民政府政务公开,http://www.shanghai.gov.cn/nw2/nw2314/nw2319/index.html。
[2] 《市政府要完成的与人民生活密切相关的实事项目(2000-2019)》,《上海市人民政府网历年实事工程回顾》,http://www.shanghai.gov.cn/nw2/nw2314/nw2319/nw11498/nw11510/index.html。

服务组织，提供生活照料、家政服务、康复护理、医疗保健等服务的居家养老服务体系。在社区养老层面建立了"社区长者照护之家"和"睦邻互助点"，有效提升中心城区和远郊农村的养老服务能力。在机构养老层面打破政府直办、直管的传统做法，积极引导和鼓励社会力量兴办老年公寓、福利院、敬老院等养老机构，运用市场机制激发民间参与活力，取得了一定的成效[①]。

二是养老服务行业规范化。在市级层面先后启用养老机构日常管理服务系统、统一需求评估系统、居家养老服务系统等，积极建设综合性的市级养老服务综合信息平台；区级层面大部分区已建成区级养老服务信息管理平台，对老年照护需求评估、服务分派、监管等各环节实行一体化管理。公安局、民政局、食药监局等多部门联合组织开展消防安全专项治理，规范养老机构、养老服务组织的用餐安全。建立养老机构等级划分和评定制度，对养老机构的人员配备、设施设备条件、管理水平、服务质量、社会信誉等进行综合评估，依托962200社区服务热线设立市养老服务机构投诉热线，接受市民举报、投诉和建议。支持组建养老服务行业协会，构建政府、中介组织、养老机构三方管理体制，开展行业自律、行业管理、行业交流和行业培训等[②]。

三是养老服务能力不断优化。强化养老护理人员队伍建设，出台扶持政策缓解护理人员缺乏、工作意愿不足的困境，特别是加强护理员行业的专业教育、在职教育和岗位技能培训。在全市范围内试点长期护理保险制度，为失能老年人基本生活照料和与基本生活密切相关的医疗护理提供服务或资金保障。培育"智慧养老"型社会组织和企业，将物联网、云计算等信息技术运用于养老服务，通过便民信息网、电话专线、健康档案、服务手册等形式，搭建养老服务信息平台，为老年人提供便捷的服务[③]。

---

① 民政部政策研究中心课题组编《上海养老服务发展研究》，《科学发展》2016年第1期。
② 《上海市构建"五位一体"养老服务工作格局》，《中国社会工作》2018年第17期。
③ 朱勤皓：《上海：共识 共有 共建 共享》，《中国民政》2018年第11期。

（三）广州

广州市在1992年就已经步入老龄化社会，是我国老龄化程度高、养老问题突出的城市之一。截至2017年底，广州市60岁及以上户籍老年人口已经超过161万，占户籍人口总数的18.02%，处于中度老龄化社会。据预测，广州市60岁及以上老年人在2030年将达到221万，比2010年翻一番。除了老龄化程度逐渐加深之外，老年人口高龄化、独居老人不断增多是近年来广州人口老龄化呈现的新趋势和特点。

面对日趋严峻的人口老龄化趋势，广州市近年来接连出台多项涉老政策，包括《广州市人民政府关于加快养老服务业综合改革的实施意见》《广州市民办养老机构资助办法》《广州市公办养老机构入住评估轮候管理办法》《广州市社区居家养老服务评估指引》《广州市养老机构服务人员就业补贴及岗位补贴试行办法》《广州市民政局关于全面推行养老机构责任保险的通知》等，从财政支持、人才培养、服务评估、运营监督等多方面为社会养老服务体系的构建奠定了制度基础。此外，广州市充分发挥政府和市场的作用，政府支持、市场运作、社会监督，逐渐形成了科学评估体系、服务需求、宣传引导和服务队伍四位一体的社区居家养老模式[1]。

1. 以"大配餐"为切入点的社区居家养老模式

2016年上半年，广州市通过对老年人的走访调查，发现助餐配餐服务是居家老年人最迫切需要的养老服务[2]。以此为切入点，广州市开展了以助餐配餐服务为重点的居家养老和社区养老服务改革，逐步构建起覆盖全市的"大配餐"服务体系。

在政策方面，广州市相继出台《社区居家养老服务改革创新试点方案》《关于进一步提升老年人助餐配餐服务的通知》《开展老年人助餐配

---

[1] 谈华丽：《新时期城市社区居家养老创新模式探讨——基于广州的实践》，《珠江论丛》2017年第2期。

[2] 广州市民政局：《小小一餐饭，养老大改革——记广州长者饭堂》，《中国民政》2018年第9期。

餐服务指引》等文件，并且将养老助餐配餐服务纳入市委全会报告和政府工作报告，从制度层面保障了助餐配餐改革工作的顺利实施。此外，为了解决政策知晓度低、项目推进难等问题，通过电视报刊报道、网络消息推送、社区入户宣传、免费试吃体验等多种方式广泛发动宣传，确保改革落地。

在资金层面，广州市改变过去政府"唱独角戏"的做法，除了市、区两级财政之外，积极引导企业、慈善组织、社会团体、社区、家庭和个人等多方参与。政府财政主要用于项目开局起步阶段的基础设施建设，例如设施设备购置、场地装修、网络建设等，而对各区助餐配餐服务进行补贴的资金则主要来自福利彩票公益金，广州市慈善组织则通过发起"爱心午餐"计划为长者饭堂筹集慈善资金。"政府补一点、企业让一点、慈善捐一点、个人掏一点"，广州市通过调动多方力量参与老年人助餐配餐改革工作，逐步形成政府、社会、家庭、个人等多方共建共治共享的良好格局。

在运营层面，助餐配餐服务以长者饭堂为依托，建立"中央厨房+长者饭堂+入户"三级配送链。在已有的居家养老综合服务信息平台、"智慧社区"平台的基础上，广州市通过政府购买服务的方式将长者饭堂交给各类社会主体运营管理，主要负责老年人就餐登记、组织以及送餐等服务。从当前发展情况看，社会力量已经成为提供助餐配餐服务的主体，运营占比为85%，养老服务企业也逐渐呈现规模化、专业化和连锁化发展的趋势和特点[①]。

在监管层面，广州市通过完善食品安全监管机制，一方面强化政府监管，建立巡查和通报制度，另一方面注重舆论和公众监督，不断加强行业规范和自律。此外，通过建立第三方评估机制，每年委托第三方评估机构对长者饭堂和配餐供应机构的运营和管理情况组织一次评估，对优秀的予以奖励，不合格的进行整改或中止合同，从而督促相关机构不断提高服务质量，确保养老助餐配餐服务的安全与质量。

---

① 广州市民政局：《小小一餐饭，养老大改革——记广州长者饭堂》，《中国民政》2018年第9期。

"大配餐"以老年人最关切的小事出发,从政策、资金、运营以及监管等方面引导社会多方参与,形成共建共治共享的格局,成为广州市社区居家养老服务模式的一大亮点。

2. "政府支持+社区运营+社工服务"社区居家养老服务模式

广州市海珠区沙园街老年人口较多,养老服务一直被作为街道的重点民生工作,逐渐探索出"政府财政支持+社区服务中心直接运营+社工、义工、志愿者服务"的新模式,总结起来为"二元化"服务阵地、"三联动"运作方式、"三引入"服务模式和"五优化"保障机制。在服务阵地上,街道充分利用省、市、区的财政资金,整合街道资源,建立了2300平方米省居家养老服务示范中心,并且充分激活社区资源,建设了13个星光老人服务点,利用综合服务信息平台努力打造"没有围墙的养老院"。在运作方式上,沙园街通过调动社会各方力量参与居家养老服务,联动医院为老年人进行免费体检、举办健康讲座,并提供、紧急呼叫、家庭出诊等服务;联动学校举行兴趣小组活动,丰富老年人的精神生活;联动企业对社区老年人进行探访服务,慰问孤寡老人与残疾人士。在服务模式上,通过引进社会工作专业队伍为老年人提供无偿、抵偿、有偿的居家养老服务;聘请香港督导提供专业的规划、管理和服务方面指导;引入"居家养老服务统一评估机制",评估老年人的服务需求,满足老年人个性化服务需求[1]。在保障机制上,不断优化上门服务、专业服务、个性服务、运营服务与维权服务,建立社区服务与老年人需求相匹配的保障机制。

3. "医养护"三位一体的机构养老服务模式

广州市天河区珠吉街从2003年开始,逐步探索出以卫生站为依托、以养老院为基础、以护理院为辅助的"医养护"三结合的机构养老服务模式[2]。

其中卫生站通过增加业务用房面积、科室与人员、设备设施等,具备

---

[1] 谈华丽:《新时期城市社区居家养老创新模式探讨——基于广州的实践》,《珠江论丛》2017年第2期。
[2] 《"医养护"三结合——广州天河区珠吉街养老院》,《人民之声》2017年12月15日。

了全科医疗服务能力,能够为该地区老年人提供必要的医疗服务。养老院通过完善硬件基础设施、增加专业护理人员等方式,从硬件和人员方面不断提升专业养护托管、娱乐康复等功能,以满足老年人的生理、心理需求。护理院则主要为老年人提供日常的生活照顾、健身娱乐、养生保健、康复治疗以及临终关怀服务。卫生站、养老院和护理院三者各具重点,相互协作,为当地老年人提供全方位、多层次、人性化、专业化的生活、护理与医疗服务。

(四)深圳

深圳作为国内"最年轻的一线城市",常住人口平均年龄不超过32.5岁。资料显示,截至2017年12月,深圳60岁及以上户籍老年人口总数为29万多人,占户籍总人口的比例约为6.7%,其中福田、罗湖、南山三个区的60岁及以上常住老年人口占全市老年人口的比例超过50%[1]。预计"十三五"期间,深圳60岁及以上户籍老年人口每年以6.52%的速度增长,到2020年60岁及以上户籍老年人口将达到33万多人。深圳也即将走向老龄化。

纵观深圳市养老服务的发展,其养老保险改革走在了时代前列。1999年1月1日,深圳市人大常委会通过《深圳经济特区企业员工社会养老保险条例》,以立法的形式对养老保险改革进行了肯定,使得企业在市场竞争中保障了广大职工的合法权益,为全体职工构筑了社会保险安全网[2],成为全国最早进行养老保险改革的城市。2007年,深圳市民政局出台《深圳市社区居家养老服务实施方案》,确定了深圳社区居家养老服务补助标准计划。2011年,深圳建立起包括基本养老保险、地方补充养老保险、企业年金等多层次的社会养老保险,年满18周岁户籍人口基本都被纳入社会养老保险,基本实现了城镇居民社会养老保险全覆盖[3]。此外,

---

[1] 深圳市统计局编《深圳统计年鉴》,中国统计出版社,2018,第56页。
[2] 李连刚:《统一养老保险制度和深圳养老保险立法》,《特区理论与实践》1999年第5期。
[3] 《深圳居民养老保险基本全覆盖》,《深圳商报》2011年6月3日。

还出台了《深圳市人民政府关于加快发展老龄服务事业和产业的意见》《深圳市养老设施专项规划（2011~2020）》《深圳市无障碍设施建设与改造规划（2013~2015）》《深圳市养老服务设施用地供应暂行办法》《深圳市公办养老机构建设和运营指引》《深圳市民办社会福利机构资助试行办法》《深圳市人民政府办公厅关于印发老年人专用智能产品与服务发展行动计划（2015~2017年）》等政策措施[1]。2016年，深圳市又编制并印发了《深圳市养老服务业发展"十三五"规划》，明确了未来五年的发展目标，规划了发展方向，制定了总体方略，为推动深圳市养老服务业加快发展提供了强有力的方向指引和政策支撑。2017年，民政部将深圳市定为全国养老服务业综合改革试点和国家级医养结合试点城市，深圳市密集出台《深圳市公办养老机构入住评估轮候管理办法（试行）》《关于全面放开养老服务市场提升养老服务质量的若干措施》《深圳经济特区养老服务条例》《深圳市关于加快商业养老保险发展的实施意见》等一批政策性规范性文件；《深圳经济特区养老服务条例（草案送审稿）》也已进入立法程序，将为养老服务提供政策创新和法规保障。

为应对加快到来的"银发浪潮"，近年来深圳不断加强养老服务体系建设，其中互联网智慧养老、"家门口"养老等"深圳模式"被广为称道。

一是打造适度普惠型社会养老服务体系。政府牵头大力实施"养老重大民生工程"项目，投资建设市养老护理院、市社会福利中心等项目；引入社会资本，鼓励社会资本以独资、合资、合作等方式投资养老，或与政府的养老项目对接，例如福田区社会福利中心与万科公司签订PPP试点项目协议，共同打造托养、日间照料、居家养老、医养结合"四位一体"的新模式；提出建立"养老1336服务体系"即搭建1张智慧养老服务网，用好政府、市场、社会公益3种力量，做实政府基本保障、居家社区联动、机构养老3种服务，构建"市—区—街道—社区—站点—家庭"6个养老服务层

---

[1] 赵冰：《都市养老服务体制机制改革探析——以深圳为例》，《特区实践与理论》2018年第4期。

级，增强老年人的获得感和幸福感①。

二是创新养老服务模式。市民政局与深圳职业技术学院共同建设深圳健康养老学院，通过"政校行企"深度合作、"产学研用"良性互动，引入社工专业服务、"社工+义工'双工'联动"，创新养老服务人才培养模式。引进日本微风株式会社、德国蕾娜范集团、法国高利泽集团等国际知名养老服务机构及其管理模式；成立前海人寿幸福之家养老院项目，探索"养老+医疗+保险"生态模式；与中兴通讯公司签订战略合作框架协议，双方联合打造全市统一的"科技助老平台"，以"互联网+居家养老"的服务模式，为居家养老者提供情感关爱、预约挂号、生活服务、文化娱乐、健康管理等全方位服务②。

三是提升老年福利保障，满足多层次养老服务需求。建立以高龄津贴、居家养老补贴、特困老人集中供养、老年优待等为主要内容的老年人福利保障体系。通过"群众点选、政府埋单"方式精准对接居民的养老需求，宝安区开展的老宝贝智慧医护安全港计划、长者睡眠关爱计划、长者心灵关爱志愿者服务训练营、居家老人药品管理服务、适老化浴室改造计划等项目，给社区长者尤其是高龄老人带来福祉。

（五）小结

北京市在社区养老服务驿站、居家养老助餐、医养结合、PPP等社会养老服务模式上进行了积极探索和创新发展；上海市依托社区发展"长者照护之家"和"睦邻互助点"，利用信息技术探索面向"互联网+"时代的智慧养老新模式；广州市通过"大配餐"服务引导社会多方参与，"政府支持+社区运营+社工服务"的社区居家养老服务模式也是一大亮点；深圳市提出"养老1336服务体系""社工+义工'双工'联动"等服务模式精准对接居民的养老需求……这些实践和做法均可起到全国范围的示范引领作用。

---

① 《深圳特色"养老1336服务体系"呼之欲出》，《中国社会报》2018年12月20日，第1版。
② 阚梓真：《深圳社区养老服务多元供给困境及改进策略研究》，硕士毕业论文，深圳大学，2017。

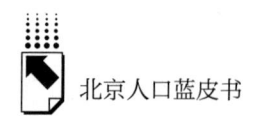

三 启示

随着北、上、广、深四座超大城市社区居家养老服务供需矛盾的急剧增加，单靠政府提供公共服务显然已经力不从心，政府、企业、社区组织、社会团体、居民等利益相关者合作共同治理模式乃是大势所趋。通过对上述发达国家和国内北、上、广、深四座超大城市的养老服务发展情况进行梳理研究，发现当前的养老服务供给主体主要有三方力量，分别是政府、企业和非营利组织（见图1）。政府作为治理主体，主要负责制定和实施相关法律法规、建设区域内公共设施、提供大部分公共服务；企业作为市场化机制的代表，不断创新养老服务内容，为老年人提供更加多元化、专业化的居家养老服务；非营利组织，包括社区组织和社会团体，通过参与区域公共生活维护和改善社区的基础设施、提供公共服务以增进社区整体福利，这不仅可以弥补政府提供居家养老服务的资源不足、服务效率不高等缺点，还可以弥补完全由市场机制运作的私营养老机构收费过高的不足[①]。

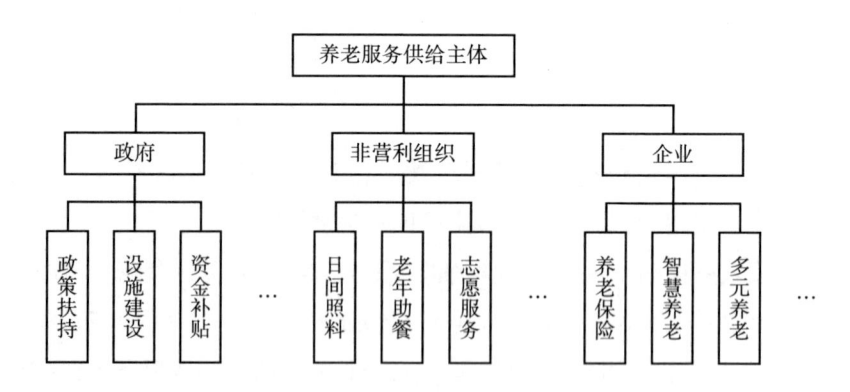

图1 养老服务供给模式

[①] 赵乐：《社区居家养老服务中政府与市场角色定位分析》，《社会工作（下半月）》2010年第5期。

由此可见，多方主体参与、多举措发展的社会化养老服务势在必行，本报告为此提出以下四点建议。

1. 主动对接城市发展战略，优化养老设施布局

超大特大型城市，需要正视"人多地少"的空间资源现状，同时还要结合城市功能定位和发展规划对公共产品进行差异化布局，制定出不同区域的设施配置标准，以确保在满足刚性需求的同时充分预留出弹性增长空间。一方面通过技术手段监测评估实有人口中老年人口的变化趋势，适时调整规划，另一方面通过引导部分中高端养老设施建设，提升城市整体养老服务能级和城市品质。

2. 建立健全老龄工作相关标准和规范，完善养老服务标准体系

围绕养老服务工作各个领域和环节，逐步建立健全与老龄工作相关的国家标准和行业标准。构建科学合理、层次分明、配套全面、功能完备的养老服务标准体系。完善养老服务通用基础、养老服务技能、养老服务机构管理、居家养老服务、社区养老服务、老年产品用品等方面的标准。鼓励具备相应能力的社会组织和产业技术联盟，协调相关市场主体，共同制定满足市场和创新需要的标准。鼓励养老企业制定具有竞争力的企业标准，并向社会主动公开，增加标准的有效供给。

3. 鼓励多元供给，从需求侧出发提供多元化养老服务

政府作为调配公共资源的主体，应在关注"保基本"公共服务的同时，适当发展市场化养老机构、老年公寓和老年社区，为不同需求的老人提供更专业化的养老服务。鼓励民间资本投资运营养老服务机构，降低民间资本进入门槛，简化审批手续、规范申请程序、公开机构信息，为民间资本投资养老提供便捷服务；同时在财税、用地、人才、技术及服务模式等方面给予政策倾斜和扶持，充分调动企业和社会组织等参与养老服务业的积极性，满足多元化养老服务需求。

4. 营造健康老龄化氛围，探索全民参与的有效实现形式

在不断提升老年人养老保障和社会福利水平的同时，应加强社会引导，将健康老龄化、积极老龄化的理念引入公共卫生教育，使人们对于人口老龄

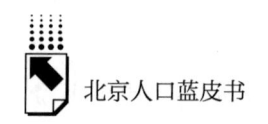

化有更加科学的认知，能够在中青年时期就在经济、生理和心理等方面做好准备，为拥有健康、积极的老年期生活创造基础条件。还应加强舆论宣传和政策保障，为老年人参与社会搭建平台、创造条件，调动老年人的积极性和主动性，使老年人抛开以往被动、消极的角色定位，积极参与社区建设、社会建设，促进健康老龄化、积极老龄化的实现。

B.12 北京市老年人认知功能社区干预研究*

薛伟玲**

摘　要： 结合城乡区域特征，本研究分别在北京农村社区采取干预实验方式，在城市社区采取深度访谈方式开展研究，旨在探讨存在于社区中的北京市老年人认知健康保护因素和干预方案。通过研究主要有以下发现：第一，老年人认知干预项目不仅对老年人的认知健康有积极作用，而且对于老年人的心理健康、生存质量、社会支持水平等都有一定的积极作用；第二，心理健康干预和社会支持水平的提升并不能直接提升老年人的认知健康水平，需要有专门的认知干预方案作为支撑；第三，社区公共服务对于老年人认知健康的积极作用需要建立在动员老年人参与的基础上；第四，整合干预模式是一种更加可取的认知健康干预方案；第五，需要跳出"重机构、轻社区""重治疗、轻预防"的传统模式，从社区环境营造、专家支持、社区中各种社会支持力量的发掘入手，找寻存在于社区中的老年人认知健康关键保护因素，增强老年人的抗逆力，应对脆弱性风险。

关键词： 老年人　认知功能　社区干预

---

* 该研究为北京市社会科学基金研究基地项目"北京市老年人认知功能下降的社区干预研究"项目阶段性成果，项目编号：16JDSRC004。
** 薛伟玲，博士，北京市委党校社会学教研部讲师，主要研究方向：老年健康、人口经济学。

根据国家统计局公布的2018年中国统计年鉴数据，2017年北京市65岁及以上老年人口比重高达12.5%，高于全国同期11.39%的水平。不断加深的人口老龄化激发了学界和政策制定者对于老年健康的广泛兴趣。由于国际医学界仍处于对阿尔茨海默病发病机理、治疗药物和手段的摸索期，所以研究者对老年人认知健康议题尤其关注。一项流行病调查结果显示：在全球65~85岁老年人口中，阿尔茨海默病发生率高达10%（Green MS，Kaye JA，Ball MJ，et al.，2000），是老年人身心健康的重要威胁因素。

目前学术界对于老年人认知功能的研究主要集中于医学、公共健康学、心理学领域，社会学领域的研究相对较少。医学界近期的研究尤其关注遗传学的研究（Caselli，et al.，2004；Elias-Sonnenschein，et al.，2011；陈晓红等，2004）。公共健康学者更加关注锻炼（杨云等，2009；曹敏等，2012）、休闲活动（殷淑琴等2011；Matthew，et al.，2008）、抽烟（Ott，et al.，1998；Janie et al.，2012）和饮酒指标（刘瑞华等，2012）对老年人认知健康的作用。心理学的研究发现认知水平与不同心理状态有关（Petersen，et al.，2001），抑郁状态是老年人出现认知障碍的危险因素（Rijsdijk，et al.，2001），保持乐观心理状态的老人的认知功能也更加健全（易尚辉等，2008）。目前社会学学科对于老年人认知功能的关注主要集中在对人口背景学变量和社会资本变量的作用上，女性、受教育程度较低、增龄、丧偶都是老人认知障碍发生的危险因素（任艳峰等，2007；张卫华等，1990；Zhang MY，et al.，1990；易伟宁等，2008；李志武等，2007；唐牟尼等，2001；Tervo et al.，2004；Hanninen，et al.，2002）。

在此背景下，突破生理本位疾病观，从生活方式、情绪调节、社会网络和活动参与等方面进行调节和干预，以降低老年人认知功能下降速度，防止认知功能过度损伤而最终罹患阿尔茨海默病，更具有重要意义。结合研究需要和区域特征，该研究于2017年5月~2018年9月间，分别以在农村社区进行实验，在城镇社区进行深度访谈的方式对研究主题展开研究，旨在从积极预防理念出发，探讨存在于社区中的北京市老年人认知健康干预因素，以及干预模式的有效性。

一 干预研究基本情况

（一）北京市老年人认知功能社区干预数据库基本构成

1. 干预村和参照组选定过程

考虑到城镇地区公共服务供给更加充分，社区服务、志愿服务都相对更加完善，老年人社区活动也非常丰富，所以很容易对干预实验带来干扰、交互影响，而使得无法通过实验结果来判断项目的干预方案是否有效。所以该项目点选择在实验环境相对更加"纯粹"的农村地区进行社区干预实验，根据村落情况、研究需要和可行性，该研究采用有控制、有前测和后测的实验研究方法，选择在八达岭镇采取整群抽样方式，按照自愿参与和知情同意的原则招募符合条件的老人。在进行干预方案可行性评估之后，确定将DF村作为干预村，将BS村和SX村作为参照村，第一次调查回收样本272人，数据回收后，发现DF村老年人认知功能远远好于参照村，随后研究小组对这种情况进一步考察，结果发现DF村在此期间发生了一个非常大的社会事件——拆迁。在无法评估该社会事件是否对老年人认知状况产生了积极作用的前提下，研究小组决定更换方案，经过进一步深入评估，将在干预期不会出现重大社会事件的村庄纳入干预村和参照村，进行基线调查。最终确定BS村和SX村为干预村，XF村和DC村为参照组。基线调查共调查到了255名老年人，其中，来自BS村的有106名老年人，来自SX村的有24名老年人，来自XF村的有72名老年人，来自DC村的有53名老年人。终期调查共调查到203名老年人，其中BS村88人，占43.35%；SX村14人，占6.9%；XF村55人，占27.09%；DC村46人，占22.66%。排除掉无效问卷，基线调查和终期调查均调查到的有192名老年人，将该部分老年人的基线调查数据和终期调查数据合并成为一个实验数据库。进一步删除极端值，将干预前后MMSE分值差超过15分的两个个案删除，最终形成一个由190名老年人组成的基线调查数据和终期调查数据的平衡面板数据。其中，来自

参照组的老年人有96人，占50.53%；来自干预组的老年人有94人，占49.47%。从村落分布来看，来自BS村的老年人有80人，占42.11%；来自SX的老年人有14人，占7.37%；来自DC村的老年人有43人，占22.63%；来自XF村的老年人有53人，占27.89%。

2. 参照组和干预组性别构成

190位老年人中，有93位女性，占48.95%；97位男性，占51.05%。参照组96位老年人中，男女各48位，各占50.00%。干预组94位老年人中，有45位女性，占47.87%；有49位男性，占52.13%。卡方检验结果显示，卡方值为0.09，参照组和干预组之间不存在显著的性别差异。

3. 参照组和干预组年龄构成

190位老年人的平均年龄71.99岁，最小60岁，最大91岁。参照组老年人平均年龄71.56岁，最小60岁，最大91岁；干预组老年人平均年龄72.43岁，最小60岁，最大90岁。T检验结果显示：t值为-0.76，干预组和参照组老年人之间不存在显著的年龄差异。

4. 参照组和干预组教育构成

从受教育程度来看，除去缺省值，在188位老年人中，文化程度为小学以下的有97人，占51.60%；文化程度为小学的有66人，占35.11%；文化程度为初中及以上的有25人，占13.30%。其中，在参照组中，文化程度为小学以下的有48人，占50.53%；文化程度为小学的有30人，占31.58%；文化程度为初中及以上的有17人，占17.89%。在干预组中，文化程度为小学以下的有49人，占52.69%；文化程度为小学的有36人，占38.71%；文化程度为初中及以上的有8人，占8.60%。卡方检验结果显示卡方值为3.77，参照组和干预组之间不存在文化程度上的差异。

（二）参照组和干预组的划分依据

对参照组和干预组基线调查的MMSE得分结果的比较显示，参照组和干预组之间存在显著差异，t检验结果显示t值为-1.84，P值为0.03，参照组的MMSE得分为26.33分，干预组的MMSE得分为27.49分。但是，基于基线数据，对老年人是否存在认知障碍的情况进行考察发现，存在认知障碍的老年人有32位，占16.84%；没有认知障碍的老年人有158位，占83.16%。其中，96位老年人组成的参照组中，有16位老年人有认知障碍的情况，占16.67%；94位老年人组成的干预组中也有16位老年人有认知障碍的情况，占17.02%。卡方检验的结果显示，卡方值为0.0043，参照组和干预组老年人的认知障碍发生率并不存在显著差异。需要指出的是这里对于认知障碍的评分标准，针对国内老年人特征，国内学者通常基于受教育程度确定认知障碍的划分规则，但是，本研究基于对老年人实际文化程度摸底结果，将所有MMSE分数等于或者低于24分的情况均认定为存在认知障碍。

由以上分组数据可知，尽管参照组和干预组老人的MMSE得分之间存在显著差异，但是由于这两个组别老人在年龄、性别、受教育程度变量，以及是否存在认知障碍变量上并不存在显著差异，而且认知干预实验的重点干预人群也是存在认知障碍的老年人，所以这样的分组方案是可以接受的。

二 认知功能社区干预具体方案

（一）核心概念的界定

1.认知功能变量的界定

主要基于同其他被广泛使用的老年人健康状况调查数据库可比的考量，该研究采用简易精神状态量表（mini-mental state examination，MMSE）测评得分来测量老年人认知功能。此处使用的量表是结合老年人特征，在对Folstein等编制的简易精神状态检查量表进行调整的基础上形成的，包括：一般能力、反应能力、注意力及计算能力、回忆能力、语言、理解与自我协调能力。MMSE得分区间为[0，30]，分数越高，表示老年人认知功能越好；分数越低，说明老年人认知功能越差。

2. 实验分组变量的界定

根据实验设计，将被调查老年人分为参照组和干预组。同时，根据老年人认知功能和心理健康状况，在干预组中识别出重点干预人群和普通人群，相应的，对于不同的干预人群提供不同的干预方案。针对重点干预人群，对于流调用抑郁自评量表（CES-D）测评分数值大于15分的老年人开展团体干预活动，以及有守门人和同伴互助计划的心理专项干预活动。对于MMSE得分小于或者等于24分的老年人开展团体干预活动以及有守门人和同伴互助计划的认知专项干预活动。而对于普通老年人，则仅开展团体干预活动。具体为团体干预组、团体干预和心理专项干预组（以下简称"团体+心理专项干预"组）、团体干预和认知专项干预组（以下简称"团体+认知专项干预"组），以及同时包括团体干预、心理专项干预和认知专项干预在内的整合干预组。在基线调查和终期调查都调查到的190位老年人中，参照组老年人有96位，占50.53%；团体干预组老年人有43位，占22.63%；"团体+心理专项干预"组老年人有35位，占18.42%；"团体+认知专项干预"组老年人有3位，占1.58%；整合干预组老年人有13位，占6.84%。

（二）具体干预方案

该项目将社会工作的理念和方法应用于老年人认知功能社区干预研究中。其中，团体干预主要包括老年人认知和心理健康科普活动、义诊、健康大讲堂、放映电影、棋牌比赛、尊老孝亲宣传专栏、重阳节献爱心等活动，旨在通过团体活动的形式提升老年人的心理健康、认知健康水平，同时，提升老年人的包括亲属支持在内的个体社会资本水平和社区社会资本水平。守门人计划则是重点在村居层面建立认知关怀关键人，在基层建立一套"问题发现—问题干预—转诊治疗"的认知问题基础援助机制，该项目共选择9人作为老年人认知健康守门人。同伴互助计划具体可以细分为有守门人主导参与和无守门人主导参与两种形式，采取小组活动的方式开展干预活动，建立高风险老人的自助互助方案，为老年人赋权增能，鼓励老年人积极参与定期交流活动，建立组员之间的经常联系机制，提升老年人社会支持水平和认知健康素养。

三 直接效果分析

(一)总体上社区干预活动对老年人认知功能起到了积极作用

如前文所述,该研究采用有控制、有前测和后测的实验方法开展研究,即事先设定参照组和干预组,在干预活动开始前分别对干预组和参照组老年人的认知功能状况进行基线评估,在干预活动开展后对老年人的认知功能状况进行终期评估。调查结果表明:总体上,干预活动对老年人认知功能起到了积极作用。具体结果见表1。

表1 参照组和干预组老年人认知功能变化情况

类别	干预前			干预后		
	参照组	干预组	参照组-干预组	参照组	干预组	参照组-干预组
MMSE得分	26.33	27.49	-1.16	26.31	27.48	-1.17
标准误			0.63			0.70
t			-1.84			-1.66
P>|t|			0.03			0.05

资料来源:北京市老年人认知健康干预数据库,若无特别说明,本报告其他图表同此。

由表1可知,在干预活动实施前,参照组老年人和干预组老年人的认知功能得分存在显著差异,参照组老年人认知功能得分低于干预组老年人。在干预活动实施后,这种差异依然存在。干预活动后,无论是参照组,还是干预组,老年人认知功能得分均有所下降,但是干预组老年人的认知功能得分下降速度慢于参照组老年人。其中,参照组老年人的MMSE得分从干预前的26.33分下降到了干预后的26.31分,下降了0.02分,即下降了0.08%;干预组老年人的MMSE得分从干预前的27.49分下降到了干预后的27.48分,下降了0.01分,即0.04%。总体而言,干预组老年人的认知功能下降速度比参照组老年人慢,社区干预可以降低老年人认知功能下降的速度。

（二）不同干预方案效果比较：矛盾的结果

为进一步了解不同干预方案对老年人认知功能的影响，对不同干预类型老年人MMSE得分在干预前后的对比情况进行统计分析，结果见表2。

表2 不同干预方案老年人认知功能变化情况

组别	时段	MMSE得分均值	标准差	N
团体干预组	干预前	28.65	1.15	43
	干预后	28.23	1.97	43
"团体+心理专项干预"组	干预前	28.80	0.83	35
	干预后	27.43	2.78	35
"团体+认知专项干预"组	干预前	23.00	1.00	3
	干预后	23.67	5.03	3
整合干预组	干预前	21.15	2.34	13
	干预后	26.00	3.83	13

由表2可知，认知干预后，团体干预组43位老年人的MMSE得分均值下降了0.42分；"团体+心理专项干预"组的35位老年人MMSE均值下降了1.37分。相反地，"团体+认知专项干预"组的3位老年人的MMSE得分均值提高了0.67分；整合干预组老年人的MMSE得分均值提高了4.85分。由此可见，"团体+认知专项干预"组老年人以及整合干预小组老年人的MMSE得分均值有所提升，而团体干预组，以及"团体+心理专项干预"组老年人的MMSE得分均值却有所下降。

（三）干预效果的显著差异存在于有认知专项干预组与其他组别之间

为了检验以上不同干预方案产生的MMSE分值差异是否显著，在此对不同实验组别老年人基线调查的MMSE得分和终期调查MMSE得分的差值做方差分析。由于"团体+认知专项干预"组的老年人仅有3位，所以将此类别与整合干预组老年人合并成为有认知专项干预组，此类别老年人的

MMSE 得分均值从干预前的 21.5 分，上升到了干预后的 25.56 分，上升了 4.06 分。对干预前后老年人 MMSE 分值差变量与干预类型变量进行方差分析的结果显示：F 值为 11.50，在 0.01 的水平下统计显著，表明不同干预类别老年人干预前后的 MMSE 得分差值存在显著差异。那么，这种差异存在于哪一个组别呢？为此进一步在各组之间进行检验，具体结果见表 3。

表 3 不同组别老年人认知功能得分差值的分组比较

组别	参照	团体干预组	无认知专项干预组
团体干预组	-0.40(0.92)		
无认知专项干预组	-1.35(0.19)	-0.95(0.62)	
有认知专项干预组	4.08(0.00)	4.48(0.00)	5.43(0.00)

由表 3 可知，干预前后团体干预组老年人和参照组老年人 MMSE 得分差值的均值差为 -0.40 分，两组之间并不存在显著差异。干预前后无认知专项干预组老年人和参照组老年人 MMSE 得分差值的均值差为 -1.35 分，两组之间无显著差异。干预前后无认知专项干预组老年人与团体干预组老年人的 MMSE 得分差值的均值差为 -0.95 分，两组之间无显著差异。干预前后有认知专项干预组老年人与参照组老年人 MMSE 得分差值的均值差为 4.08 分，且两组之间存在显著差异。干预前后有认知专项干预组老年人与团体干预组老年人 MMSE 得分差值的均值差为 4.48 分，且两组之间存在显著差异。干预前后有认知专项干预组老年人与无认知专项干预组老年人的 MMSE 得分差值的均值差为 5.43 分，且两组之间存在显著差异。由此可知，不同类别干预前后的显著差异存在于有认知专项干预组和其他组别之间。

（四）对分组干预结果的几点思考

通过对以上分析结果的考察，有以下几个主要思考。

1. 心理健康干预方案和社会支持水平提升对于老年人认知健康的积极作用需要认知健康干预方案作为支撑

由以上结果可知，老年人的心理健康和认知健康之间存在很大的关联，

绝大多数存在认知障碍的老年人也存在心理健康问题。但是对存在心理问题同时认知健康的老年人开展团体干预和专项心理干预活动,并未起到显著的积极作用。而对于心理健康和认知健康同时存在问题的老年人进行的包括团体干预、心理专项干预、认知专项干预在内的干预方案,起到了显著的积极作用。同时,社区干预各个方案都有提高老年人社会支持水平的目的,该研究所指的社会支持主要来自家人、亲戚、朋友和邻居。然而,干预结果呈现明显的人群特征充分说明,旨在提升老年人社会支持水平的社区干预本身并不会直接给老年人认知健康带来积极影响。所以,围绕老年人提升心理健康水平和社会支持水平开展的各类社区干预活动并不会给老年人认知功能带来直接的积极作用,其作用的发挥需要以认知专项干预方案作为支撑。

2. 社区公共服务对于老年人认知健康产生积极作用需要考虑对于老年人的动员参与

对数据结果和深度访谈资料进行分析发现,团体干预并不会直接给老年人的认知健康产生积极作用,而团体干预和认知专项干预同时作用则会产生积极作用。正如在深度访谈中老人们普遍谈到的那样"我不知道有这些(公共产品和服务,比如健身器材、健康讲堂、文体活动等)""没用过""不知道怎么参加""没人告诉我""没时间去""那东西没啥用""没几个人需要"……这些回答客观上反映了基层动员能力不足给公共服务供给的有效性带来的挑战。所以,在社区公共服务供给中,前置的需求调查和社区动员是非常必要的,应以评估老年人身心健康状况为基础,提高基层动员能力,做到精准供给,提升公共服务的有效供给水平和效率。

3. 整合干预模式对于老年人认知健康而言是一种更加可取的方案

以上数据分析资料显示:有认知专项干预组老年人的认知功能社区干预效果显著好于其他组别。虽然由于样本量的局限,该研究无法将整合干预组同"团体+认知专项干预"组的社区认知干预效果进行比较,但是仍然可以发现整合干预组老年人认知干预效果是所有组别中最好的。各种干预方案的实施都需要以精准的认知干预方案作为支撑,这样才能发挥其对老年人认知功能的保护作用。所以,从积极预防的角度来看,无论对于认知健康的老年人,还是认知存在障碍的老年人而言,为了保持其认知健康水平,或者至少是降低其认知健康出现不良状况的速度,有必要在日常生活中开展有针对性的认知训练。

四 社区干预间接效果分析

结合研究需要,该部分内容分别从老年人心理健康、生存质量、社会支持水平三个维度,根据干预组和参照组,以及干预组内部不同干预类型老年人相应指标的变化情况,对北京市老年人认知功能社区干预项目的间接效果进行评估。

(一)干预组老年人心理健康状况变化情况

结合老年人的特征,此处对于老年人心理健康的测量同样采用 CES – D 得分情况和孤独感得分情况两个变量来衡量。

1. 干预项目对老年人抑郁的改善效果分析

从 CES – D 得分变量的考察结果发现,干预项目对老年人抑郁状况具有一定的改善作用。对干预前后都调查到的老年人的数据进行分析,结果表明干预项目实施前老年人 CES-D 得分均值为 16.62 分,干预活动开展后为 13.31 分,下降了 3.31 分。不同干预组别老年人该项指标的结果显示:团体整合干预组老年人的 CES-D 得分下降得最快,干预活动开展前该组老年人的 MMSE 得分平均为 27.15 分,干预活动开展后平均为 17.08 分,下降了 10.07 分。干预活动开展前,"团体 + 心理专项干预"组 CES-D 得分平均为 24.33 分,干预开展后,平均为 15.06 分,下降了 9.27 分。

2. 干预项目对老年人孤独的改善效果分析

对于孤独感得分变量的考察结果表明,干预活动明显降低了老年人的孤独感。干预活动开展前,干预组老年人孤独感得分平均为 14.63 分,干预活

动开展后平均为13.34分，降低了1.29分。降低分值高于参照组老年人。对比不同干预组别的孤独感得分可以发现，干预效果最突出的是整合干预组，其孤独感得分从干预活动开展前的19.08分下降到了干预活动开展后的15.38分，下降了3.7分。"团体+认知专项干预"组的孤独感得分从19.50分下降到17.00分，下降了2.50分。"团体+心理专项干预"组的孤独感得分从15.73分，下降到13.27分，下降了2.46分。

对比干预活动开展前后老年人心理健康状况变化的情况，心理专项干预对老年人抑郁状况的干预效果更加突出；心理专项干预和认知专项干预对老年人孤独感状况的干预效果更加突出。对比不同干预类型老年人认知功能的变化情况，同样可以发现，有认知专项干预的方案对于老年人认知健康的干预效果更加突出。所以，对于某种特定的老年人健康问题的干预方案中，有守门人计划、同伴互助计划和家属干预方案的专项健康干预活动显然具有更好的干预效果。

（二）干预组老年人生存质量变化情况

此处基于基线调查和终期调查都调查到的老年人的数据，分析北京市老年人认知功能社区干预项目对老年人生存质量的干预效果。数据分析结果表明该认知干预项目对于老年人生存质量具有明显的积极效果。干预活动开展前干预组的生存质量得分为19.06分，干预活动开展后得分为20.58分，提高了1.52分。对照参照组，基线调查时参照组的生存质量得分为20.39分，终期调查时得分为19.90分，终期调查时参照组的生存质量比基线调查时差，下降了0.49分。

除了参照组和干预组的生存质量得分存在差异之外，干预组内部不同组别的生存质量得分也存在差异。首先，"团体+认知专项干预"组的生存质量提升最为明显，干预活动开展前该组生存质量得分为14.67分，干预活动开展后为17.67分，提高了3分，干预活动促进了该组生存质量的提高。其次是"团体+心理专项干预"组，干预活动开展前该组的生存质量得分为18.24分，干预活动开展后为20.52分，提高了2.28分，干预活动促进了该组生存质量的提高。再次是整合干预组,干预活动开展后,该组的生存质量得分提高了 1.53 分,干预活动开展为 17.62 分,干预活动开展后为 19.15 分,认知活动的开展同样促进了该组生存质量的提高。最后是团体干预组,干预活动开展前,该组的生存质量得分为 20.41 分,干预活动开展后为 21.25 分,提高了 0.84 分,干预活动也促进了该组生存质量的提高。

以上分析表明北京市老年人认知功能社区干预项目对于老年人生存质量具有明显的积极效果。分组比较的结果表明:"团体+认知专项干预"组的生存质量提升最为明显。如果按照不同组别生存质量得分提升大小进行排序,排在第二位的是"团体+心理专项干预"组。排在第三位的是整合干预组。

(三)干预组老年人社会支持水平的变化情况

该部分内容重点讨论干预活动开展前后不同组别老年人社会支持水平的变化情况。在这里重点考察社会支持水平和几种重要的社会关系的变化情况。

1. 干预组老年人社会支持水平变化情况

此处对于社会支持水平的考察基于肖水源的社会支持量表,将社会支持分为主观社会支持、客观社会支持、社会支持的利用度三个分量表,同时使用三个分量表得分的总和来表示社会支持的总体水平。

从主观社会支持得分指标来看,参照组老年人主观社会支持得分从基线调查时的 19.28 分,提高到了终期调查时的 19.54 分,提高了 0.26 分;干预组老年人的主观社会支持得分从干预活动开展前的 17.73 分,提高到了干预活动开展后的 19.56 分,提高了 1.83 分。由此可见,无论参照组还是干预组,其主观社会支持得分都有所上升,但是干预组老年人的主观社会支持得分上升的幅度更大,干预活动的开展有效提升了干预组老年人的主观社会支持水平。此外,在干预组内部,不同干预组别老年人的主观社会支持得分变动情况也存在明显差异,具体情况见表 4。

表4 不同组别主观社会支持得分情况

组别	干预前 均值	干预前 标准差	干预后 均值	干预后 标准差	差值
参照组	19.28	3.93	19.54	4.22	0.26
"团体+心理专项干预"组	18.97	4.75	20.67	4.30	1.70
"团体+认知专项干预"组	10.00	4.58	14.00	9.17	4.00
整合干预组	14.00	3.72	18.08	4.52	4.08
团体干预组	18.43	5.83	19.55	4.40	1.12
合计	18.52	4.84	19.55	4.43	1.03

首先，整合干预模式组的主观社会支持得分提升最多，干预后比干预前提高了4.08分，干预活动开展前为14.00分，干预活动开展后为18.08分。其次，"团体+认知专项干预"组在干预活动开展前的主观社会支持得分为10.00分，干预活动开展后为14.00分，提高了4.00分。再次，"团体+心理专项干预"组的主观社会支持得分提高了1.70分，干预活动开展前为18.97分，干预活动开展后为20.67分。最后，团体干预组变动值最小，提高了1.12分，其中干预活动开展前为18.43分，干预活动开展后为19.55分。

客观社会支持得分变量的结果显示：干预活动有效提升了干预组老年人的客观社会支持得分。基线调查时参照组的客观社会支持得分为11.64分，终期调查时为10.43分，下降了1.21分。干预活动开展前干预组的客观社会支持得分为9.95分，而干预活动开展后则上升了0.53分，变为10.47分。不仅参照组与干预组老年人的客观社会支持得分在干预前后存在差异，而且在干预组内部，不同干预组别的客观社会支持得分也存在明显差异，具体结果见表5。

表5 不同组别客观社会支持得分情况

组别	干预前 均值	干预前 方差	干预后 均值	干预后 方差	差值
参照组	11.64	2.90	10.43	2.48	-1.21
"团体+心理专项干预"组	10.79	2.34	10.82	2.23	0.03
"团体+认知专项干预"组	5.00	2.00	6.33	3.21	1.33

续表

组别	干预前 均值	干预前 方差	干预后 均值	干预后 方差	差值
整合干预组	8.38	2.57	9.38	2.36	1.00
团体干预组	10.11	3.92	10.82	3.07	0.71
合计	10.80	3.25	10.45	2.64	-0.35

首先,在干预组中,"团体+认知专项干预"组的客观社会支持得分变化最大,干预活动开展后提高了1.33分,干预活动开展前为5.00分,干预活动开展后为6.33分。其次,整合干预组干预活动开展后客观社会支持得分提高了1.00分,干预活动开展前为8.38分,干预活动开展后为9.38分。

社会支持利用度指标的结果表明:相比于基线调查时,参照组和干预组对于社会支持的利用度均有不同程度的提高,但是干预组在该指标上的提升值更大。基线调查时,参照组的社会支持利用度为6.58分,终期调查时为7.74分,提高了1.16分。干预活动开展后,干预组的社会支持利用度得分比干预活动开展前提升了1.26分,干预活动开展前为6.16分,干预活动开展后为7.58分。可以发现,干预活动对于提升老年人的社会支持利用度具有效果。具体见表6。

表6 不同组别社会支持利用度情况

组别	干预前 均值	干预前 标准差	干预后 均值	干预后 标准差	差值
参照组	6.58	2.26	7.74	2.40	1.16
"团体+心理专项干预"组	6.39	2.24	7.36	2.83	0.97
"团体+认知专项干预"组	6.00	1.00	8.33	3.21	2.33
整合干预组	5.08	1.80	7.31	2.53	2.23
团体干预组	6.32	2.01	7.43	2.24	1.11
合计	6.38	2.17	7.58	2.45	1.20

由表6可知,虽然干预活动有效提升了老年人对于社会支持的利用度,但是这种作用在干预组内是存在明显差异的。通过和参照组的对比可以发

现，对于仅仅开展了团体活动的老年人而言，干预活动的开展并没有有效地提升其社会支持利用度，干预活动开展前，其社会支持利用度得分为6.32分，干预活动开展后为7.43分，仅提高了1.11分，低于参照组的提高值。同样的，与参照组相比，"团体+心理专项干预"组的社会支持利用度指标变动显然是更小的，干预后仅比干预前提升了0.97分，小于参照组的提升幅度。在干预活动开展前，得分为6.39分，干预活动开展后，得分为7.36分。然而，"团体+认知专项干预"组和整合干预组的社会支持得分的提高值却远远高于参照组。其中，"团体+认知专项干预"组在干预活动开展前的社会支持利用度得分为6.00分，干预活动开展后为8.33分，提升了2.33分，在所有被调查老年人中，该组的社会支持利用度得分提升值最大。整合干预组的社会支持利用度得分在干预活动开展后提升了2.23分，干预活动开展前为5.08分，干预活动开展后为7.31分。

对参照组和干预组社会支持总分在基线调查和终期调查时的情况进行比较发现：虽然相对于基线调查时的分数而言，在终期调查时参照组和干预组的社会支持总分都有不同程度的提高，但是很明显，干预组的社会支持总分提高值要远远大于参照组。参照组的社会支持总分从基线调查时的37.50分提升到了终期调查时的37.71分，提高了0.21分。干预组的社会支持总分则从干预活动开展前的33.84分，提升到了干预活动开展后的37.45分，提高了3.61分。不仅参照组和干预组之间存在差异，而且干预组内部不同组别之间也存在较为明显的差异，具体见表7。

表7 不同组别社会支持总分情况

组别	干预前 均值	干预前 标准差	干预后 均值	干预后 标准差	差值
参照组	37.50	6.46	37.71	7.00	0.21
"团体+心理专项干预"组	36.15	6.82	38.85	6.99	2.70
"团体+认知专项干预"组	21.00	7.21	28.67	11.02	7.67
整合干预组	27.46	7.00	34.77	6.76	7.31
团体干预组	34.86	9.73	37.80	7.64	2.94
合计	35.70	8.02	37.58	7.26	1.88

按照干预活动开展后的社会支持总分变动值由高到低排序依次为："团体+认知专项干预"组、整合干预组、团体干预组、"团体+心理专项干预"组、参照组。"团体+认知专项干预"组的社会支持总分从干预前的21.00分，提高到28.67分，提高了7.67分。整合干预组的社会支持总分从27.46分，提高到34.77分，提高了7.31分。团体干预组的社会支持总分从干预活动开展前的34.86分，提高到37.80分，提高了2.94分。"团体+心理专项干预"组的社会支持总分从干预活动开展前的36.15分，提高到了38.85分，提高了2.70分。

2.干预组老年人各类社会关系的变化情况

此处考察干预项目是否改善了老年人的各类社会关系。具体包括老年人对其与家人关系的评价、老年人对其与亲戚关系的评价、老年人对其与朋友关系的评价、老年人对其与邻居关系的评价。参照组老年人和干预组老年人对其与家人关系的评价结果如表8所示。

表8 老年人对其与家人关系的评价情况

单位：人，%

类别	参照组 基线调查 人数	参照组 基线调查 比重	参照组 终期调查 人数	参照组 终期调查 比重	干预组 基线调查 人数	干预组 基线调查 比重	干预组 终期调查 人数	干预组 终期调查 比重
较差	1	1.04	1	1.08	4	4.35	—	—
一般	14	14.58	11	11.83	28	30.43	3	3.19
较好	81	84.38	81	87.10	60	65.22	91	96.81
合计	96	100	93	100	92	100.00	94	100.00

由表8可知，在干预活动开展后，相对于参照组而言，干预组对自己与家人关系的评价出现了明显好转，干预项目有效地促进了老年人与家人关系的改善。在基线调查时干预组中认为自己和家人关系较差的有4人，占4.35%；认为自己和家人关系一般的有28人，占30.43%；认为自己与家人关系较好的有60人，占65.22%。在干预活动开展后，干预组中没有人认为自己和家人关系较差；认为自己和家人关系一般的比重下降到3.19%；

认为自己和家人关系较好的比重则大幅增加到96.81%，占绝对多数。

老年人对其与亲戚关系的评价结果见表9。

表9　老年人对其与亲戚关系的评价情况

单位：人，%

类别	参照组				干预组			
	基线调查		终期调查		基线调查		终期调查	
	人数	比重	人数	比重	人数	比重	人数	比重
较差	1	1.04	1	1.04	2	2.17	1	1.09
一般	68	70.83	61	63.54	43	46.74	68	73.91
较好	27	28.13	34	35.42	47	51.09	23	25.00
合计	96	100.00	96	100.00	92	100.00	92	100.00

由表9可知，干预活动并没有对老年人与亲戚的关系产生积极作用。反倒是参照组老年人对其与亲戚关系的评价有了明显的改善。参照组中，认为自己和亲戚关系较好的老年人比重从基线调查时的28.13%，上升到终期调查时的35.42%；认为自己和亲戚关系一般的比重则从70.83%，下降到63.54%。而干预组中，认为自己和亲戚关系较好的老年人的比重从基线调查时的51.09%，下降到终期调查时的25.00%；认为自己和亲戚关系一般的老年人的比重则从46.74%大幅提高到73.91%。这似乎是个不太容易理解的现象，但是如果考虑到这里对亲戚的定义可以发现，此处的亲戚是除父母、配偶、子女及与其居住在一起的亲属之外的亲属。所以从居住距离上讲是一种"远亲"的概念。

除了家人关系、亲戚关系外，该部分也对老年人的朋友关系进行了研究。具体结果如表10所示。

表10　老年人对其与朋友关系的评价情况

单位：人，%

类别	参照组				干预组			
	基线调查		终期调查		基线调查		终期调查	
	人数	比重	人数	比重	人数	比重	人数	比重
较差	4	4.17	1	1.08	1	1.04	2	2.15
一般	77	80.21	75	80.65	82	85.42	66	70.97

续表

类别	参照组				干预组			
	基线调查		终期调查		基线调查		终期调查	
	人数	比重	人数	比重	人数	比重	人数	比重
较好	15	15.63	17	18.28	13	13.54	25	26.88
合计	96	100.00	93	100.00	96	100.00	93	100.00

由表 10 可知,干预活动促进了老年人与其朋友关系的改善。就干预组而言,干预活动开展前,认为自己和朋友关系较好的有 13 人,占 13.54%;干预活动开展后,认为自己和朋友关系较好的有 25 人,所占比重大幅上升到 26.88%。对于参照组老年人而言,虽然认为自己与朋友关系较好的比重有所上升,但是上升幅度则相对较小。基线调查时,参照组中有 15 位老年人认为自己与朋友的关系较好,占 15.63%;到终期调查时,这一比例为 18.28%。对于干预组和参照组中将与朋友的关系评价为一般的老年人数据进行比较,可以发现,对于参照组而言,基线调查和终期调查中相应的指标变动不大,从 80.21%变为 80.65%;对于干预组而言,基线调查和终期调查中相应的指标变动则较大,分别是 85.42%和 70.97%。分析干预组数据,可以发现有部分在基线调查时认为自己和朋友关系一般的老年人,在干预活动开展后,认为自己和朋友的关系较好。这也进一步印证了干预项目的开展对于提升老年人与其朋友的关系具有积极作用。

老年人对于自己与邻居关系的评价结果见表 11。

表 11 老年人对其与邻居关系的评价情况

单位:人,%

类别	参照组				干预组			
	基线调查		终期调查		基线调查		终期调查	
	人数	比重	人数	比重	人数	比重	人数	比重
差	6	6.25	2	2.08	3	3.23	2	2.15
中	68	70.83	68	70.83	66	70.97	62	66.67
好	22	22.92	26	27.08	24	25.81	29	31.18
合计	96	100.00	96	100.00	93	100.00	93	100.00

由表11可知，参照组和干预组对自己与邻居关系的评价都有不同程度的好转。但是二者的差异并不明显，也就是说干预活动并没有有效提高老年人对其与邻居关系的评价。其中，基线调查中参照组中将自己与邻居的关系评价为好的老年人从基线调查时的22.92%提高到终期调查时的27.08%。类似的是，干预组中将自己与邻居的关系评价为好的比重从基线调查时的25.81%提高到终期调查时的31.18%。同时，无论是参照组还是干预组，将自己与邻居关系评价为差的老年人的比重都有所下降。

五　北京市老年人认知功能社区干预中关键保护因素探讨

如上文所述，尽管国际医学界对阿尔茨海默病的治疗还处于摸索期，但是，从认知功能保护角度出发，在北京八达岭镇农村社区开展的实验研究却验证了有认知专项干预的社区干预方案对老年人认知保护具有积极价值。这实际上也验证了健康理念从治疗向预防转变、健康干预场景由医疗机构向社区转移、健康干预重心从技术向关怀转变的重要性。那么，有哪些存在于社区中的直接或者间接的老年人认知保护性因素是可以继续深入挖掘的呢？受制于实验数据的局限性，下文将结合深度访谈和其他数据，对此问题展开讨论。

（一）社区文化建设：营造一个无偏见的社区

自20世纪60年代英国掀起"反院舍化运动"以来，"原居安养"的理念不断深入人心。越来越多的老年人选择在自己已经生活了多年的、熟悉的社区里实现"原居安养"。新加坡甚至在2007年将"原居安养"作为实施"成功老龄化"国家战略的重要方面。那么，要更好地满足老年人"原居安养"的需求，营造社区环境，建设一个不分年龄、人人共享、消除偏见和歧视的老年友好型社区就显得尤为关键。

由于我国是在未富先老、未备先老和代际失衡的情况下，提前进入老龄化社会的，社会各方面无论从理念还是行动上对于养老问题的认识和探索都还处于初期阶段，社区的"适老化"理念是近几年才被正式提出的，"老年友好型"理念更是鲜有人提。目前，社区的"适老化"主要集中在适老化设计和改造上，重点是根据老年人的生理、心理、社会特征进行建筑物等有形物质环境的改造，而且这种改造多是标准化的，很难做到满足个性化和精准化需求。此外，还有以居家为基础，社区为依托对老年人提供的助行、助浴、助餐、助医等居家养老服务，以及社区照料中心为失能半失能老人提供的照护服务。然而，有形的社区营造和服务固然是非常重要的，但是，以社区文化营造为核心的软环境的营造却起着更为根本的作用。

从老年人认知功能保护的角度来看，当前社区文化建设尤其重要，因为不消除歧视和偏见，就无法保证相关的政策措施能够切实考虑老年人认知这个直接决定老年人生活质量的关键变量；也难以保证相应的设施和服务能够切实有效地发挥作用，并服务于老年人认知功能保护。当前，这种歧视和偏见，主要体现在两个方面：漠视和污名化。"漠视"和"污名化"最常见的表现形式就是"老糊涂了"，即认为人老了，记忆力、定位能力、语言能力、反应能力、计算能力和注意力下降都是自然而然的事情，是人人都要经历的过程，根本无法抗拒，也不需要理会。尤其是，各类研究成果不断证实，随着年龄的增加，人的认知功能会不断下降。人们往往对这些研究结论产生错误解读，认为年纪大了，认知功能就会下降；而并不会注意这些结论的得出，背后是"概率"的逻辑，它只是提示一种风险发生的概率和可能性，并不是一定会发生的事情。以中国老年健康影响因素跟踪调查（CLHLS）2011~2012年数据集的运算结果为例，在2431位年龄在95~114岁的老年人中，仍然有61位的MMSE得分为满分，即30分；在1457位百岁老人中，有28位老人的MMSE评分为30分。除去缺省值外，在2412位95~114岁老年人中，仍然有1075位老人并未出现认知障碍的现象，占44.57%。年龄最大的114岁的女性老人，没有上过学，其MMSE得分仍高达28分。

当然，这种不予理会的"漠视"固然是一种社会认知，也和当前国际社会对阿尔茨海默病缺乏有效的治疗手段，以及我国"未富先老"的国情

不无关联。在这些背景下，进入"老糊涂了"这个话语体系后，就很容易漠视老年人的一些早期可以被很好干预的认知症状，任其继续恶化发展，导致更加严重的后果。

除了"漠视"之外，"老糊涂了"也是对老年人的一种"污名"，体现了我国"代际失衡"的现状，是当前反哺式养老文化的松动以及"儿童中心"观念兴起的一种现实体现，是一个家庭在面对"上有老、下有小"压力下的一种所谓家庭理性决策，是在代际人口失衡基础上，由老年人和子代、孙代的一种权利之争所衍伸出来的代际文化失衡现象。"老糊涂了"就意味着老人在被贴上了老化、生产效率下降的标签的同时，又被贴上了"糊涂"的标签，被认为无法进行正常的人际沟通等社会活动，这就为漠视老年人情感需求，对老年人采取语言暴力和冷暴力，产生其他对老年人的社会排斥行为，以及老年人出于对该种文化反应，而采取一种社会撤退行为，从而认知功能进一步下降埋下了文化伏笔。正如一位表现出找词困难的老年人在深度访谈时所提到的那样"几年前（开始），他们（子女和孙子女）忙，都不（和我）说（话了），（到现在，我慢慢地）不（太会说）了"。

CLHLS 2011~2012年数据集的运算结果显示：参加社会活动的老年人的MMSE得分为27.10分，远高于不参加社会活动的老年人21.48的平均水平。所以，从老年人认知功能保护角度来看，要打造"老年友好型社区"，首先要做的就是社区文化建设，消除"老糊涂了"社区文化，让社区居民充分认识到老并不可怕，它也有积极的一面，老了也并不一定不具备生产能力了。同样地，老了并不一定会"糊涂"，它只是一种风险，是可以被干预的。老年人同样可以和年轻人一样很好地融入社区，社会应当赋予老年人同等参与家庭和社区事务和活动的权利，增强老年人的独立和自由，增强其应对认知风险和各类事务的能力，降低老年人对社区环境的疏离感，增强其对社区环境的认同度和融入度，实现积极老龄化和成功老龄化。

（二）研究者的力量：需要转换的身份

除了社区自身环境的营造之外，进入社区的外来者也对老年人认知功能保护具有重要的价值。对于社区而言，这些外来者很多，包括走亲访友者、参观游玩者、售卖商品者等。其中，研究者的身份尤其应当被重视，研究人员带着特定的研究目的，容易被社区居民视为特定领域权威的一种存在，研究人员的研究理念和导向，极易对社区居民产生深刻影响。

对于研究者而言，长期以来，科学理性在科学研究，尤其是自然科学研究领域占据着绝对主导地位。但是，正如著名的现象学社会学家胡塞尔（1988）所言，科学理性用抽象的方式否定了人的主体地位、精神和文化特质。在科学理性理念指导下，研究者与被研究者的关系并不是一种平等的关系，被研究者通常被建构成了客体和对象。对于一项研究而言，被研究者不再具有意义，而是被异化成承载着研究符号和各类编码的精密组合体。研究者被建议与其研究对象保持一定的距离，以保障研究环境的"干净"，保证研究结论客观真实。

老年人认知功能研究终究也未能逃脱落入"科学理性"的套路，研究者纷纷把老年人的认知和大脑建构成脱离了人的精神的纯粹物质的存在，是一个冷冰冰的研究对象，老年人也不再是有思想、有灵魂、有精神、有情感的，具有主体性的人，而是一个承载着认知符号和编码体系的移动的机器。在研究中，研究者同样也被异化成一个遵照一定研究逻辑的研究机器和操作手，仅仅是作为工具的存在，其主体性和自由都受到很大限制。自文艺复兴以来的科学理性之花，本来的功能在于不断增强人类认识自然、利用自然的能力，不断解锁限制人类发展进步的枷锁，增强人类的自由和福祉。可实际上，在科学研究的道路上，理性自身却由于过度理性化、程序化、逻辑化而不断地异化着研究者和被研究者。

似乎"科学理性"的思路是要硬生生地借助"理性"这个被认为人类认知最高阶段的东西，把人类的情感需求和"关怀"彻底割裂在外，二者之间似乎原本就存在巨大的、无法弥合的张力。然而，从科学理性的终极关怀而言，它和基于"人本主义"的关怀显然具有天然的相似性，它们都追求增加人类的自由和福祉，所以，科学理性本就不排斥"关怀"。在此，斯诺登博士的"修女研究"就是一个释放了"科学理性"和"人文关怀"之

间张力的例子。研究者将自己从"理性局外人"变成了修女们的"延伸家庭成员",正如斯诺登(大卫·斯诺登,2014)在书中所言,"有许多修女已经成为我的延伸家庭成员,我每次造访,都像是一个侄子——或者更精确地说,应该是侄孙——去探望她们,而不是一个疏离的、客观的科学家冒险进入田野去收集资料"。在研究中,对教育、基因等研究结果的发布处处体现了研究者始终坚持尽可能降低对研究对象的伤害程度,坚持对研究对象的"关爱",避免教育歧视、基因歧视对研究对象带来心理暗示和伤害的原则。不仅如此,由于在研究过程中,研究者与被研究者被置于一个平等的关系地位上,二者建立了一种"伙伴关系",二者同样都被尊重、被关怀,二者都被赋予了"人自身的生命价值",这种互动和关爱,本身也具备干预的属性,从实际上满足了老年人精神慰藉需求,提高了老年人心理福利。

"延伸家庭成员"的做法,将科学理性和人本关怀很好地结合在一起,释放了长期以来在科学探索道路上二者的张力。实际上,虽然人本关怀在老年人认知研究中长期被忽视。但是,健康护理领域的人本关怀理论却从20世纪70年代末就已出现。Watson在其著作《护理:关怀的哲学和科学》中指出,护理学的本质即是对整体的人的生命健康的人本关怀。Henderson(2001)则更进一步把人本关怀作为护理的一种态度和情感劳动。在此,人的主观能动性得到了尊重,人被作为一个完整的具有人格和个性的个体,而并非一个疾病的载体工具,更不是一个可以被随意污名化、贴标签的对象。斯诺登在其书中提到的唐纳的例子,能很好地阐释研究人员所扮演的这种"延伸家庭成员"角色对老年人认知保护的作用。唐纳在研究阿尔茨海默病人时,联结着强烈情绪的记忆经常会被保留下来。她在探访一位病人之前,都会大致了解对方生命中的最高点,也就是带给他最多快乐的那个点。这些探访经常使已经有一段时间完全不讲话、退缩的病人,变得有活力,甚至会用语言回答她的问题。人类的大脑同样是遵从用进废退规律的。在北京市老年人认知功能社区干预项目实施中,老年人的深度访谈资料同样表明干预组中一些老年人的语言能力的退化是由长期不说话导致的,也有老人谈到自己记忆力的下降是"日子变化后,吃了睡、睡了吃……不动脑"导致的。

（三）多种社会支持：应对脆弱性，增强抗逆力

进入老年期，人们通常面临退休后社会经济地位下降、代际关系中决策地位下降，以及健康水平下降等多维风险的冲击，具有很强的脆弱性。所以，在老年人认知功能的保护上，怎样增强老年人的抗逆力，降低脆弱性至关重要。对此，社区内部的各种关系可能带来的"关怀"价值不容忽视。正如斯诺登在"修女研究"中提到的那样，"至今超过15年来，我目睹了圣母学校修女会修女们，如何从她们每时每刻都拥有的支持与情感网络中获益良多"，"会院内的安养院不仅让修女们获得绝佳的医疗照顾，更让她们能够待在熟悉的环境里，享受社区的支持与情感"。这种社区关系中最重要的两个方面即是社区内的邻里关系和家庭关系。图1在一定程度上显示了社区中的各种关系与老年人认知功能的关系。配偶、邻居或朋友在老年人认知功能保护中扮演重要角色。在日常生活中经常和配偶聊天的老年人的认知状况最好，MMSE得分为26.61分；其次是在日常生活中经常和邻居或朋友聊天的老年人，MMSE得分为24.43分。

由此可见，就老年人认知功能保护而言，在家庭关系中，夫妻关系处于重要地位。中国老年健康影响因素跟踪调查（CLHLS）2011~2012年数据集的运算结果显示，老年人的初婚质量同样可能成为老年人认知功能的保护性因素：初婚质量较好的老年人的MMSE得分为22.50分，高于初婚质量一般和较差者，也就是说初婚质量较好的老人的认知功能也更好。

此外，在家庭关系中，亲子关系的作用也不容忽视。中国老年健康影响因素跟踪调查（CLHLS）2011~2012年数据集的运算结果表明：童年时获得了充足医疗保障的老年人的认知功能要好于童年时未获得该保障的老年人，其MMSE得分分别为23.30和21.87。在著名的"修女研究"中，斯诺登提到生命历程早期的亲子关怀对于老年人认知功能保护具有重要的价值。他提到，一个人在人生早期测量的语言能力，可以令人吃惊地准确预估她后来大脑的健康程度，建议"读书给你的孩子听"。书中玛利亚修女遭遇严重的阿尔茨海默病之苦，而和她有很多相似人生经历的朵瑞修女却对于这种疾

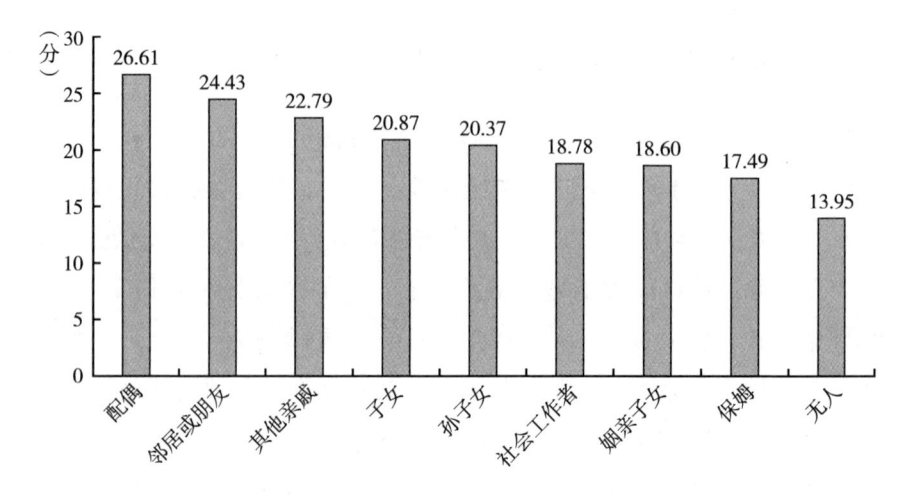

图1 经常的聊天对象与老年人MMSE得分分布

数据来源：中国老年健康影响因素跟踪调查（CLHLS）2011~2012年数据集。

病具有异常强大的抗逆力。斯诺登在对两人生命历程进行比较后发现一项明显的差异，即她们童年的人生经历差距很大，玛利亚修女的母亲实际上很不情愿有了双胞胎的女儿，而朵瑞的母亲则很高兴生养了很多的孩子，玛利亚父母与玛利亚的亲子关系远远不如朵瑞修女。

由图1可知，来自子女和孙子女的支持对于老年人认知功能的积极效果要高于社会工作者、保姆等社会力量。图1实际上揭示了老年人的亲属、邻居等强关系的重要性，而社会工作者、保姆的作用很可能是老年人在强关系缺位时，不得不为之的一种选择。这也提示在对老年人进行认知健康社区干预时，首先要重视的力量就是老年人的强关系群体。

由图1可知，除了家庭关系之外，社区关系中的邻里关系也会在老年人认知功能保护中扮演重要角色。中国老年健康影响因素跟踪调查（CLHLS）2011~2012年数据集的运算结果显示：社区里提供可及性较强的邻里关系服务对于老年人认知功能会是一个保护因素。社区里有此项服务的老年人的MMSE得分为23.53，高于社区中没有此项服务的老年人21.96的平均水平。在"修女研究"中邻里关系则是以另一种形式存在的：会院和餐厅。正如斯诺登所言，在这个社区里，生活功能健全的健康修女和生病失能的修女并肩而坐。餐厅是她们重要的社交场所，在这里她们获得了重要的情感支持。当然，在谈到各种社会支持对于老年人认知功能保护具有积极价值的同时，斯诺登同样提到，过度的社会支持，比如帮助可以自己动手的老年人穿衣服，或者让可以用助行器走路的老人坐轮椅，都会增加失能的发生率。过度的社会支持实际上是对老年人夺权减能的过程，所以，提供老年人真正需要的社区关系支持，才能够有效发挥其对于老年人认知功能的保护作用。

尽管较为完善的家庭支持体系对于老年人认知功能保护具有不可替代的价值，但是，当这种支持面临危机时，如何发挥其他社会支持力量的作用就显得尤其重要。北京市老年人认知干预项目实施中，对一位老人的深度访谈资料表明，在遭遇丧偶事件后，老人一度出现了心理健康问题，认知健康状况也急剧恶化。而另外一位重点干预对象遭遇了丧偶事件，老人的子女都在外地，老人在北京也没有其他亲人。老伴去世使老人遭受到了巨大打击，在很长一段时间内，她每天闷在家里不出来，一直哭，情绪很消沉。"守门人"及时发现了这个问题，经常上门走访，对她进行开导，鼓励她走出家门，摆脱消极情绪。同时，守门人也积极对她开展了同伴互助计划，组织组内其他老人到她家陪她聊天，把她带出来一起吃饭。很快就使她走出了老伴去世的阴影。由此可见，充分发掘存在于社区中的各种力量，培育老年人认知健康"守门人"，积极探索更加积极、有效的同伴互助计划，增强老年人的抗逆力，保护老年人在遭遇不良认知健康风险事件侵扰时，顺利走出困境是非常必要的。

该部分内容重点从社区环境营造、专家支持、社区中各种社会支持力量的发掘入手，寻找在北京市老年人认知功能干预项目中，需要重视的理念和力量，结合社区实际情况，综合、灵活安排、调整整合干预方案对于维护老年人认知健康具有至关重要的作用。

六 结论和讨论

该研究采用社区实验、文献研究、深度访谈相结合的方法，采取积极预

防、立足社区的理念，围绕北京市老年人认知功能社区干预展开研究。在社区实验中，根据研究需要和可行性评估，选择北京市延庆区八达岭镇两个村的老年人作为参照组，另外两个村作为干预组，按照整群、自愿方式招募志愿者，展开有控制、有前测和后测的社区干预实验。在实验中，将社会工作理论和方法融入干预方案中，开展团体活动，同时培育老年人认知健康"守门人"，开展"守门人计划"和"同伴互助计划"。在项目实施中，按照老年人心理健康和认知健康状况，将干预组老年人细分为团体干预组、"团体+心理专项干预"组、"团体+认知专项干预"组、整合干预组，并检验各个组别的干预效果。研究结果表明：开展老年人认知功能社区干预项目能够有效降低老年人认知功能下降的速度。分组比较发现，干预项目对于老年人认知功能的保护作用显著地体现在有认知专项干预组中，其中，整合干预组老年人认知功能的干预效果尤其突出。通过对几种干预方案效果进行比较发现，老年人心理健康与认知健康关系密切，认知障碍老人常常伴随出现心理问题，然而，对老年人进行心理专项干预却并不能直接导致对其认知功能保护作用的发挥，心理健康干预方案需要更具直接作用的认知专项干预方案作为支撑。同样地，各种干预方案效果的差异也显示出，旨在提升老年人社会支持水平的干预方案也必须通过认知专项干预方案作为支撑。通过对干预模式的比较也发现，在供给社区公共服务的同时，制定相应的前置需求评估方案和动员方案，推动老年人积极参与，推动社区公共服务水平提升和使用效率提高同样是非常重要的。此外，该研究也使用分析其他数据、文献分析和深度访谈方法，从社区环境营造、专家支持、社区中各种社会支持力量的发掘入手，基于社区干预要素，探讨了存在于社区中的老年人认知功能关键保护因素。

该研究试图冲破传统健康观念中重"治疗"、轻"预防"，重"医院"、轻"社区"的理念束缚，从老年人熟悉的社区环境和社会支持要素入手，在社区中对老年人的认知健康问题进行干预和预防。研究中使用的有控制、有前后测的实验方法有效地保障了实验结果的可靠性，然而，在实验中很难做到真正的随机抽样，受到实验成本的限制，样本数量也受到很大限制，无法通过该实验研究形成的数据库推断北京市老年人认知功能的现状和趋势，也无法依靠此数据对影响北京市老年人认知功能的因素进行建模，这些都需要后续的研究。

参考文献

［1］曹敏、魏文石：《规律体育锻炼干预老年轻度认知功能障碍的临床研究》，《老年医学与保健》2012 年第 3 期，第 173～174 页。

［2］陈晓红、王荫华、汤哲：《轻度认知功能障碍的神经心理学研究和 ApoE4 基因多态性分析》，《中华神经科杂志》2004 年第 1 期，第 33 页。

［3］大卫·斯诺登：《优雅地老去：678 位修女揭开阿尔茨海默症之谜》，世界图书出版公司，2014。

［4］胡塞尔：《欧洲科学危机和超验现象学》，上海译文出版社，1988。

［5］李志武、黄悦勤、柳玉芝：《中国 65 岁以上老年人认知功能及影响因素调查》，《第四军医大学学报》2007 年第 16 期，第 1518～1522 页。

［6］刘瑞华、王莉、陈长香等：《日常生活习惯对老人院老年人认知功能障碍的影响》，《中国老年学杂志》2012 年第 32 期，第 1665～1666 页。

［7］任艳峰、曲成毅、苗茂华：《生活方式与老年认知关系的研究》，《中国老年学杂志》2007 年第 27 期，第 1808～1810 页。

［8］唐牟尼、刘协和、云扬等：《社区阿尔茨海默病危险因素病例对照研究》，《中国心理卫生杂志》2001 年第 1 期，第 22～25 页。

［9］王萍、连亚伟、李树苗：《居住安排对农村老人认知功能的影响——12 年跟踪研究》，《人口学刊》2016 年第 5 期，第 92～101 页。

［10］王羽晗、陈长香、褚海彦、夏颖佳、张红、张健、赵春双：《社会支持对老人院老年人认知功能的影响》，《中国老年学杂志》2011 年第 18 期，第 3594～3595 页。

［11］薛志强、冯威、李春波、吴文渊：《对社区老人认知功能干预的近期效果》，《临床精神医学杂志》2007 年第 5 期，第 292～295 页。

［12］杨云、陈长香、李建民等：《日常锻炼与老年人认知功能相关性分析》，《现代预防医学》2009 年第 12 期，第 2327、2331 页。

［13］易尚辉、吕媛、汤华清等：《6819 名老年人简易精神状态检查评定影响因素分析》，《中华老年医学杂志》2008 年第 4 期，第 305～308 页。

［14］易伟宁、康晓萍：《中国高龄老人认知功能影响因素的多水平分析》，《中国心理卫生杂志》2008 年第 7 期，第 538～542 页。

[15] 殷淑琴、聂宏伟、徐勇：《老年轻度认知功能损害患病率及危险因素研究》，《中国全科医学》2011年第12C期，第4145~4147页。

[16] 余生林、唐牟尼、骆雄、苏婵、任建娟：《生活习惯及社会心理因素对广州市社区老人认知功能的影响》，《昆明医学大学学报》2014年第6期，第108~111页。

[17] 张建、魏秀红、田梅、刘瑾凤、韩云玲：《联想记忆训练对轻度认知功能障碍老人认知功能的影响》，《中国老年学杂志》2012年第23期，第5109~5111页。

[18] 张卫华、赵贵芳、刘贤臣等：《城市老年人认知功能的相关因素分析》，《中国心理卫生杂志》2001年第15期，第327~330页。

[19] Caselli R. J, Reiman E. M., Osborne D., et al. "Longitudinal changes in cognition and behavior in a symptomatic carriers of the ApoE ε4 allele". Neurology. 2004, 62: 1990-1995.

[20] Corley J., Gow A. J., Starr J. M. et al. "Smoking, childhood IQ, and cognitive function in old age". Journal of Psychosomatic Research, 2012, 73: 132-138.

[21] Eliassonnenschein L. S., Viechtbauer W., Ramakers I. H., et al. "Predictive value of APOE - ε4 allele for progression from MCI to AD-type dementia: a meta-analysis." Journal of Neurology Neurosurgery & Psychiatry. 2011, 82: 1149-1156.

[22] Green M. S., Kaye J. A., Ball M. J., et al. "The Oreg on brain aging study: Neuropathology accompanying healthy aging in the oldest old." Neurology, 2000, 54 (1): 105-111.

[23] Hanninen T., Hallikainen M., Vanhanen M., et al. "Prevalence of mild cognitive impairment: a population-based study in elderly subjects." Neurobiology of Aging. 2002, 106: 148-154.

[24] Henderson A. "Emotional labor and nursing: an under-appreciatedaspect of caring work." NursInq, 2001, 8 (2): 130-138.

[25] Kamegaya T., Araki Y., Kigure H., et al. "Twelve-week physical and leisure activity programme improved cognitive function in community-dwelling elderly subjects: a randomized controlled trial." Psychogeriatrics, 2014, 14: 47-54.

[26] Kamegaya T., Maki Y., Yamagami T., et al. "Pleasant physical exercise program for prevention of cognitive decline in community-dwelling elderly with subjective memory complaints." Geriatrics & Gerontology International, 2012, 12: 673-679.

[27] Kim H. J., Yang Y. S., et al. "Effectiveness of a community-based multidomain cognitive intervention program in patients with Alzheimer's disease." Gerontologist, 2016, 56, 475-484.

[28] Maki Y., Isahai M., Miyamae F., et al. "Effects of intervention using a community-based walking program for prevention of mental decline: a randomized

controlled trial." *Journal of the American Geriatriatrics Society*, 2012, 60: 505 – 510.

[29] Mcmanus B. M., Poehlmann J. "Parent-child interaction, maternal depressive symptoms and preterm infant cognitive function." *Infant Behavior & Development*, 2012, 35: 489 – 498.

[30] Murphy M., K. O'Sullivan, Kelleher K. G. "Daily crosswords improve verbal fluency: a brief intervention study." *International Journal of Geriatric Psychiatry*, 2014, 29, 915 – 919.

[31] Niti M., Yap K. B., Kua E. H., et al. "Physical, social and productive leisure activities, cognitive decline and interaction with APOE – ε4 genotype in Chinese older adults." *International Psychogeriatrics*, 2008, 20: 237 – 251.

[32] Ott A., SIooter A. J., Hofman A. H. F. "Smoking and risk of dementia and Alzheimer's disease in a population-based cohort study: The Rotterdam Study." *Lancet*, 1998, 351: 1840 – 1843.

[33] Petersen R. C., Doody R., Kura A., et al. "Current conception mild cognitive impairment." *Archives of Neurology*, 2001, 58: 1985 – 1992.

[34] Poon P., Hui E., Dai D., et al. "Cognitive intervention for community-dwelling older persons with memory problems: telemedicine versus face-to-face treatment." *International Journal of Geriatric Psychiatry*, 2005, 20: 285 – 286.

[35] Rijsdijk F. V., Sham P. C., Sterne A., et al. "Life events and depression in a community sample of siblings." *Psychological Medicine*, 2001, 31: 401 – 410.

[36] Snowden M., Steinman L., Mochan K., et al. "Effect of exercise on cognitive performance in community-dwelling older adults: Review of intervention trials and recommendations for public health practice and research." *Journal of the American Geriatrics Society*, 2011, 59: 704 – 716.

[37] Tervo S., Kivipelto M., Hanninen T., et al. "Incidence and risk factors for mild cognitive impairment: a population-based three year follow-up study of cognitively healthy elderly subjects." *Dementia & Geriatric Cognitive Disorders*, 2004, 17: 196 – 203.

[38] Tsai A. Y., Yang M. J., Lan C. F., et al. "Evaluation of effect of cognitive intervention programs for the community-dwelling elderly with subjective memory complaints." *International Journal of Geriatric Psychiatry*, 2008, 23: 1171 – 1174.

[39] Zhang M. Y., Katzman R., Saimon D., et al. "The Prevalence of dementia and Alzheimer's disease in Shanghai, China: Impact of age, gender and education." *Annals of Neurology*, 1990, 27: 428 – 437.

B.13
北京城市副中心建设背景下通州区教育资源监测研究

曹浩文*

摘　要： 从教育资源数量、教育资源质量和教育资源增量三个维度入手，构建通州区教育资源监测指标体系。监测表明，通州区教育资源的充足性与北京市平均水平相比仍不具优势；通州区教育资源的优质性与"东西海三区"相比仍存在一定差距；2015~2018年通州区教育资源增量不突出，幼儿园数量及其专任教师数有所减少。北京市教委重视提升通州区教师素质，在这方面取得初步成效。针对监测发现的问题，本报告提出了对策建议。

关键词： 城市副中心　通州区　教育资源监测　一核两翼

北京城市副中心作为北京"新两翼"中的一翼，它的建设举措和进展备受社会关注。其中，北京城市副中心的教育资源配置，由于"高起点"和"高标准"更是得到"高关注"。自启动建设以来，北京城市副中心教育资源配置取得哪些进展？现状如何？对北京城市副中心教育资源进行监测有助于客观判断教育资源投入方向，提高教育资源配置效率，为提高北京城市副中心教育公共服务水平提供保障。本报告首先分析了通州区教育资源配置

---

* 曹浩文，博士，北京教育科学研究院教育发展研究中心，助理研究员，主要研究方向：教育政策、教育经济。

目标，其次通过构建一套教育资源监测指标体系，分析了通州区教育资源现状及存在的问题，最后提出改进建议。

一 通州区教育资源配置

监测是指通过连续收集关键性的产出指标，比较实际产出和预期产出的差别，考察政策对象的发展变化，以监督政策是否按照预期开展，政策的预期目标是否实现。[1] 因此，在对通州区教育资源进行监测前，有必要厘清通州区教育资源配置目标。

（一）通州区教育与北京城市副中心教育的区别与联系

北京城市副中心坐落在通州区辖区范围内，这决定了北京城市副中心教育与通州区教育既存在重要区别，又存在重要联系。

二者的区别表现在以下几个方面。

(1) 辖区范围不同。北京城市副中心规划范围为原通州新城规划建设区，总面积约155平方公里。它的外围控制区即通州全区，约906平方公里。因此严格来说，北京城市副中心教育与通州区教育的所指范围不同，前者面积仅占后者的约1/6。此外，北京城市副中心紧邻河北省廊坊市北三县（距离10~20公里），北京城市副中心教育还承担着辐射带动廊坊北三县地区教育协同发展的任务。

(2) 教育资源配置的优先顺序不同。在北京城市副中心启动建设之初，北京市委市政府就高度重视教育资源配置。一方面，北京市委市政府积极鼓励中心城区及其优质学校、高等院校和科研院所等支持北京城市副中心教育发展；另一方面，北京市教育委员会亲自规划和布局北京城市副中心教育（例如编制北京城市副中心教育设施专项规划等）。从中心城区引进的优质

---

[1] 路德维珂·科拉罗、胡咏梅、梁文艳：《国际组织教育政策监测与评价体系的架构及其对中国的启示》，《比较教育研究》2011年第33（2）期，第70~75页。

教育资源优先服务北京城市副中心，未来随着北京城市副中心的深入建设，通州区教育发展水平将得到整体提升。

（3）教育资源配置的保障力度和起点不同。北京城市副中心建设成效关系北京非首都功能的疏解和京津冀协同发展大局。它的教育资源配置受到北京市委市政府的高度关注，有北京市市级财政的大力支持，得到全市优质教育资源区以及优质学校的帮助。北京城市副中心教育资源配置思路集中体现为"高起点、高标准"。通州区教育虽然由于有了北京城市副中心而受关注度提升，但是它的资源配置主要由通州区负责，由通州区财政支持，发展基础相对较弱。

二者的联系表现在以下两方面。

（1）北京城市副中心教育离不开通州区教育，后者是前者的基础和依托。北京城市副中心教育并不是"在一张白纸上画蓝图"。虽然它直接引进了许多优质教育资源，但是这些优质教育资源一部分是新建学校，另一部分是对通州区原有学校的升级改造。新增的教育资源并不只是服务从中心城区疏解的人口，也服务通州区原有居民。因此，通州区教育是北京城市副中心教育的重要基础。而且，新增的教育资源在北京城市副中心落地以后，成为通州区教育的重要组成部分，由通州区教委管理。

（2）北京城市副中心教育将带动通州区教育发展，前者是后者的重要机遇。北京城市副中心"落户"通州区后，生源回流、优质师资吸引力提升、优质教育资源引进和示范、教育改革和发展政策红利等，都有助于通州区教育发展水平的提升。通州区要把握机遇，以重点建设带动普遍提高，实现全区教育发展水平的提升。

综上所述，尽管北京城市副中心教育和通州区教育不同，但是由于没有北京城市副中心层面的统计数据，同时二者又存在重要联系，因此本报告将分析对象设定为通州区教育资源。

（二）通州区教育资源配置目标

教育资源配置的目标之一是服务城市发展，因此通州区教育资源配置目标离不开北京城市副中心的发展规划与目标定位。《北京城市总体规划（2016~2035年）》提出，"坚持世界眼光、国际标准、中国特色、高点定位，以创造历史、追求艺术的精神，以最先进的理念、最高的标准、最好的质量推进北京城市副中心建设，着力打造国际一流和谐宜居之都的示范区、新型城镇化示范区和京津冀区域协同发展示范区"。该规划还明确表示，将北京城市副中心建设成为职住平衡、宜居宜业的城市社区。在建设步骤上，该规划明确了"两步走"的目标：到2020年主要基础设施建设框架基本形成，主要功能节点初具规模；到2035年初步建成国际一流的和谐宜居现代化城区。

在北京城市副中心发展目标的指导下，本研究认为，通州区教育资源配置也应分"两步走"。首先，2020年以前是"重投入"的阶段，目标是基本完成学校基础设施建设（包括校舍、教师和教学设施等）。其次，2020~2035年是教育资源投入的产出和效果显现的阶段，目标是通过高起点、高标准配置教育资源，满足通州区人民群众对优质教育资源的需求，提升北京城市副中心的教育公共服务质量，推动北京城市副中心实现职住平衡，为京津冀教育协同发展提供示范，为建设国际一流的和谐宜居之都示范区提供助力。

二 通州区教育资源监测指标体系

为了确保通州区教育资源配置如期实现上述目标，通过构建一套监测指标体系，对通州区教育资源进行监测很有必要。鉴于北京城市副中心建设时间尚短，教育资源投入的产出和效果还未充分显现，本报告主要针对第一阶段目标设计监测指标体系。第一阶段的主要任务是配合北京城市副中心建设进展，加大教育资源配置力度，在2020年以前基本完成学校基础设施建设（包括校舍、教师和教学设施等）。

据此，通州区教育资源监测指标体系包含教育资源数量、教育资源质量和教育资源增量三个一级维度（如表1所示）。在教育资源数量维度下，包含物质资源、财力资源和人力资源三个二级维度。在教育资源质量维度下，包含教师质量、学校质量和学生发展三个二级维度。在教育资源增量维度下，包含物质资源投入、财力资源投入和人力资源投入三个二级维度。在每个二级维度下，又设置了具体的监测指标，合计12个指标，所有指标均为定量指标。

教育资源数量和教育资源质量指标主要通过将通州区与北京市整体水平，与优质教育资源聚集区（主要指东城区、西城区和海淀区，简称"东西海三区"）进行比较，揭示通州区教育资源配置的充足性以及优质教育资源的聚集情况。教育资源增量指标除了进行横向比较以外，还进行纵向比较，即比较2015~2018年的变化情况，以反映北京城市副中心建设以来通州区教育资源的变化。所有数据均为可获取的最新数据（2018年或2017年）。

需要说明的是，表1中的监测指标体系是理想监测指标体系。由于数据可得性受限，个别指标无法通过公开数据进行监测。例如，在监测区级学生发展质量时，常用"国家义务教育质量监测成绩"，但是该指标没有可公开获取的数据。替代指标有公开数据，例如学生中考成绩，但是由于各区中考阅卷评分标准存在差异，区际可比性较弱。又如，第12个指标"基本建设费投入情况"，旨在反映北京城市副中心大量新建校伴随的基本建设费投入，但是该数据同样没有对外公开。除此之外，其余10个指标均有可公开获取的数据。

表1 通州区教育资源监测指标体系

一级维度	二级维度	编号	三级指标	指标性质
教育资源数量	物质资源	1	班级规模	定量
	财力资源	2	一般公共预算教育经费占一般公共预算支出的比例	定量
		3	生均一般公共预算教育事业费	定量
		4	生均一般公共预算公用经费	定量
	人力资源	5	生师比	定量

续表

维度	二级维度	编号	三级指标	指标性质
教育资源质量	教师质量	6	优质教师占比	定量
	学校质量	7	优质学校占比	定量
	学生发展	8	国家义务教育质量监测成绩	定量
教育资源增量	物质资源投入	9	学校数变化情况	定量
	人力资源投入	10	专任教师数变化情况	定量
		11	"通州区教师素质提升计划"覆盖人数及占比	定量
	财力资源投入	12	基本建设费投入情况	定量

三 通州区教育资源现状与问题

利用表1中的监测指标体系，本报告依次分析每个指标的情况。

（一）教育资源数量

1. 物质资源

班级规模可以在一定程度上反映教育教学设施和人员的充足性，同时合理的班级规模也是确保教育质量的前提。如表2所示，通州区幼儿园班级规模略低于北京市平均水平，但是小学、初中和普通高中班级规模都高于北京市平均水平，高中和小学尤为明显。《北京市中小学校办学条件标准》规定，小学的班级规模上限为40人，通州区小学班级规模接近上限。教育部《幼儿园教职工配备标准（暂行）》规定，小班班级规模为20~25人，中班班级规模为25~30人，大班班级规模为30~35人，混龄班班级规模为30人以下，本报告据此将幼儿园平均班级规模上限设定为30人。可见，通州区幼儿园班级规模也接近上限。在"全面二孩"政策影响下，幼儿园和小学学位需求迎来高峰，通州区幼儿园和小学学位将呈现更加紧张的态势。

就通州区与"东西海三区"的比较而言，"东西海三区"作为生源流入区，班级规模容易偏大。但是，通州区小学和高中班级规模都高于"东西海三区"，进一步表明通州区小学和高中班级规模偏大。

表 2　2018 年北京市及部分区基础教育班级规模（人/班）

单位：人/班

类别	幼儿园	小学	初中	普通高中
全市	27.9	33.5	29.2	30.8
东城区	29.5	35.6	31.9	29.0
西城区	27.2	36.8	33.7	30.8
海淀区	30.3	36.9	33.1	31.5
通州区	27.4	37.4	31.5	35.4
通州区－北京市	-0.5	3.9	2.3	4.6

数据来源：《北京市教育事业统计资料》（2018~2019）。

2. 财力资源

一定数量的财力资源是教育事业发展的有力保障。如表 3 所示，通州区一般公共预算教育经费占一般公共预算支出的比例低于北京市平均水平，也低于"东西海三区"。就生均一般公共预算教育事业费而言，通州区普通高中高于北京市平均水平，但小学和初中都低于北京市平均水平。就生均一般公共预算公用经费而言，通州区只有小学低于北京市平均水平，初中和普通高中都高于北京市平均水平。

表 3　2017 年北京市及部分区教育经费执行情况

类别	一般公共预算教育经费占一般公共预算支出的比例(%)	生均一般公共预算教育事业费(万元) 小学	初中	普通高中	生均一般公共预算公用经费(万元) 小学	初中	普通高中
全市	14.0	3.0	5.8	6.1	1.1	2.1	2.2
东城区	26.1	3.6	6.1	7.9	1.3	2.3	2.6
西城区	13.6	2.2	4.4	5.8	0.7	1.7	2.1
海淀区	17.0	3.0	5.0	5.4	1.3	2.0	2.1
通州区	11.0	2.3	5.3	6.9	0.8	2.5	3.6
通州区－北京市	-3.0	-0.7	-0.5	0.8	-0.3	0.4	1.4

数据来源：《2017 年北京市教育经费执行情况统计表》。

将通州区与"东西海三区"比较发现，通州区小学、初中和普通高中生均一般公共预算教育事业费和生均一般公共预算公用经费有的较低，有的较高，并无明确的特征可循。但是通过表3可以发现，西城区和海淀区作为北京市优质教育资源聚集区，它们的生均一般公共预算教育事业费和生均一般公共预算公用经费大多低于（仅个别指标略高于）北京市平均水平。其中原因之一可能是这些区的在校生规模大，按生均计算的教育经费偏低。

根据表3的数据，本文进一步计算了公用经费占教育事业费的比重。如表4所示，除了小学以外，通州区初中和普通高中公用经费占教育事业费比重都远高于北京市平均水平，也高于"东西海三区"。这表明，通州区教育事业支出中公用经费比重较高，人员经费占比偏低。尤其是，普通高中阶段，公用经费占教育事业费的比重高达52.2%。OECD国家平均而言，初等教育和中等教育62%以上的经常性支出用于教师薪酬，15%以上用于其他职员薪酬。与OECD国家相比，北京市基础教育人员经费占教育事业费的比重偏低，通州区更低。[1]

表4　2017年北京市及部分区公用经费占教育事业费比重

单位：%

类别	小学	初中	普通高中
全市	36.7	36.2	36.1
东城区	36.1	37.7	32.9
西城区	31.8	38.6	36.2
海淀区	43.3	40.0	38.9
通州区	34.8	47.2	52.2
通州区－北京市	-1.9	11.0	16.1

数据来源：根据《2017年北京市教育经费执行情况统计表》计算得来。

3.人力资源

生师比可以在一定程度上反映教师资源配置的数量。如表5所示，除了

---

[1] 经济合作与发展组织编《教育概览2015：OECD指标》，中国教育科学研究院组织翻译，教育科学出版社，2017。

小学略低于北京市平均水平以外,通州区幼儿园和普通中学生师比都高于北京市平均水平。通州区和北京市平均水平都是小学生师比最高(接近17),即平均每位专任教师需要负责约17名小学生。2013年OECD国家的平均水平是一位小学教师教15个学生。可见,通州区和北京市小学生师比都略高于OECD国家平均水平。①

就通州区与"东西海三区"比较而言,通州区基础教育生师比普遍高于东城区和西城区(仅普通中学低于西城区)。但是海淀区的生师比在四个区中最高,小学高达21.9,部分原因是该区在校生规模大。

表5 2018年北京市及部分区各级各类教育生师比

类别	幼儿园	小学	普通中学
全市	11.6	16.8	6.3
东城区	8.2	12.2	6.3
西城区	9.1	15.6	7.4
海淀区	11.9	21.9	8.8
通州区	11.8	16.6	7.0
通州区-北京市	0.2	-0.2	0.7

资料来源:《北京市教育事业统计资料》(2018~2019)。

综上所述,在教育资源数量方面,无论是物质资源、财力资源,还是人力资源,通州区的许多指标与北京市平均水平相比不具优势。具体而言,通州区小学、初中和普通高中班级规模都高于北京市平均水平;通州区一般公共预算教育经费占一般公共预算支出的比例低于北京市平均水平,小学和初中生均一般公共预算教育事业费低于北京市平均水平,且教育事业支出中人员经费占比偏低;幼儿园和普通中学生师比高于北京市平均水平。尽管各区在校生规模差异削弱了可比性,但是在将通州区与"东西海三区"进行比较时仍可以发现,通州区小学和普遍高中班

---

① 经济合作与发展组织编《教育概览2015:OECD指标》,中国教育科学研究院组织翻译,教育科学出版社,2017。

级规模偏大，初中和高中公用经费占教育事业费比重偏高，基础教育各阶段生师比都较高。

（二）教育资源质量

1. 教师质量

教师质量可以通过教师的学历、职称和任职年限等指标来反映。但由于数据可得性受限，本报告使用特级教师、市级学科带头人和市级骨干教师人数及其占专任教师总数的比重①来反映教师质量。如表6所示，北京市共有特级教师900人，市级学科带头人和市级骨干教师2490人。就绝对数而言，通州区共有特级教师39人，市级学科带头人和市级骨干教师158人。通州区除了市级学科带头人人数高于东城区以外，特级教师和市级骨干教师人数都低于"东西海三区"。就占比而言，通州区上述三类教师占专任教师总数的比例为1.9%，略低于北京市平均水平，也低于西城区和海淀区。

表6 2017年北京市及部分区特级教师、市级学科带头人、市级骨干教师情况

单位：人，%

	特级教师	北京市级学科带头人	市级骨干教师	占专任教师总数的比例
全市	900		2490	2.0
东城区	50	16	165	1.8
西城区	73	42	229	2.4
海淀区	214	61	325	2.4
通州区	39	18	140	1.9
通州区－北京市	—	—	—	－0.1

资料来源：《北京教育年鉴（2018）》、《北京市教育事业统计资料》（2018~2019）。

2. 学校质量

本报告使用市级示范幼儿园和市级示范普通高中数量及其占学校总数的比重来反映学校质量。如表7所示，就绝对数而言，通州区市级示范幼儿园

---

① 由于没有分区中等职业学校专任教师人数，只有分区职业高中专任教师人数，所以表6的专任教师总数为幼儿园、中小学和职业高中专任教师人数之和。

仅4所，市级示范普通高中仅3所，远低于"东西海三区"。就占比而言，通州区市级示范幼儿园占比为3.1%，低于北京市平均水平，更低于"东西海三区"；市级示范普通高中占比为1.3%，与北京市平均水平相同，低于东城区和西城区。

表7 2018年北京市及部分区优质学校分布情况

类别	市级示范幼儿园（所）	占幼儿园总数的比重（%）	市级示范普通高中（所）	占普通高中总数的比重（%）
全市	195	11.8	68	1.3
东城区	21	36.8	12	2.3
西城区	23	28.0	15	2.5
海淀区	44	24.9	11	0.9
通州区	4	3.1	3	1.3
通州区－北京市	—	-8.7	—	-0.1

资料来源：市级示范幼儿园数据根据北京市教育委员会微信公众号上的文章《第一至十一批北京市示范幼儿园名单全收录》整理。市级示范普通高中数据来自《北京教育年鉴（2018）》。

综上所述，在教育资源质量方面，通州区优质教师和优质学校占比都低于北京市平均水平，优质教师和优质学校的绝对数量与"东西海三区"相比还存在一定差距。

（三）教育资源增量

1. 物质资源投入

北京城市副中心要通过有序推动市级党政机关和市属行政事业单位搬迁，带动中心城区其他相关功能和人口疏解，到2035年承接中心城区40万~50万常住人口疏解。为了提前布局教育资源，提高北京城市副中心教育公共服务水平，新建一定数量的学校是必须的。表8表明，2015~2018年北京市幼儿园数量增长11.4%，小学和中学数量分别减少2.6%和0.3%。相应地，通州区幼儿园数量减少5.1%，小学和中学数量没有变化。与"东西海三区"相比，2015~2018年"东西海三区"幼儿园数量增长较快，而通州区却在减少；"东西海三区"小学和中学数量减少（海淀区中学数量增长除外），通州区没有变化。

这一点结论似乎与公众的直觉判断不符，由于媒体对北京城市副中心引进的优质教育资源进行广泛报道，公众很容易认为通州区学校数量在增长。但数据显示，通州区幼儿园数量减少，普通中小学数量未变。本报告进一步比较了2015～2018年通州区幼儿园班级数变化，发现班级数也减少了81个，进一步印证了幼儿园数量的减少。本报告发现，2017年通州区幼儿园减少了15所。至于减少的具体原因，还有待进一步研究。

表8 2015和2018年北京市及部分区学校数量变化情况

类别	2015年学校数(所)			2018年学校数(所)			增加比例(%)		
	幼儿园	小学	中学	幼儿园	小学	中学	幼儿园	小学	中学
全市	1487	996	646	1657	970	644	11.4	-2.6	-0.3
东城区	51	63	43	57	61	41	11.8	-3.2	-4.7
西城区	69	60	43	82	58	42	18.8	-3.3	-2.3
海淀区	160	97	78	177	84	79	10.6	-13.4	1.3
通州区	138	84	41	131	84	41	-5.1	0	0

资料来源：《北京市教育事业统计资料》（2015～2016）、（2018～2019）。

2. 人力资源投入

伴随着学校的新建和改扩建，本报告假设通州区专任教师数量将出现较高幅度的增长。如表9所示，2015～2018年通州区幼儿园专任教师数量减少了9.5%，北京市及"东西海三区"的增幅却在10%以上。尤其是东城区和西城区，幼儿园专任教师数量分别增长了41.1%和24.9%。通州区小学专任教师数量增长12.0%，高于海淀区和北京市平均水平，但低于东城区和西城区。通州区中学专任教师数量增长3.1%，只高于西城区，低于北京市平均水平，也低于东城区和海淀区。由此可见，通州区只有小学专任教师数量增长幅度较大，但低于东城区和西城区。幼儿园专任教师数量不仅没有增长，反而减少幅度较大，中学专任教师数量小幅增长，但低于北京市平均水平，也低于东城区和海淀区。

表9　2015和2018年北京市及部分区专任教师数量变化情况

类别	2015年专任教师数(人) 幼儿园	小学	中学	2018年专任教师数(人) 幼儿园	小学	中学	增加比例(%) 幼儿园	小学	中学
全市	34040	50053	63391	38867	54531	68898	14.2	8.9	8.7
东城区	1473	3787	4754	2079	4853	5630	41.1	28.1	18.4
西城区	1816	4689	6325	2268	5446	6207	24.9	16.1	-1.9
海淀区	4917	7300	10471	5586	7772	11413	13.6	6.5	9.0
通州区	2519	3630	3530	2280	4066	3638	-9.5	12.0	3.1

资料来源：《北京市教育事业统计资料》（2015~2016）、（2018~2019）。

为了提升教师素质，通州区一方面加大招聘和引进力度，另一方面加大对现有教师的培训。2017年，北京市教委、市财政局联合印发《关于促进通州区教师素质提升支持计划（2017~2020年）》。在该计划支持下，通州区成立78个名校长（园长）、名教师工作室，组织中高考改革背景下教学干部研修班160人次，遴选54名小学和幼儿园教师参加学历提升项目，组织市级以上骨干教师到通州学校支教，下校684人次，听课千余节……直接参与、受益的干部教师7366人，有效促进了通州区教师素质和教学实践能力提升。①

综上所述，在教育资源增量方面，通州区幼儿园数量减少，北京市及"东西海三区"增加。除了小学专任教师数量增长幅度高于北京市平均水平以外，幼儿园专任教师数量反而减少，中学专任教师数增长幅度也低于北京市平均水平。

四　结论与建议

（一）结论

本报告从教育资源数量、教育资源质量和教育资源增量三个维度入手，

---

① 《促进通州区教师素质提升支持计划推进会召开》，北京市教委官网，http://jw.beijing.gov.cn/jyzx/jyxw/201801/t20180119_36301.html，2018年1月19日。

构建通州区教育资源监测指标体系。结果发现，通州区教育资源的充足性（无论是物质资源、财力资源，还是人力资源）与北京市平均水平相比不具优势；通州区教育资源的优质性（包括优质教师和优质学校）与"东西海三区"相比还存在较大差距；2015~2018年通州区教育资源增量（包括学校增长幅度和专任教师增长幅度）并不突出，幼儿园数量及其专任教师数量反而减少。北京市教委重视提升通州区教师素质，在这方面取得了初步成效。

需要指出的是，本报告的监测对象是通州区教育资源，而非北京城市副中心教育资源。正如本报告之前所述，由于没有北京城市副中心层面的统计数据，本报告只能监测通州区教育资源。同时由于通州区教育与北京城市副中心教育息息相关，所以监测通州区教育资源也是必要和有意义的。

（二）建议

基于通州区教育资源的现状和存在的问题，本报告提出如下改进建议。

第一，加大市级财政对通州区教育的支持力度，将通州区从教育薄弱区提升为优质教育资源聚集区。通州区政府及教委应把握北京城市副中心建设契机，结合编制区级"教育现代化2035"的时机，制定通州区教育发展的分阶段目标和实施步骤。落实《通州区教师招聘制度改革三年行动计划（2018~2020年）》，创新教师资源配置方式。提高人员经费在教育事业费中的比重，保障教师待遇。

第二，分阶段、分步骤提高通州区教育质量。教育质量的提升不是一朝一夕的事，也不能在短时间内看到成效。北京城市副中心建设是千年大计，同样，通州区政府和教委以及北京市政府和教委以及其他相关区政府和教委要抱着"功成不必在我"的精神境界和"功成必定有我"的历史担当，稳步提高通州区教育质量。通州区政府和教委是主体，要把握历史契机，将北京城市副中心教育发展政策红利转变为通州区教育质量的实质提升。北京市政府和教委要提供有力保障，为通州区教育发展提供人财物保障和政策支持。其他相关区政府和教委要提供大力支持，打破"一亩三分地"的思维，

支持北京城市副中心建设。

第三，在优先满足北京城市副中心教育资源需求的同时，加大力度保障通州区其他区域的教育发展。通过教育资源增量监测发现，虽然北京城市副中心新建了学校、配置了教师，但通州区整体学校数量和专任教师数量并未呈现明显增长。本报告推测，通州区其他区域的教育资源没有随之增长，甚至可能由于"挤出效应"而减少。根据北京市中心城区的发展经验，优质教育资源聚集将带来学位紧张、交通拥堵、房价高企等不良影响。为了避免北京城市副中心出现类似问题，应注意加强通州区其他区域的教育资源配置。

随着北京城市副中心建设的不断推进，本报告将结合数据可获取情况，进一步完善监测指标体系，对北京城市副中心建设背景下通州区教育资源开展持续监测。

B.14
北京市西城区街区更新的政策与实践

王雪梅 杨嘉莹*

摘　要： 街区更新是以街区为单元的城市更新模式，它的特点是以小规模、渐进式、可持续的推行方式，实现人居环境和城市品质的整体提升。本报告重点介绍了西城区街区更新的政策背景、政策内容，并以广安门内街道为例，分析了西城区街区更新的实施过程，总结了西城区街区更新的实施效果，即西城区街区更新初步实现了项目科学管理实施、街区生活品质提升、城市文脉保护传承，以及从街区更新到基层治理体制机制的深化探索。最后，本报告指出，街区更新是跨学科的综合问题，需要多政策的协同集成，只有在政策设计与政策实践不断互动、互构的进程中才能逐步完善。

关键词： 街区更新　首都功能核心区　政策实践

一　街区更新政策背景

建设和管理好首都，是国家治理体系和治理能力现代化的重要内容。《北京城市总体规划（2016～2035年）》确立了首都作为"全国政治中心、

---

* 王雪梅，博士，中共北京市委党校（北京行政学院）社会学教研部副教授，研究方向：城市社会学、社区治理；杨嘉莹，博士，中共北京市委党校（北京行政学院）社会学教研部讲师，研究方向：社区治理。

文化中心、国际交往中心、科技创新中心"的城市战略定位，提出了未来北京要建成国际一流的和谐宜居之都，建成富强、民主、文明、和谐、美丽的社会主义现代化强国首都，更加具有全球影响力的大国首都和超大城市可持续发展的典范。随着城市化的快速推进，首都人口资源环境矛盾愈发突显，交通拥堵、环境恶化、公共资源紧张等"大城市病"，影响了首都公共服务保障水平提升，影响了首都功能的发挥，影响了人们生活的幸福感与满意度。在首都人口资源环境矛盾凸显的压力下，迫切需要运用科学的理念与方法有效治理"大城市病"，提升城市品质，改善人居环境，实现资源更优配置，以满足新时期人民对于美好生活的新期待、新要求。

西城区作为首都功能核心区的主要组成部分，是全国政治中心、文化中心和国际交往中心的核心承载区，是历史文化名城保护的重要地区，是展示大国首都形象的重要窗口地区。西城区内有众多各具特色的街区，如党的机关和中央国家机关集中办公的中南海地区，国家部委集中的三里河地区，金融机构聚集的金融街地区，以及什刹海、大栅栏等历史文化街区，功能类型多样，空间形态丰富。但是西城区在发展过程中也出现了人口膨胀、交通拥堵、公共服务空间设施不足、背街小巷脏乱差等问题。为了落实好首都城市战略定位，提升城市发展品质，建设国际一流的和谐宜居之都，2017年西城区在全市率先探索实施街区更新。

街区更新是贯彻落实习近平总书记两次视察北京重要讲话精神和新版北京城市总体规划的重要抓手，是疏解非首都功能、优化区域发展品质的重要途径，是加强城市精细化管理、解决突出问题、改善人居环境的重要措施，是实施项目化管理、提升科学治理能力和机制创新的重要路径。西城区探索实施街区更新的重要性可以从下面六个"需要"来看。

（1）是落实首都城市战略定位，更好履行区域职责的需要。一些街区功能、业态过多过度与缺失并存，与区域职能定位不协调，需要疏解、优化、提升、补短。

（2）是进入新时期城市科学规划建设管理的需要。大规模开发建设阶段已经过去，新时期城市科学规划建设主要是进行有机更新和修补，包括城市修补、生态修补。

（3）是推进精细化管理和长效治理、提升城市品质的需要。不同街区主导功能和历史文化传统不同，需要分级分类标准化管理。一些"城市病"突出问题如停车问题、公共服务问题等，需要分区域研究和解决。

（4）是改善人居环境，让群众有更多获得感的需要。要通过系统整理，明显改善人居环境。同时，整体改善的美好前景有利于更好地凝聚共识，更好地激发公众共同参与、共同维护城市建设的积极性与责任心。

（5）是项目科学管理实施的需要。以条条为主的项目管理方式在建成区的发展更新实践中存在一些问题，衔接不畅导致反复折腾，遗留问题多、协调成本高、整体效果不好，群众有意见。以街区为单元的项目设计与实施，有利于更好地统筹考虑，促进多个问题的同时解决。

（6）是巩固成果、强化工作衔接的需要。自2016年以来，西城区在推进科学治理、提升发展品质上已形成广泛共识，分级分类标准管理体系已初步建立。从巩固成果、形成长效机制看有必要强化工作衔接，使各类治理措施的成效更好地展现出来并保持下去。

二 街区更新的政策要义

（一）政策理念

街区更新政策的基本理念是以街区为单元，通过优化功能配置、业态调整升级、空间布局整理、风貌特色塑造、秩序长效管控、街区文化培育等措施，对街区进行系统设计与整治修补，实现资源更优配置，区域科学治理，全面提升城市品质，不断增强人民的获得感、幸福感和安全感。具体而言，通过街区更新，实现以下几个目标。

（1）优化功能配置。增强首都核心功能，疏解非首都功能，突出主导功能，补齐服务功能短板，使街区功能协调适应。

（2）调整业态。推进业态转型升级，使业态与核心区发展要求、与街

区功能定位相协调。

（3）空间优化整理。科学合理、精细规范利用好空间，包括地面、建筑、外立面及空中视廊，与街区功能、风貌特色协调，实现街区的以人为本、和谐宜居。

（4）特色风貌塑造。因循街区历史文化特色和主导功能定位，通过精心设计、规范管理、合理配置公共家具，塑造有特色、有活力、有文化魅力的街区风貌。

（5）秩序整治与维护。系统整治开墙打洞、违法经营、违法建设、违法停车、环境脏乱等乱象，落实分类管理标准并有效维护。

（6）街区精神培育。通过"门前三包"，临街公约等方式，有效动员引导社会大众参与，激发大众社会责任感与公共意识，推动共治共享，为长效管理打好基础。

（二）《北京西城街区整理城市设计导则》

《北京西城街区整理城市设计导则》[①]（以下简称《导则》），是为保障街区更新科学推进而制定的技术文件。《导则》立足区级层面，结合西城区实际，对上承接北京市市级层面的相关要求，对下引导街道办事处、重点片区、重点街道胡同等各层次街区整理的城市设计相关工作。《导则》集成了现有城市规划、建设、管理主要文件的要领，根据西城区空间现状特点，将西城区分成一般建成区和传统风貌区两类区域。从宜人、绿色、智慧、文化、景观、艺术六个方面提出了设计理念与原则性要求，并分别对一般建成区和传统风貌区的水平和垂直界面以及建筑要素提出一系列具体引导策略。比如，对于传统风貌区的街巷胡同，不仅阐释了水平界面、垂直界面的内涵与设计原则，还对地面铺装、市政箱体、无障碍设施、停车、胡同照明、临时围挡、建筑色彩、屋面形式、管线设备、广告牌匾，乃至门楼、墙帽、门墩、雨棚等进

[①] 北京市规划和国土资源管理委员会规划西城分局、北京建筑大学建筑与城市规划学院主编《北京西城街区整理城市设计导则》，中国建筑工业出版社，2018。

行了图文并茂的分析说明，并提出了明确的规划指引①。《导则》的设计者主要包括规划、城市设计、建筑、景观、市政、文物修缮等专业的设计师，管理者主要包括各级政府和部门以及社区组织的管理人员。编制《导则》过程中，注重公众参与，汇聚各方智慧。《导则》的出台，对于西城区开展街区更新、形成"一张蓝图绘到底"的生动实践具有积极的指导和促进意义。

（三）《西城区街区整理实施方案》

2017年11月，为落实北京新总规，西城区在全市率先出台《西城区街区整理实施方案》②，强调坚持问题导向、规划引导、科学实施、试点先行、全员参与的工作原则，明确了当前和今后一个时期，围绕人民日益增长的美好生活需要和区域可持续发展的要求，聚焦重点难点，扎实推进街区更新工作。推进街区更新的工作任务具体细分为：第一，划定街区单元，连片覆盖全区；第二，优化整理空间，加强公共空间管理；第三，进行街区诊断；第四，开展街区设计；第五，总结试点经验，形成重点街区精品示范；第六，加快项目实施，实现总体风貌全面提升；第七，动员各方参与，增强街区整理工作合力；第八，做好验收评估，确保街区整理取得良好效果。《西城区街区整理实施方案》的出台，为全区推进街区更新工作指明了行动方针，为实现精细化的城市管理勾勒了新的蓝图。

西城区编制了全国首个正式出版发行的街区设计导则——《北京西城街区整理城市设计导则》，并出台了《西城区街区整理实施方案》。为了更好地实施街区更新，西城区还先后制定《北京市西城区街区公共空间管理办法》《西城区建立民生工程民意立项机制的指导意见》和《西城区关于推进社区协商工作的实施意见》等相关政策文件，并要求各街道编制街区整理计划，由此构成相对完整的街区更新政策体系，为具体实施推行街区更新提供有力支持。

---

① 资料来源：北京市西城区人民政府网站，http://www.bjxch.gov.cn/。
② 北京市规划和国土资源管理委员会规划西城分局、北京建筑大学建筑与城市规划学院主编《北京西城街区整理城市设计导则》，中国建筑工业出版社，2018，第164~165页。

三 街区更新实施推行——以广安门内街道为例

广安门内街道（以下简称"广内街道"）位于西城区中北部，下辖18个社区，常住人口8.2万人，总建筑面积333.99万平方米，是北京城市核心区"疏整促"重点区域。广内街道编制了首个以街道为单位的城市设计方案，是西城区"街区更新"模式的发源地。

广内街道的街区更新大体分为三个阶段：一是整理规划阶段（2016年底～2017年7月），通过编制《街区整理计划》方案，在规划层面上对区域空间整理优化；二是更新提升阶段（2017年7月～2018年4月），依据街区整理计划方案，制定《任务指导手册》，小规模、渐进式、项目化实施更新，以达到提升城市品质的目标；三是深化治理阶段（2018年4月至今），强化党建引领社会治理体系，将街区更新作为探索基层治理的有效途径。历经三年和三个阶段的实践探索，广内街道已总结出较为科学有效的方法，并有序、有步骤地推进。

（一）街区划分

对街道进行科学的街区划分，是街区更新的基础和前提。街区划分主要考虑以下几个方面：一是主导功能特点突出；二是便于后续精细化管理；三是具有一定的承载空间，着眼于保障城市运行、切实服务居民生活。具体划分方法如下。以四条道路围合出的0.4～0.8平方公里的范围为标准划分街区，并根据实际情况调整。以规划路为边界，尽可能边界清晰，以社区为基本单元，街区名称宜中性化，突出城市符号。至于主导功能分区，分为一般建成区和传统风貌区。一般建成区又可细分为政务活动、金融商务、金融科技、繁华商业、交通枢纽、公共休闲、生活居住七个类型；传统风貌区主要分为政务活动、特色商业、文化休闲、生活居住四个类型。对于跨街道办事处、区域特色相近的街区，在区级层面进行统筹合并为一个街区单元。

按照以上方法，广内街道打破现有街道社区的规划界限，跨越地理空间规制，按照一定规模和历史沿革，把若干社区整合为一个城市人居基础单元，即街区。初步划分了西便门、报国寺、长椿、广安门、宣西五个街区，连片覆盖街道全域，每个街区的范围均大于社区，小于街道。接下来进行的系统梳理、街区诊断、街区规划、更新提升和深化治理，均以街区为基本单元展开。

（二）系统梳理

系统梳理就是摸底、梳理、落图。首先对街道全域内人口、资源、环境等基础信息进行实地探查，对涉及各部门的街道信息，通过"街道吹哨，部门报到"的方式，进行采集整合。然后对以上基础信息进行梳理，分为总体概况、历史文化、城市功能、产业业态、市政基础设施、城市风貌、环境秩序等七类30项指标（见表1），特别是将后五类信息分街区梳理，以同一比例落在街道地形图中，并以表格对应，凸显区域特征、特色、特点。

表1 七类指标具体内容

类别	内容
总体概况	区位、沿革、规模、人口
历史文化	文保单位、非物质文化遗产
城市功能	土地性质、建筑规模
产业业态	机构类型、资产收入、税收贡献、产业政策、经营空间、生活服务网点
市政基础设施	规划道路、公交站点、停车资源、公共服务设施
城市风貌	开放空间、建筑特点、街区标识、城市色彩、景观照明、城市家具
环境秩序	环卫保洁、交通组织、静态停车、广告牌匾、绿化养护、街面秩序

经过系统梳理，发现广内街道区位特点明显，地域特色鲜明，具有打造一刻钟社区生活圈的良好基础。广内境域位于北京市中心城区的西南部，据天安门2.2公里，所在区域是北京营城建都肇始之地，其历史可追溯至公元前11世纪的西周蓟城，有三千多年的建制史，历史文化遗存丰富。分布着国家级、市级、区级文物九处，古街、古胡同八条，深厚的文化积淀，是宣南文化的主要源泉。15分钟社区生活圈是城市打造街区生活的基本单元，

283

即在15分钟步行可达范围内，配备生活所需的基本服务功能与公共活动空间，形成安全、友好、舒适的社会基本生活平台。生活圈一般范围在3平方公里左右，常住人口5万~10万人。从有利于营造兼具环境友好、设施充沛、活力多元等特征的社区生活圈的角度，建议人口密度在每平方公里1万~3万人。广内街道的面积范围、常住人口和人口密度均符合建立一刻钟社区生活圈的要求。以长椿街北口为圆心辐射，可以看出此区域最远点不超过1.5公里。0.8~1.5公里为人的步行范围，全域地形方正，步行范围内皆可达。可见，具有混合业态且步行可达的广内街道，有打造一刻钟社区生活圈的良好基础。

（三）街区诊断

街区诊断，即坚持问题导向，精准"靶向治疗"，对各街区进行"会诊"。整体性诊断街区存在的问题，逐项摸排，分析问题的原因和程度，理清重点、难点和相互关系，确保对症下药，进而对内容零散、层次不清的规划设计，进行条理化、系统化、科学化的再加工、再升级。比如，针对居住区，重点是调整业态，完善一刻钟服务圈，满足居民的生活所需；针对文保区，就要统筹周边的区域资源，着力疏解过多的人流、车流，让传统风貌更好地得到保护。广内街区诊断、问题分析聚焦于功能修补和地区发展两方面。

（1）关于功能修补。广内街道在街区诊断过程中，一方面通过居民座谈、问卷调研等方式了解居民需求、发现问题。另一方面，对接前期摸底、整理获取的街区腾退空间数据、可利用资源信息，进行最优化配置，编制公共服务供给菜单，以精准修补城市功能，特别是居民生活服务功能。调研发现，服务缺口较大、居民反映问题较多、公共服务满意度较低的地方主要包括以下几方面。①便民利民和老年服务。服务需求选项调查显示，33.5%的被调查者最需要"老年服务"，32%的被调查者最需要"便民利民服务"。②停车资源、停车管理服务。公共服务评价满意度最低的是停车条件，19.6%的被调查者认为停车条件很不好，严重影响工作；

73.4%的被调查者认为城市管理存在的主要问题是"违章停车"。③文化健身硬件设施。60.8%的被调查者表示需要"体育健身点",27.5%表示社区最缺乏"文化活动室"。

针对居民反映的停车问题,广内街道详尽比对了停车场分布现状图、正规占道停车图、背街小巷停车需求与容纳空间图等,梳理成若干更新项目,纳入街区更新三年任务项目库。至于居民反映的老年服务、便民利民服务问题,街区诊断分析表明,广内街道以老旧社区为主,因为前期缺乏规划预留,所以区域总体缺少必要的商业配套设施,商业网点布局不合理。规范化、组织化管理的缺失,减缓了生活性服务业现代化的发展进程。特别是开展治理"开墙打洞",以及"疏解整治促提升"行动以来,生活性服务业网点数量由2015年底的573个减少至246个,居民的生活便利度亟待提升。结合市政府《北京市提高生活性服务业品质提升行动计划》(京政发〔2015〕40号)、《街道工作意见》以及《关于进一步提升生活性服务业品质的工作方案》(京政办发〔2018〕10号)①等文件的要求,广内街道有必要编制《生活性服务业发展规划》,系统性、整体性解决问题。这一规划应围绕生活性服务业,科学布局网点、合理配置资源、完善政策体系,不断满足群众对高品质生活的需求。

(2)关于地区发展。新中国成立初期,广内街道以市府大楼为中心建立了完整的混合业态街区雏形。随着城市发展,出现了产业结构性老化、空间物质性老化与人口老化的中心城区典型现象。根据《北京市新增产业的禁止和限制目录》和西城区禁限目录,其中多项属于禁限目录内行业,亟

---

① 《北京市提高生活性服务业品质提升行动计划》明确了各街道办事处(乡镇政府)在此项工作中的职责是,利用国有企业原有商业网点等资源及闲置空间,抓紧配齐服务设施,实现便利店(社区超市)、早餐、蔬菜零售等基本便民服务在城市社区全覆盖。《街道工作意见》也明确了各区要加强规划设计,把生活性服务业设施规划细化到街道、社区,分区域、分业态制定补建提升计划,补充基本便民服务网点,重点织补早餐点、菜场、便利店等便民设施。2018年3月24日北京市政府办公厅正式印发了《关于进一步提升生活性服务业品质的工作方案》(京政办发〔2018〕10号),推动"规范化、连锁化、便利化、品牌化、特色化、智能化"发展,进一步提升本市生活性服务业品质,不断满足人民群众日益增长的美好生活需要,突出规范和规划引领,合理布局生活性服务业设施。

需转型升级。产业结构性老化问题突出，产业模式没有随着北京城市化的发展，尤其是周边金融街的崛起和新华社等单位的发展而持续发展，而是形成了典型的老建成区产业模式。街道内医疗与教育资源丰富，但没有充分发挥其上下游衍生业态形成积极产业链系统，而是被动形成了地下群租与小旅馆等业态。

街区既是百姓生活的大舞台，也是产业升级的承载地，还是首都"四个中心"的重要承载地。应从街区而不是街巷层面分析问题、寻找答案，在街区层面统筹规划设计，解决问题。唯有街区更新，才能真正实现核心区系统化更新。

（四）街区规划

广内街道在街区划分、系统梳理、街区诊断的基础上，进行产业业态规划、开放空间系统规划、道路与慢行系统设计、机动车微循环与停车资源配置、公共服务设施完善等重要规划，制定街区建筑风貌等控制导则，形成《北京市西城区广安门内街道街区整理计划》，这是北京首份街道城市设计导则。

在街区规划的指导下，结合诊断分析结果，梳理形成项目库、明确分期任务包。首先，梳理宏观层面、执行层面和社会层面的法律法规、政策，配置可利用空间资源（如疏解腾退空间再利用、辖区单位资源共享、原有空间升级改造资源），并且与人口总量、建筑规模挂钩，明确任务量，形成更新项目库，以推动新总规在街道落地。项目分规模型更新和微更新两类。并且创设了为街巷长提供服务居民、提升品质的"点菜单"微更新模块菜单。例如配合生活性服务设施规划，制定空间布局规划，区分出品质提升区域、网点优化配置区域、重点补充区域、提升改造区域等。广内街道街区整理项目库收纳11大类、25项重点项目，包括7项规模型更新、30处微更新，以及3类菜单式更新。其次，积极鼓励公众参与，结合各方需求，在公共服务设施内容及布局等方面，形成社区短板清单；针对短板清单，结合需求紧迫度、实施主体积极性、实施难易度等因素，明确具体工作任务，按年度进行任务分解，形成分期任务包。

（五）更新提升

广内街道总结出具体实施街区更新提升的十六字诀：叠图集成、挂图作业、插旗拔旗、手册管理。所谓"叠图集成、挂图作业"，就是把每年度计划项目，连同基层治理的其他各项工作任务内容整合、图表对应，落实到一张蓝图上叠图集成，然后统筹市、区、街三级项目、资金、人员力量，梳理形成年度重点任务工作手册，以"片区"为基本单元，开展集中治理、综合治理，努力做到"一次治理同步解决多项问题"，整体控制、统一推进。所谓"插旗拔旗、手册管理"，就是成立专班，加强日常工作调度，实时更新任务监测台账，对标对表任务手册，立账销账。在《广内街道2018年重点任务工作手册》里，整合了10类120项重点工作任务，并且将"2018年疏解整治促提升任务图""背街小巷整治提升任务图"等全部叠图集成在《广内街道2018年街区整理任务图》中。然后，再把120项任务分解到13个片区组，见表2。

表2　广内街道2018年任务分解片区组

编号	片区组	项目数（个）	编号	片区组	项目数（个）
一	西便门东里片区组	7	八	西便门西里、大街东	11
二	核桃园	10	九	槐南、槐北	11
三	校场	8	十	报国寺	10
四	宣西、三庙、康乐里	9	十一	长椿里	8
五	老墙根	11	十二	西便门内	10
六	长西	6	十三	长椿街	9
七	广安东里、上斜街	10			

资料来源：《广内街道2018年重点任务工作手册》。

2017年9月，广内街道第一个规模型更新项目——广阳谷森林公园落地。2017年11月，以善果胡同为代表的三个微更新点位施工完成。2017年底，达智桥胡同成为首批通过"十有十无"达标验收胡同。2018年初，"广

内街区体验馆"建成。2018年3月，西城区街区更新现场会在广安门内街道召开，确定"叠图集成、挂图作业、插旗拔旗、手册管理"作为西城区街区更新工作的总要求。

（六）深化治理

广内街道在街区更新中创设了党建引领三级吹哨报到的工作机制，街道、社区、基层党支部三级党组织建立以党建为同轴的纵向联动机制，通过区域化党建加强与驻区单位的横向联系；制定党建工作协调委员会制度，面向驻区单位，制定区域化党建项目清单、资源清单、需求清单。并确立"红墙同心"社会公共责任体系评价指标，发挥辖区单位、在职党员的资源优势和协调配合作用。通过"多级同轴、横向同心"实现"党组织吹哨、多元报到"，实现组织平台、工作平台、问题平台分级治理、快速响应。

广内街道将街区更新与环境治理相协调，把街道划分为5个整理街区和14个治理片区，由处级领导任片长，社区党委书记担任副片长协助片长工作，形成街区、片区、街巷协同联动。与此同时，建立分级管理的双街巷长制，79条街巷实行双街巷长制，由街道干部、社区包片主任担任街巷长，负责街巷环境整治提升并及时发现报告问题，做好群众工作并配合进行处置。街巷理事会成员担任"小巷管家"，组织居民通过民意立项号召居民积极参与街巷管理，实现街巷自治。街道、社区、居民三级协同，动员社会力量广泛参与。

随着街区更新的深入推进，特别是在实施微更新过程中，广内街道探索"责任规划师（专家）+社区规划师（专业团队）+愿景规划师（在地居民）"的运作模式。并将专业社会工作团队与规划团队有机整合，规划团队主要发挥规划设计的优势，专业社会工作团队主要发挥社会动员的优势。多元主体共同参与，共绘城市更新蓝图。街区更新，便是"像绣花一样精细"地摸清城市建成区的底数、统筹关系，街区更新是深入街区内部的"抽丝剥茧"的分析与研究，能够更加有效地通过基层单元的更新，实现城市的可持续发展。

四 街区更新政策实施初见成效

经过三年多的实践探索,西城区街区更新取得阶段性成果。据统计,截至2019年3月,西城区共划分为101个街区,形成15套街道城市设计导则,20余套重点地区深化设计方案。依据设计方案推进了17片重点街区的实施亮相[①]。西城区街区更新的经验获得了北京市委认可,2019年2月北京市《关于加强新时代街道工作的意见》正式出台,"街区更新"作为街道工作的重要内容,在全市层面推广。从实施的效果看,西城区街区更新初步实现了以下几个方面的目标。

(一)基本确立项目科学化管理实施

在城市管理实践中,以条条为主的项目管理方式发展更新建成区,会存在一定的问题。各项目之间衔接不畅导致反复折腾,遗留问题多、协调成本高、整体效果不好,群众有意见。城市建设今天建、明天拆,反复"开膛破肚",这样的"拉链"工程,造成资源浪费,同时破坏城市美感,影响人民出行安全。以街区为单元的项目设计与实施,将"疏解整治促提升"行动、背街小巷治理行动与街区更新进行整合,将不同的行动任务置于一个街区的范围内,"叠图集成、挂图作业、插旗拔旗、手册管理",统筹考虑个街区内市、区、街道三级不同任务的时间进度、施工程序与条件,运用党建引领的"街乡吹哨、部门报到"的机制,实现一次治理同时解决多个问题,最大限度避免沟通不畅,有针对性地增减修补城市功能,精准对接群众需求。其背后反映的是整体治理、系统治理、协同治理的治理思路,反映的是从条块分割到条块结合、以块为主、融条于块的治理结构的转变。

(二)逐步提升街区环境与生活品质

街区更新不是运动式的更新,而是渐进式、可持续的更新。通过精细

---

① 资料来源:北京市西城区人民政府网站,http://www.bjxch.gov.cn/。

化的生态修复与城市功能修补,优化城市基础设施与公共服务,实现人居环境的改善,整体上提升街区生活品质。以德胜街道科技商务街区为例[1],2018年,德胜街道完成科技商务街区内3个老旧小区改造、1块弃管绿地改造、6条背街小巷整治提升、1个平房院落改造、1处养老驿站建设、1处地下空间整治和1个文化休闲广场建设的落地,拆除违法建设50处,铺装路面6245平方米,粉刷立面4400平方米,修复及改造绿地5884平方米,该街区将商务休闲、科技、生活融为一体,将现代城市的活力与创造力充分展现出来。在路政设施建设方面[2],西城区本着"建成一条路靓丽一条街"的原则,将道路交通设施建设与街区更新计划有机结合起来。2018年,西城区已实现手帕口北街、马连道南街、马连道东三号路、红土店胡同、报国寺西街、二七剧场北侧路和安德路西段7条市政道路完工,通车里程达到3.62公里。实现陶然亭路、二七剧场北侧路、文兴东街、广安门车站西二号路4条道路开工。完成688个车位自治工作、新增341个机械停车泊位,改善了人民的出行状况,提升了人民出行满意度。

(三)着重落实城市文脉保护与传承

历史街区见证了首都城市的历史变迁,是记录城市兴衰演变的特殊文化载体。在注重城市文脉传承的今天,历史街区的更新不能仅注重物质空间的改善,不能一刀切的简单复制,要将物质空间的改善与历史文化传承相结合,推动街区的物质空间与精神文明的可持续发展。西城区是历史文化名城保护的重要地区,也是首都建设全国文化中心的重要承载区。在街区更新中,西城区注重城市文脉的传承,注重保护传统历史风貌,保护胡同、四合院的肌理,不搞一刀切,将老北京的底蕴与时代气息相结合,在改善人居环境的同时强化了古都古韵,时代风貌。以法源寺历史文化保护区的更新为

---

[1] 资料来源:北京市西城区人民政府网站,http://www.bjxch.gov.cn/。
[2] 资料来源:北京市西城区人民政府网站,http://www.bjxch.gov.cn/。

例[1]，法源寺历史文化保护区占地面积约为16.16公顷，该区域是北京建城史的重要历史见证。文保区内除了全国重点文物保护单位——法源寺之外，还有众多的会馆建筑，例如市级文物保护单位湖南会馆、区级文物保护单位浏阳会馆（谭嗣同故居）等。经历了百年的城市发展变迁，这一地区成为危旧房、平房集中的区域，四合院沦为大杂院，人均面积小，基础设施条件差，内部道路狭窄，生活环境恶劣。2018年初，《法源寺历史文化保护区修建性详细规划》编制完成。在这一区域内实施的建筑更新将分别采取保护、保留、改建整饰、偏移翻建、拆除新建等多种方式，其中保护类、保留类建筑规模占规划总建筑规模的69%，兼顾传统风貌保护与地区居民生活环境的改善两种功能。

（四）深入探索首都基层治理体制机制

社会治理是以人民的根本利益为出发点，政府、社会组织、企事业单位、社区以及个人等多元治理主体通过平等的合作、对话、协商、沟通等方式，依法治理社会问题，保障改善民生，化解社会矛盾，实现公共利益最大化，促进社会和谐有序发展。街区更新，是将社会治理的理念融入其中，从居民需求出发，拓宽多元主体参与渠道，推动社区多元共治，提升社区居民的归属感与认同感。街区更新工作，根据居民参与的不同程度，分为民意征求、民需申报、民情推动三大类型，按照相应程序开展民意立项工作，并根据居民需求紧迫度、实施难易度、实施主体积极性等因素合理安排年度实施街区更新计划，分步实施。在街区更新实施过程中，每个街区确立了"责任规划师+愿景规划师"合作模式。每个街道通过政府购买服务的方式引入专业规划师团队，作为街区更新的责任规划师；愿景规划师由社区居民组成。从街区诊断、规划设计到项目落地，责任规划师与愿景规划师共同参与，愿景规划师提出规划愿景，责任规划师发挥专业规划优势，精准对接居民需求，这样的做法不仅有助于社区居民公共精神的

---

[1] 资料来源：北京市西城区人民政府网站，http://www.bjxch.gov.cn/。

塑造，更有助于形成街区自我发展、自我更新的能力，实现从街区更新向社区治理的深化。

五 结论与思考

街区更新，对于首都城市更新发展和基层治理具有双重意义。一方面，它是具有首都特色的城市更新模式，另一方面，它是对首都基层治理创新的新探索。街区更新是以街区为单元的城市更新模式，它的特点是以小规模、渐进式、可持续的推行方式，实现人居环境和城市品质的整体提升。2019年发布实施的《北京市城乡规划条例》第二十八条明确规定：本市建立区级统筹、街道主体、部门协作、专业力量支持、社会公众广泛参与的街区更新实施机制，推行以街区为单元的城市更新模式。2019年2月，北京市以市委市政府名义印发实施《关于加强新时代街道工作的意见》（以下简称《意见》），《意见》提出，北京将实施街区更新，提升城市精细化管理水平。街道是城市工作的第一线、城市治理的关键环节、服务群众的重要纽带和抓落实的最后一公里，在超大城市基层治理体系中发挥着不可替代的中枢作用，这一文件是对新时代街道工作全面性、系统性的指导。《意见》首次提出实施街区更新，意味着街区更新已被纳入市委市政府对基层治理工作的统筹考虑和系统部署之中，将是首都基层治理探索创新的新方向、新目标。

那么，街区更新在首都街道工作中如何定位？《意见》明确了新时代街道的四大职能定位，即党的建设、公共服务、城市管理和社会治理，实施街区更新是街道履行城市管理职责的体现，是街道日常工作的新内容和新任务。《意见》要求各个街道科学划分街区单元，围绕功能优化、业态提升、风貌塑造、文化培育、环境整治等开展街区问题诊断和方案设计，进而制定街区更新实施方案和城市设计导则，成片区、分步骤、有顺序地开展。具体是以项目制实施，以居民、企业需求意见为导向——着重完善街区服务功能的项目应予以优先实施。不难发现，街区更新围绕的六个方面内容与街道其他方面工作，特别是与提升街区公共空间品质、加强城市环境整治、着力改善居住质量、健全市政基础设施维护维修机制、建立健全街道大数据管理服务平台等城市管理任务高度相关、相互融合,由此,街区更新将是街道推进各项工作的重要抓手。

《意见》指出建立区级统筹、街道主体、部门协作、专业力量支持、社会公众广泛参与的街区更新实施机制,特别是健全街区责任规划师、建筑师制度,充分发挥专家和专业团队作用。从西城区区域性的"街区更新"政策与实践,到北京市委市政府发布的《意见》,提出并指导实施街区更新,作为首都城市更新的特色模式和首都基层治理的新探索,街区更新始终由基层创建和顶层设计两种重要的趋势在推动,特别是随着责任规划师制度不断完善,街区更新模式试点逐步扩展。

街区更新已经成为首都城市发展和基层治理的重要议题,随着相关制度和政策的推行,越来越多的更新项目和更新点在规划、在建设、在发挥作用。作为街区更新实施的主体,各街镇(乡)基层政府在其间起着至关重要的作用,涌现出多种多样的实践做法与经验探索。然而,作为新生事物,无论是在制度设计的顶层,还是在实践操作的基层,都面临深入探讨和着力突破的困惑点和难点,如作为城市更新的街区单元,街区更新的实质内涵究竟是什么?纳入基层社会治理体系的街区更新,如何构筑其价值要义、结构要素?如何引导其良性运行、有效运作?必须明确的是,街区更新是跨学科的综合问题,基于单一学科的思路和方法不能从根本上解决街区更新的难题。街区更新是多政策的协同集成,只有在政策设计与政策实践不断互动、互构的进程中才能逐步完善。

参考文献

[1] 秦虹、苏鑫:《城市更新》,中信出版社,2018。
[2] 安德鲁·塔隆:《英国城市更新》,杨帆译,同济大学出版社,2018。

B.15
党建引领"街乡吹哨、部门报到"
——超大城市基层治理创新的北京经验

谈小燕 杨嘉莹*

摘 要: 党建引领"街乡吹哨、部门报到"改革,是超大城市基层治理体制机制创新的北京经验,是新时期破解城市治理最后一公里的新创举新突破。"街乡吹哨、部门报到"通过做实做强街道、"赋权、下沉、增效"等一系列改革举措,改变城市管理中条块分割、责权不对等等问题,优化基层治理结构和治理方式。围绕党建引领"街乡吹哨、部门报到"改革实施效果主题,课题组对北京市不同区进行了调查研究,分析得出,北京市党建引领"街乡吹哨、部门报到"改革推行效果良好,各地区实践模式灵活多样,行动主体的治理能力得到显著提高。实践证明,党建引领"街乡吹哨、部门报到"改革走出了一条符合超大城市发展规律、具有首都特色的社会治理的新路径。

关键词: 党建引领 "街乡吹哨、部门报到" 超大城市 基层治理

---

* 谈小燕,博士后,中共北京市委党校(北京行政学院)社会学教研部讲师,研究方向:社区治理、城市研究;杨嘉莹,博士,中共北京市委党校(北京行政学院)社会学教研部讲师,研究方向:社区治理。

一 党建引领"街乡吹哨、部门报到"的政策背景

党建引领"街乡吹哨、部门报到"是破解基层治理最后一公里难题探索出的一条"北京路径",是新时期超大城市基层治理创新的北京经验。党建引领"街乡吹哨、部门报到"改革源自基层实践,2017年上半年,平谷区为有效解决金海湖镇非法盗采金矿、盗挖山体、盗偷砂石等治理难题,探索出"乡镇吹哨、部门报到"工作机制。平谷区将执法主导权下放到乡镇,乡镇一旦发现盗采线索及时上报,各相关执法部门须30分钟内赶到现场综合执法,有效根治了金海湖镇盗挖盗采的违法行为。

在提炼"平谷实践"基础上,经过多方反复研讨论证,2018年初,北京市委、市政府印发了《关于党建引领街乡管理体制机制创新实现"街乡吹哨、部门报到"的实施方案》,确立了以党建引领,以街道乡镇为重心,围绕"街乡吹哨、部门报到"推动街乡体制改革的基层治理新路径。一年多来,"街乡吹哨、部门报到"工作取得了明显成效,产生了一系列实践和理论成果。2018年11月14日,习近平总书记主持召开中央全面深化改革委员会第五次会议,审议通过了《"街乡吹哨、部门报到"——北京市推进党建引领基层治理体制机制创新的探索》,对这项工作给予充分肯定。

党建引领"街乡吹哨、部门报到"改革,有效破解街道开展工作面临"有限资源、无限责任",街道履行职责面临"条块分割、协同不力"的难题。把党建与治理结合起来,在"赋权、下沉、增效"上下功夫,提升街道属地管理的统筹协调能力,探索出新时期超大城市基层治理创新的北京经验。

二 党建引领"街乡吹哨、部门报到"改革的主要内容

(一)加强党建引领基层治理

加强党的全面领导是做好新时代街镇工作、强化基层治理的根本和前

提。有效吹哨报到，关键是发挥党组织在基层治理中的领导核心作用。党建引领"街乡吹哨、部门报到"改革推行过程中，北京市将城市基层治理纳入党委重要议程，加强街道社区党组织对基层治理的全面领导；强化街道党工委的属地领导责任和统筹管理责任，建立健全街道党工委对地区社会治理重大工作的领导体制；推进区域化党建工作，健全区、街道（乡镇）、社区三级党建工作协调委员会组织架构，制定党建工作协调委员会议事规则，建立党建工作协调委员会联络制度；深化"双报到"工作，落实党员干部直接联系群众制度。通过加强基层党组织的组织力建设，凝聚群众、引领群众，以党组织为中心勾画基层社会治理的同心圆。

（二）深化街道（乡镇）管理体制改革

长期以来，传统城市管理中暴露的条块分割、各自为政、缺乏协调的问题，已经与超大城市精细化、系统化的管理要求不相适应。此次改革，正是通过"赋权、下沉、增效"，打破传统城市管理中属地与职能部门之间的界限，以属地为主统筹破解基层治理难题。

（1）强化赋权明责。细化赋予街道（乡镇）相关权力的具体内容，制定权力清单、责任清单和操作规范。北京市委组织部印发《关于落实街道乡镇相关职权的指导意见》，推进向街道下放部分行政权力，具体包括：辖区内设施规划、建设和验收的参与权；辖区内重大事项和重大决策的建议权；辖区内联合执法的指挥调度权；对驻扎街道的派出机构的考核评价权；对涉及多部门的综合性事项的统筹协调和考核督办权；对街道资金、人员的统筹管理和自主支配权。

（2）推动力量下沉。组建统一的综合行政执法机构，实现基层一支队伍管执法、由联合执法向综合执法转变。全面推行"街巷长制"，建立街巷长考核评价机制，推动公共服务、社会服务、市场服务、志愿服务下沉到基层。

（3）促进改革增效。推进街道内设机构大部制改革，总结推广试点街道6室1队3中心的经验，按照综合化、扁平化原则，打破科室壁垒，以大部门为单位，统筹使用编制资源。

（三）推动"吹哨报到"向社区治理延伸

"吹哨报道"改革能否取得实质成效，关键在街道、基础在社区。党建引领"街乡吹哨、部门报到"将改革触角延伸到社区层面，注重强化社区自治功能、强化社区服务功能、强化社会动员功能、加强党组织领导下的基层协商民主建设、充实社区工作力量、加强对基层各类队伍力量的规范整合、加强对社区的工作支持和资源保障。通过党建引领，将社区自治与政府介入结合起来，调动社区所有利益相关主体的积极性，瞄准精治共治法治这个"风向标"，打通城市治理的"最后一公里"。

（四）构建"吹哨报到"快速响应机制

群众的诉求就是"哨声"，改革的全部工作是为了群众。在推进"吹哨报到"改革进程中，北京市建立全市统一的群众诉求受理平台，充分发挥12345群众服务热线的作用，完善向街道（乡镇）、部门双向派单和接诉即办机制，推动形成自动响应机制。与此同时，完善群众考核评价体系，扩大群众参与权、评价权，把群众诉求响应率、解决率和群众满意度作为评价职能部门和街乡工作的重要指标，定期通报群众反映问题突出的街道（乡镇）和部门，督促各区各部门跟踪督查、解决问题。以市民最关心的问题为导向，畅通群众利益表达渠道，积极回应群众关注的"难点""痛点""重点"问题，真正做到"人民有所呼、政府有所应"。

三　党建引领"街乡吹哨、部门报到"的典型案例

（一）党建引领"四区联动"：学院路街道多元共治新探索

海淀区学院路街道辖区内高校、国家级科研院所、单位集中，地区人员构成复杂多样。面对学院路地区长期以来社区、驻区单位之间相对割裂，社会治理的合力难以形成的问题，学院路街道党工委和办事处以区域化党建为

根本抓手，通过建立党建协调会，形成连接街区、校区、园区、社区的"四区联动"，充实基层治理的力量，打破资源分割壁垒，形成共建共治共享的治理目标。

一是党建引领"四区联动"的机制创新。2017 年，学院路地区成立党建协调委员会，区长高位协调，担任主任。29 个社区分别成立社区层面的党建协调委员会。学院路党建工作协调委员会以"一体双向三维多平台"的运行模式为特色。"一体"是指党建共同体，也是利益共同体和责任共同体；"双向"指的不是初级层面的单向服务，而是基于互利共赢的深度互动合作；"三维"是指党的建设、环境治理、街区规划、园区建设、空间利用、人才服务等全方位合作共建，不仅包含街道与单位间的合作，也包含地区单位之间的合作；"多平台"包含项目发布对接会、城事设计节、"校地警"和"学地警"联盟、名家大讲堂、学院路论坛等参与平台。此外，建立了"两层级"议事规则、"两表"议题征集制度、联络员制度（两办主任日常沟通协调）、突发事项响应制度等配套制度。两年时间里，通过街道和社区两层级党建协调委员会统筹推动辖区发展，把基层党建优势、组织优势转化为城市的基层治理优势，抓住"吹哨报到""鸣笛出力"的契机，促进了社区治理横向协作与纵向联动有机结合。

二是四区并进，打造学院路地区发展模式。学院路街道以党建协调委员会为统筹平台，以"街区、校区、园区、社区"四区为主体，建立"四区联动"的工作机制。街区、校区、园区、社区互联互通，齐头并进，共同为地区发展出力，有效促成了以"四区融合"为表现形式的区域共同体。

在街区的层面上，打造 15 所北侧精品街巷，拆除了近千平方米的违法建设，新建社区商业综合体等便民利民设施；推进石油"共生大院"建设，拟定《石油大院共治共享公约》，拆违 550 平方米，提供近 2000 平方米的居民公共空间。

在校区的层面上，将"校地警"联盟的运行经验成功复制推广，在海淀区首创"学地警"联盟，取得显著成效。该联盟由学院路学区、地区 11 所中小学、东升派出所及学院路街道四方组成，旨在统筹各方资源、加强协调联动、搭建指挥平台，共同推动地区平安校园建设。

在园区的层面上，以街道优化营商环境、提供陪伴式服务为主要特色。引导768产业园、电科十五所、机电研究所等园区及单位做好产业定位和结构调整；成立实体化综合执法平台，帮助大华无线电厂、东升科技园三期阜外心血管医院、五道口服装市场等园区及单位开展拆除违建、矛盾化解、业态提升等工作。

在社区的层面上，街道加大投入，利用社区的腾退空间，新建"菜篮子"网点5个，完成适老化电梯改造加装41部，有效提升社区便民服务能力；10890名在职党员在各单位党组织的动员和要求下，主动回社区报到，在社区开展服务。

学院路街道党建引领"四区联动"的新探索，搭建了区域创新资源参与地区规划和发展的平台，地区高校、非公企业、驻区单位等各领域人才在党建引领下充分参与学院路地区建设发展，社区与驻区单位形成真正合力，"地区鸣笛、家家出力"，实现良好的社会治理格局。

（二）"掌上四合院"：走好新时代群众路线的方庄经验[①]

党建引领"街乡吹哨、部门报到"改革工作在全市启动后，丰台区方庄地区坚持以党建引领基层社会治理创新，在居民楼里建立功能型党支部，以社区微信群建设为重要载体，把高楼打造成"掌上四合院"，主动问民需、汇民智、解民忧、聚民心，办好家门口的事，走好新时代党的群众路线。

一是建立微信群组，实现工作全覆盖。具体做法包含以下几方面。①依托组织架构建立党建群组。方庄街道党工委将下属的170个基层党组织、46个回街道报到单位党组织以及辖区非公企业、党建协调委员会成员单位全部纳入党建群组，集中整合了4200余名本地党员、3400余名回社区报到党

[①] 李华罡：《打造"掌上四合院"走好新时代群众路线》，全市推进街道工作重点任务，深化"吹哨报到"改革专题培训班《基层经验交流材料汇编》，2019年3月。

员、2500余名驻区单位党员以及600余名流动党员的力量，实现地区工委与300个基层党组织和1万余名党员的直接联系。②依托楼栋建立楼栋群组。机关和社区干部改变坐班式工作状态，通过线下"面对面""心贴心"的群众工作，建立和拓展了一个个微信群，对方庄地区223栋居民楼实现了全覆盖，初步实现了街道、社区和广大群众的直接实时联系，带动了机构扁平化和服务扁平化，为快速有效发动群众打下了坚实基础。③依托群众需求建立议事群组。围绕社区环境建设、停车管理、老旧电梯改造、老年餐、绿地养护、楼内堆物堆料清理等重点难点工作及群众关切话题，建立议事协商微信群近100个，引导党员群众有序参与解决社区热点难点问题，汇民智，解民忧。④依托专业特长建立兴趣群组。在地区和社区层面，建立教育科技、医疗健康、文体娱乐等多个兴趣群组，把有共同爱好的人凝聚在一起，通过精准对接特长和兴趣爱好，扩大活动通知的覆盖面，提升社区活动的参与率，增强社区黏性。目前，方庄地区共建立各类微信群471个，覆盖党员群众近3万人，覆盖居民70%以上，通过技术支撑，初步实现了地区工委与群众扁平化、零距离、全天候沟通联系服务的目标。

二是依托社区微信群，形成长效工作机制。具体表现为以下几方面。①逐步形成区域化党建新格局。依托办事处和社区两级区域化党建协调委员会，微信已覆盖到方庄社会领域党建工作的方方面面。利用微信平台，地区工委按照"征集需求—讨论协商—确定项目"程序，将辖区单位党组织的服务需求与服务资源进行对接，整合出八大精品党建服务项目。②逐渐形成群众诉求"一键响应，点对点反馈"机制。群众通过微信群"吹哨"反映民生诉求，方庄地区工委办事处线下"报到"解决问题。方庄地区建立并完善了从发现问题、分析研判到处置反馈的闭环流程。基层党支部书记、楼门长、社区管楼干部对于微信群内居民群众提出的问题诉求，第一时间做出处理回应。能够解释说明和直接协调解决的，立即解决。不能解决的，一键上报至社区党委平台或地区工委平台。由社区党委或地区工委分析研判并作出处理。处理结果12小时内必须在微信群内向居民群众如实反馈说明。2018年3月以来（截至2019年3月10日），共解释回答政策咨询类问题3100余个，受理各类民生类诉求2200余个，综合执法平台接收各类问题线索792件，所有问题均在社区及街道层面得到回应和解决，提高了群众满意度。③逐渐形成民主协商机制。在微信群的强大支撑下，方庄地区工委围绕群众反映强烈的重点难点工作，组织居民齐聚"微会议室"，引导群众主动参与社区议事协商。居民围绕楼门建设问题积极开展交流讨论，形成了在职党员图书漂流、居民楼内物品置换、楼门治理、抵制高空抛物等多个互助事例和楼门公约。

经过长期的实践，方庄地区发挥基层党组织战斗堡垒作用，以社区微信群建设为载体，通过"街乡吹哨、部门报到"机制，做到了群众反映的各类诉求均在社区及街道层面得到回应和解决，干部和群众在"掌上四合院"内共同商量楼内事务，共同建设美好家园，探索出走好新时代群众路线的方庄经验。

（三）双井"13社区"：打造互融式社会治理模式的新探索[①]

在打造城市精细化治理示范区的目标要求下，朝阳区双井街道以"街乡吹哨、部门报到"改革为带动，以"13社区"为平台，助推城市精细化治理。双井街道突破"行政社区"思维，使整个双井成为一个"大社区"单元，将街道力量全部下沉，通过党建引领聚合力、创新媒介聚阵地、多方动员聚能量、城市发展聚亮点的"四聚"模式，打造和谐共荣的社区共同体，探索基层社会治理的双井实践。

一是党建引领聚合力。双井街道通过"一建二有四化"，健全网格化党建体系，全面提升街道党工委的领导力、组织力。"一建二有四化"，即12个社区大网格和39个城市小网格均建立党支部，将地区党员全部纳入社会治理网格，建有党群服务中心和社区党建服务站两个基地，党建工作达到可视化、可量化、规范化、智能化，党建体系更加坚实。与此同时，统筹地区党建资源，做强社区党建、做活楼宇党建、做实非公企业党建、做全社会组

---

① 董健：《党建引领基层治理的双井实践——以"13社区"助推城市治理精细化》，全市推进街道工作重点任务，深化"吹哨报到"改革专题培训班《基层经验交流材料汇编》，2019年3月。

织党建，成立党建工作协调委员会，搭建政企合作、政社合作的"大党建"共治共享平台。

二是创新媒介聚阵地。双井街道运用信息化和全媒体的手段，打造"13社区网站"、"掌上双井"微信公众号、13社区微博、双井街道政务网、"双井社区卡"小程序、《今日双井》社区报等媒体矩阵平台，用"拉家常的方式"传播党和政府的方针政策，用"贴标签的形式"针对不同人群展开话题，用"百科书的模式"服务群众的多元需求。

三是多方动员聚能量。双井街道以居民需求为导向，统筹各方力量，让机关干部沉下来、社区干部走起来、社会单位带起来、党员群众动起来，做成一个大的社区单元。机关干部沉下来，即通过处级干部包社区、科级干部包小区、"街巷长"包路段、社区干部包楼门，让机关干部沉下来，实现街道力量全部下沉。社区干部走起来（行走工作法），即社区干部走到普通居民中间、困难群体中间、在职党员中间、沿街商户中间、志愿队伍中间、矛盾问题中间，做到对社区各类情况"底数清、情况明"。社会单位带起来，即开发"幸福双井社区卡"，确定了党员、居民、学生、社会单位和社会组织五类持卡群体，明确了党员管理、基层治理、社会动员、志愿回馈、民商共建五大功能。通过商户行业协会、公益联盟、公益大集、"门前三包"打卡等活动，带动地区社会单位参与社会治理。

四是城市发展聚亮点。双井街道坚持"民有所呼、我有所应"，在为民办事上形成亮点。推进"多网融合、二级闭环、一格统筹"，将区、街道、社区的各类网站整合，建立集数据分析、案件处置、综合管理于一体的"多网"融合数据中心，实现群众各类诉求全部在指挥中心"统一流转、一单办理"。2019年初以来，12345市民热线案件直派街道，双井街道成立接线员、案件处置、应急服务等三支队伍，健全落实培训、快速流转、考核督办等三项机制，实现全响应、接诉即办。

双井"13社区"治理模式，诠释了党建引领"街乡吹哨、部门报到"改革中，运用大数据技术手段推动实现"接诉即办"，运用信息化和全媒体的手段动员众多社会主体共同参与，助推社会治理创新的生动实践。

（四）五化工作法：解开城乡结合部社会治理难题的金钥匙[①]

城乡结合部村庄，人口倒挂严重、流动性大，基层党建工作薄弱、农村宅基地房屋安全隐患严重、工作模式传统、基层工作粗放、基础设施和公共服务欠账多。这些问题使得基层工作更多是"头痛医头、脚痛医脚"，疲于应付。昌平区东小口镇是"街镇吹哨、部门报到"改革试点里唯一的城乡结合部乡镇。东小口镇以魏窑村为试点，探索实施"五化工作法"，寻找解开城乡结合部农村社会治理难题的"金钥匙"。

一是党建聚合化。全面提升村（社区）党支部的长期执政能力，巩固党组织核心地位。成立村党建工作协调委员会，以"双报到"为契机，整合各类资源，发挥一线党员的示范作用。魏窑村在职党员回村报到15人、团员报到20人，积极参与各项社会服务活动，主动为村庄发展建言献策。为20名流动人口中的党员专门成立党小组，整体编入村党支部，和其他党员一样参加组织活动，填补了以往流动党员组织建设和服务管理上的空白。

二是工作数据化。东小口镇政府投资近200万元，为魏窑村110户宅基地自建房，安装"智慧门禁"165套。设定人脸识别、刷卡、房东远程收集操控三种开门方式；实现流动人口信息全采集，涉及5559人，并同步办理门禁卡。依托"雪亮"工程，在重要点位加装、更新高清探头66个，做到监控"全覆盖、无盲区"。给相关管理人员安装手机APP，与"智慧门禁"实时联动，实现对流动人口的有效管控。在所有的机动车出入口全部加装高清抓拍器，实现机动车全过程痕迹管理。

三是出租规范化。镇政府为宅基地自建房所有的房间（共4170间）全部安装了简易喷淋设施和烟感报警器；配齐消防设施，添加灭火器2039个，拆除金属护栏427个，发放简易防烟面罩1612个、逃生绳585根，安装应急灯33个，增加逃生标识75个，保证了出租房屋的基本安全。实行电动自

[①] 冉灏：《精心打造回天地区社会治理样板》，全市推进街道工作重点任务，深化"吹哨报到"改革专题培训班《基层经验交流材料汇编》，2019年3月。

行车集中存放充电模式，建设集中存放充电场所3处，按10∶1的比例建设充电插座100个，基本实现了电动自行车不进楼。通过村民代表大会，完善村规民约，规范村民出租行为。在村内显著位置安装大显示屏，由村物业公司统一发布出租信息；清理二房东，村民的闲置房屋逐步交由村物业公司统一出租、统一管理，有效保障了村民的切身利益。

四是管理网格化。将魏窑村划分成5个管理网格，村"两委"、镇村补贴的各类协管员、物业公司相关管理人员统一整合为20名网格员。网格员待遇标准统一为每月4000元，提高了网格员的积极性。建立和规范网格员考核管理制度，把安全生产、信访维稳、环境保护的职责全部纳入网格员的工作内容，建立"日巡""周评""月查"机制，打通村庄管理和服务的"最后一米"。

五是村庄物业化。魏窑村物业公司成立于2017年，为全村外来流动人口提供垃圾清运、安全保障、环境改善等服务。从2018年8月开始，公司向外来人口收取每人每月30元的物业管理服务费、每车每年1800元的停车费。截至目前，已收取物业费93万余元、停车费90万元，能够完全覆盖管理服务成本。

昌平区东小口镇"五化工作法"的实施，是深化"街镇吹哨，部门报到"、推动实现农村治理现代化的重要抓手，是回天地区城乡结合部社会治理的成功典范。

四 党建引领"街乡吹哨、部门报到"的实证调查

为了检验"街乡吹哨、部门报到"实施效果，课题组于2018年8月~12月，围绕党建引领"街乡吹哨、部门报到"改革这一主题，对不同区进行了不同层次不同方式的调查研究，形成居民调查有效问卷982份，区（范围为13个区，即16区中除延庆、平谷和怀柔外）、街道和社区居委会有效问卷474份，涉及区级委办局样本42个、街道样本80个、社区居委会样本352个，以及对10个市、区委办局，16个街道，20个社区居委会书记或主任进行了访谈，得出以下主要结论。

（一）推进效果普遍反映较好

数据表明，无论是区委办局，还是街道和社区居委会，普遍认为"街乡吹哨、部门报到"这一制度安排对实际问题的解决是有效的，区委办局、街道、社区居委会认为有效的比例分别为69.05%、72.50%、76.70%，越到基层，评价效果越好，也说明基层问题解决效果较好（见表1）。

表1 治理主体对"街乡吹哨、部门报到"效果的评价

单位：%

治理主体	非常有效	比较有效	一般	比较无效	完全无效
区委办局	23.81	45.24	23.81	4.76	2.38
街道	35.00	37.50	22.50	1.25	3.75
社区居委会	41.19	35.51	17.62	3.41	2.27

由于社会治理的复杂性，这一重大改革涉及一揽子工程，还会有路径依赖的影响，数据表明，目前实施效果已算不错。社区居委会的认可度大于街道和区委办局，这在一定程度上佐证了"街乡吹哨、部门报到"给老百姓带去了实实在在的好处。一个居委会主任说，"以前遇到大事难事是靠面子求人来，现在理直气壮去找街道"。从居民的反映来看，接近八成的老百姓认为生活的小区比以前好，见图1。

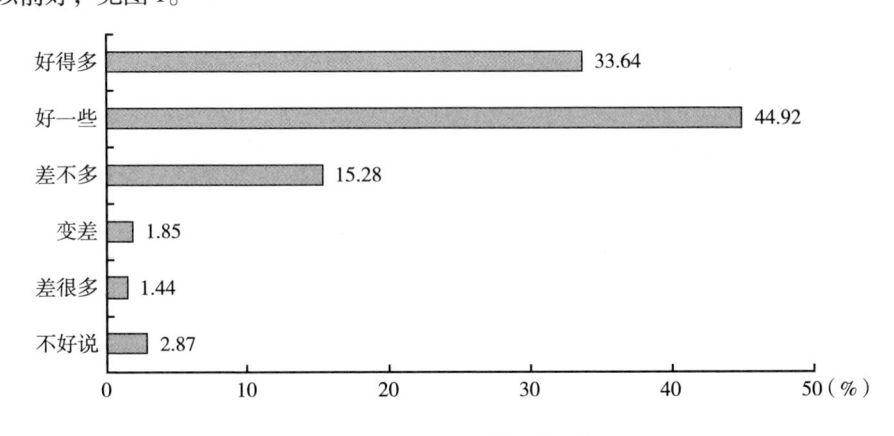

好得多	33.64
好一些	44.92
差不多	15.28
变差	1.85
差很多	1.44
不好说	2.87

图1 居民对小区变化的评价

（二）治理主体能力显著提升

一是提高了解决问题的效率。一位街道书记说，"其实2008年奥运会就开始联合执法，但以前没有机制实施起来比较难，街道请职能部门来，或一个科员来，解决不了问题，现在不是，要求主管领导来，即便不来也要打个电话，大家重视，问题解决起来就快"。二是增强了资源协调能力。一位街道主任说，"以前辖区单位从来不参与社会治理，我们也没有想到找他们。现在通过区域化大党建，辖区单位主动来街道报到，通过志愿认领，对社区做了好多实事和好事"。三是解决问题更有针对性。哨吹什么，《专项清单》明确了三个重点领域15项32个具体问题，聚焦共性问题、难点问题和职责问题，都是多年城市治理遇到的"硬骨头"。四是街道权力更大。制度文本规定街道具有"重大事项建议权，多部门协调解决的综合性事项统筹协调和督办权，对区政府职能部门派出机构领导任免、调整的建议权，对综合执法派驻人员的日常管理考核权"，落实比较好，有了权力，街道行动能力更强了。五是各部门关系更好。一位区委办局人员说，"以前仅仅是开会认识，现在通过业务交流，能感觉部门关系变好了"。六是目标更明确。七是在职党员发挥了更加积极的作用。总体上，这一改革体现了自上而下的精简高效的政府管理和自下而上的自治功能的整合。

（三）实践深化模式灵活多样

因地制宜的实践深化模式更加多样，主要特征是在宽领域、多层次、有重点、分小类等工作重点方面做加法和减法。一是宽领域。宽领域主要体现在以区域化党建为抓手整合地区资源，横向做"加法"。例如海淀区提出"街乡吹哨、部门报到、地区鸣笛、家家出力"模式。"纵向"上，落实好北京市委提出的"街乡吹哨、部门报到"要求，深化街镇管理体制改革。"横向"上，结合海淀区构建新型城市形态的需要，从强化建立地区新型伙伴关系角度，同步开展"地区鸣笛、家家出力"区域化党建工作。二是多层次。多层次主要体现在"民有所呼、我有所应"纵向上做"加法"。方庄地区将链条延伸到社区和楼栋，通过建功能型楼栋微信群，打造"掌上四合院"，探索"居民吹哨，科室报到"机制。三是有重点。有重点主要体现在针对"顽疾重症"形成可持续的吹哨机制。例如大兴区林校路街道探索"专班制"吹哨模式，重大事项依托综合执法中心，实现各部门集中办公，定期召开例会、方案联审、定期通报、联排联治、联勤联动等工作机制。四是分小类。分小类主要聚焦群众诉求上分小类做减法，使吹哨更精准。西城区建立以需求为导向的事项清单管理机制，全区根据需求梳理出8类37个项目清单，包括老旧小区管理、停车、小区物业管理、拆迁滞留、安全环境维护、房屋中介管理、煤改电后续问题等，划定吹哨范围，明确报到主责部门，并就小类事项分类制定方案，有效形成了吹哨的精准化管理。这几种模式体现了治理主体的明确化、治理方式的转变、治理内容向纵深和精细化发展，有利于"街乡吹哨、部门报到"的长效化。

五 结语

治理是一个强调多元主体参与的静态结构，也是一个强调合作互动的动态过程。北京市党建引领"街乡吹哨、部门报到"改革，实现了从以"条"为主向以"块"为主的治理架构的转变，破解了传统城市管理中协同不畅、权责不清、互相推诿的弊端，打通了党群、政社、线上线下多条通道，极大地调动了公众参与基层治理的积极性，促进了共建共治共享的社会治理格局的形成。"街乡吹哨、部门报到"改革，走出了一条符合超大城市发展规律、具有首都特色的社会治理的新路径，总体上形成了一种具有中国特色的新的"合作治理"趋势：党委领导、政府内部跨部门合作，政府与市场和社会跨界合作的合作治理模式，是首都北京为世界超大城市社会治理贡献的中国方案、中国智慧。

参考文献

［1］"街乡吹哨、部门报到"课题组：《探索简约高效的特大城市基层治理体制——北京市"街乡吹哨、部门报到"实践探索研究》，《中国机构改革与管理》2019年第4期。

［2］宋贵伦：《完善顶层设计　聚力街道乡镇　夯实基层基础——北京实施"街乡吹哨、部门报到"创新治理实践》，《社会治理》2019年第1期。

［3］谈小燕、杨嘉莹、营立成：《超大城市基层治理的北京经验》，《前线》2019年增刊。

［4］杨宏山：《首都街道管理改革的新趋势》，《前线》2019年第4期。

［5］中国领导科学研究会课题组：《党领导基层治理的实践探索和理论启示——北京市"街乡吹哨、部门报到"改革研究》，《中国领导科学》2019年第2期。

权威报告·一手数据·特色资源

皮书数据库
ANNUAL REPORT(YEARBOOK) DATABASE

当代中国经济与社会发展高端智库平台

所获荣誉

- 2016年，入选"'十三五'国家重点电子出版物出版规划骨干工程"
- 2015年，荣获"搜索中国正能量 点赞2015""创新中国科技创新奖"
- 2013年，荣获"中国出版政府奖·网络出版物奖"提名奖
- 连续多年荣获中国数字出版博览会"数字出版·优秀品牌"奖

成为会员

通过网址www.pishu.com.cn访问皮书数据库网站或下载皮书数据库APP，进行手机号码验证或邮箱验证即可成为皮书数据库会员。

会员福利

- 已注册用户购书后可免费获赠100元皮书数据库充值卡。刮开充值卡涂层获取充值密码，登录并进入"会员中心"—"在线充值"—"充值卡充值"，充值成功即可购买和查看数据库内容。
- 会员福利最终解释权归社会科学文献出版社所有。

数据库服务热线：400-008-6695
数据库服务QQ：2475522410
数据库服务邮箱：database@ssap.cn
图书销售热线：010-59367070/7028
图书服务QQ：1265056568
图书服务邮箱：duzhe@ssap.cn

卡号：647422366726
密码：

S 基本子库
SUB DATABASE

中国社会发展数据库（下设12个子库）

全面整合国内外中国社会发展研究成果，汇聚独家统计数据、深度分析报告，涉及社会、人口、政治、教育、法律等12个领域，为了解中国社会发展动态、跟踪社会核心热点、分析社会发展趋势提供一站式资源搜索和数据分析与挖掘服务。

中国经济发展数据库（下设12个子库）

基于"皮书系列"中涉及中国经济发展的研究资料构建，内容涵盖宏观经济、农业经济、工业经济、产业经济等12个重点经济领域，为实时掌控经济运行态势、把握经济发展规律、洞察经济形势、进行经济决策提供参考和依据。

中国行业发展数据库（下设17个子库）

以中国国民经济行业分类为依据，覆盖金融业、旅游、医疗卫生、交通运输、能源矿产等100多个行业，跟踪分析国民经济相关行业市场运行状况和政策导向，汇集行业发展前沿资讯，为投资、从业及各种经济决策提供理论基础和实践指导。

中国区域发展数据库（下设6个子库）

对中国特定区域内的经济、社会、文化等领域现状与发展情况进行深度分析和预测，研究层级至县及县以下行政区，涉及地区、区域经济体、城市、农村等不同维度。为地方经济社会宏观态势研究、发展经验研究、案例分析提供数据服务。

中国文化传媒数据库（下设18个子库）

汇聚文化传媒领域专家观点、热点资讯，梳理国内外中国文化发展相关学术研究成果、一手统计数据，涵盖文化产业、新闻传播、电影娱乐、文学艺术、群众文化等18个重点研究领域。为文化传媒研究提供相关数据、研究报告和综合分析服务。

世界经济与国际关系数据库（下设6个子库）

立足"皮书系列"世界经济、国际关系相关学术资源，整合世界经济、国际政治、世界文化与科技、全球性问题、国际组织与国际法、区域研究6大领域研究成果，为世界经济与国际关系研究提供全方位数据分析，为决策和形势研判提供参考。

法律声明

"皮书系列"(含蓝皮书、绿皮书、黄皮书)之品牌由社会科学文献出版社最早使用并持续至今,现已被中国图书市场所熟知。"皮书系列"的相关商标已在中华人民共和国国家工商行政管理总局商标局注册,如LOGO( )、皮书、Pishu、经济蓝皮书、社会蓝皮书等。"皮书系列"图书的注册商标专用权及封面设计、版式设计的著作权均为社会科学文献出版社所有。未经社会科学文献出版社书面授权许可,任何使用与"皮书系列"图书注册商标、封面设计、版式设计相同或者近似的文字、图形或其组合的行为均系侵权行为。

经作者授权,本书的专有出版权及信息网络传播权等为社会科学文献出版社享有。未经社会科学文献出版社书面授权许可,任何就本书内容的复制、发行或以数字形式进行网络传播的行为均系侵权行为。

社会科学文献出版社将通过法律途径追究上述侵权行为的法律责任,维护自身合法权益。

欢迎社会各界人士对侵犯社会科学文献出版社上述权利的侵权行为进行举报。电话:010-59367121,电子邮箱:fawubu@ssap.cn。

社会科学文献出版社